विस्थापन, स्मृति और सांस्कृतिक नागरिकता

कथात्मक और सैद्धान्तिक पाठ

विस्थापन, स्मृति और सांस्कृतिक नागरिकता

कथात्मक और सैद्धान्तिक पाठ

सम्पादक

मधु साहनी

शांभवी प्रकाश

लिपि बिस्वास सेन

वाणी प्रकाशन

पेपरबैक प्रथम संस्करण : 2023

वाणी प्रकाशन

4695, 21-ए, दरियागंज, नयी दिल्ली-110 002

फ़ोन : +91 11 23273167 फ़ैक्स : +91 11 23275710

शाखाएँ

अशोक राजपथ, पटना-800 004, बिहार

कॉफ़ी हाउस कैम्पस, महात्मा गांधी मार्ग, इलाहाबाद-211 001, उत्तर प्रदेश

महात्मा गांधी अन्तरराष्ट्रीय हिन्दी विश्वविद्यालय, वर्धा-442 001, महाराष्ट्र

36/ए, शेक्सपियर सरणी, रानी बिरला गर्ल्स कॉलेज के पास, कोलकाता-700 017, प. बंगाल

www.vaniprakashan.com
marketing@vaniprakashan.in
sales@vaniprakashan.in

Visthapan, Smriti Aur Sanskritik Nagrikta :
Kathatmak aur Saiddhantik Path
Edited by Madhu Sahni, Shambhavi Prakash,
Lipi Biswas Sen

ISBN : 978-93-5518-881-6
Translation/History/Culture

मूल्य : ₹ 399

आर. टेक ऑफ़सेट प्रिंटर्स, दिल्ली-110 032 में मुद्रित

वाणी प्रकाशन का लोगो मक़बूल फ़िदा हुसेन की कूची से

भूमिका

प्रस्तुत अनुवाद संग्रह यू.पी.ई. प्रोजेक्ट 'ट्रेसेज़ ऑफ़ द ग्लोबल : डिस्प्लेसमेंट, मेमरी एंड कल्चरल सिटिज़नशिप' की उपज है—इस बहुविषयक परियोजना के तहत मौखिक व लिखित वृत्तान्त व सैद्धान्तिक लेख 'मेमरी स्टडीज़' अर्थात् स्मृति अध्ययन के क्षेत्र से जुड़े हैं जो बहुभाषिकता, परासांस्कृतिक प्रवास पर केन्द्रित हैं और उन प्रवासियों पर प्रकाश डालते हैं जिनके पास मातृभूमि त्यागने के अतिरिक्त कोई और विकल्प न था।

ये हिन्दी अनुवाद पाँच भाषाओं—फ्रेंच, जर्मन, स्पैनिश, अंग्रेज़ी व हिन्दुस्तानी से किये गये हैं। अनुवाद संग्रह की सामग्री का चयन भाषाओं के स्वाभाविक मिले-जुले अस्तित्व के आधार पर किया गया है, जो राष्ट्र, जाति व लिंग की सीमाओं से परे जाने का एक सार्थक प्रयास है। ये साहित्यिक कृतियाँ दर्शाती हैं कि विविध भाषाओं और संस्कृतियों की गुँथी हुई जड़ों में कैसे उनका जन्म हुआ और फिर समय के साथ कैसे मानव रचित सीमाएँ ऊपर खींची गयी हैं। अनुवाद के माध्यम से आगे इनका सांस्कृतिक प्रसारण होने पर भूखण्ड और भाषायी सीमाओं के विषय में जटिल प्रश्न उत्पन्न होंगे।

भूमण्डलीकरण ने हमारे वर्तमान को पहले की तुलना में कहीं अधिक स्पर्शशील व सम्पर्कशील बनाया है, जिसके कारण पराराष्ट्रीय स्तर पर वार्तालाप में एक सहजता आयी है। यह पराराष्ट्रीय वार्तालाप संस्कृतियों की दूरी कम करने के साथ-साथ संकीर्ण प्रान्तीयतावाद के निवारण में भी सहयोग देता है। लेखन के विविध सम्पन्न घरानों से परिचय उस समूह के निर्माण को दिशा देता है जहाँ इतिहास की शृंखलाएँ हमें अन्य से स्वतः जोड़ती हों। प्रस्तुत अनुवाद संग्रह योहान वोल्फ़गांग फ़ॉन ग्योठे द्वारा रचित 'विश्व-साहित्य' की परिकल्पना की ओर किंचित मात्र योगदान है जो मनुष्य और मानवीयता को सम्मिलित

करता है और इस प्रक्रिया में भी विलक्षण को सार्वभौमिकता के दायरे में रखता है। भिन्न-भिन्न होते हुए भी यह अनुभव एक-से हैं, और पाठिका प्रत्येक की ओर सद्भावनापूर्वक अग्रसर होने को बाध्य हो जाती है। अन्ततः वह 'स्व' के दायरे के बाहर की सांस्कृतिक पृष्ठभूमियों की समझ विकसित करती है और संसार को इस परिवर्तित नज़रिये की दूरबीन से बूझती है, और अतीत को निरन्तर गढ़ते हुए वर्तमान और भविष्य को आकार देती है।

इन गद्यांशों के अनुवाद उन मायनों का मंथन करना चाहते हैं जो विस्थापन, विघटन की पीड़ा, यौनिक व राजनैतिक हिंसा की स्मृति को बहिष्कृत समाज की सीमाओं पर बसे मौन, अशक्त लोगों की आवाज़ को अभिव्यक्ति देते हैं—जर्मन फ़ासीवाद के व्यक्तिगत वृत्तान्त (जर्मन भाषा से) से लेकर, पैलेस्टाइन के उत्पीड़न (अंग्रेज़ी व अरबी भाषा से), भारत के विभाजन (उर्दू भाषा से) के साक्षियों की स्मृतियाँ, गिरमिटिया लोगों के पीढ़ी-दर-पीढ़ी विरासत में मिले संस्मरण और वे रीति-रिवाज़ जो मॉरिशस, रीयूनियन द्वीप व गुयाना में बसे भारतीय मूल के लोगों में आज भी क़ायम हैं (फ्रेंच व अंग्रेज़ी भाषा से), साथ ही पेरू के बहिष्कृत मूल निवासियों की सांस्कृतिक स्मृतियाँ। जैसा कि शोधार्थियों ने हाल ही में दर्शाया है, होलोकॉस्ट व उपनिवेशवाद के दौरान हुई भयंकर नस्लवादी हिंसा को समझने का प्रयास ऐसी कई साहित्यिक कृतियों में मिलता है जो द्वितीय विश्वयुद्ध के समय और उसके ठीक बाद लिखी गयीं। जहाँ एक ओर उसके कुछ दशकों के बाद लिखे गये हिंसा के इतिहास ने स्मृति को संस्कृति, जाति, नस्ल के पहलू से समझने का प्रयास किया, वहीं दूसरी ओर इन लेखों के अध्ययन के माध्यम से हिंसा के अलग-अलग इतिहासों के बीच छुपे आन्तरिक सम्बन्ध सामने आते हैं।

प्रायः आत्मकथा/जीवनीशैली में प्रस्तुत ये लेख स्मरण व स्मृति की सांस्कृतिक व राजनैतिक आवश्यकता का वर्णन करते हैं, ठीक वैसे ही जैसे होलोकॉस्ट, विभाजन व पैलेस्टाइन पर लिखे दस्तावेज़, जहाँ पैलेस्टाइन आज भी त्रासदी का एक जीता-जागता उदाहरण है जिसे न केवल किसी स्मारक, बल्कि इतिहास के पन्नों में दर्ज होने की भी सख़्त ज़रूरत है। इज़राइल-पैलेस्टाइन समस्या में फँसे हज़ारों बच्चों की कहानियाँ जिन्हें पत्थरबाज़ी के जुर्म के लिए कारावास की सज़ा दी जा रही है या फिर जिनकी मृत्यु हो गयी, उनका आज की तारीख़ में पढ़ा जाना बेहद ज़रूरी है। इस अनुवाद-संग्रह में उन भारतीय बँधुआ मज़दूरों के वंशजों द्वारा फ्रेंच व अंग्रेज़ी में लिखे लेख भी हैं, जिनके पूर्वज उन्नीसवीं शताब्दी में प्रवासी हो गये थे। ये दर्शाते हैं कि संस्मरण किस प्रकार सभी को साथ लेकर

वर्तमान और भविष्य तैयार करते हैं और किस प्रकार स्मृति के विविध आयामों को लेकर संस्कृतियों के बीच का संघर्ष निरन्तर चलता रहता है। यद्यपि भाषा और रीति-रिवाज़ यहाँ प्रमुख कारक हैं, वे समाज इस समस्या से कैसे जूझते हैं, जिनकी मूल भाषा और रीति-रिवाज़ उनकी पहुँच से बाहर हो चुके हैं?

चूँकि इस संग्रह के सभी अनुवाद स्मृति अध्ययन के दायरे में आते हैं, हमने चार महत्त्वपूर्ण सैद्धान्तिक लेखों के अनुवादों को भी शामिल किया है, जो इस अनुवाद संग्रह को पढ़ने के लिए पाठिका को आवश्यक औज़ार देते हैं। यह भाग एक छोटे मगर महत्त्वपूर्ण निबन्ध से आरम्भ होता है, जो वाल्टर बेंयामिन के चिन्तन का ख़ाका है, 'उत्खनन और स्मरण करना' (मूल जर्मन में Ausgraben und Erinnern, 1931/33) जहाँ स्मृति हमारे अतीत की 'खुदाई' का माध्यम बन जाती है और अनजानी, अचम्भित करने वाली छवियाँ हमारे समक्ष रखने की क्षमता रखती हैं, जिनका ऊपरी तौर पर एक-दूसरे से कोई सम्बन्ध नहीं है। आशा है कि इस कड़ी में प्रस्तुत विविध सन्दर्भों से लिए हुए लेख, बेंयामिन के शब्दों में फावड़े के सतर्कतापूर्वक टटोलते हुए प्रहार के लिए अनेक मौक़े प्रस्तुत करेंगे। बेंयामिन के इस लेख के कुछ ही दिनों बाद नाज़ी पार्टी की सरकार ने लाखों यहूदियों, रोमा व सिंटी लोगों को विस्थापन, कारावास व मृत्यु की ओर धकेल दिया। इस जन-समूह में वे भी शामिल थे, जिन्हें वे राजनैतिक विपक्ष होने का दर्ज़ा देते थे या जिनका अन्तरंग जीवन इनकी दी हुई परिभाषा में नहीं समाता था अथवा यूरोप के अन्य बहुतेरे लोग, जिनके विचार संसार इनकी परिकल्पना से मेल नहीं खाते थे। इनमें फ्रेंच समाजशास्त्री मौरिस हालब्वॉक्स भी थे जो 1945 में बुखनवाल्ड यातना शिविर में मारे गये। मौरिस हालब्वॉक्स की प्रभावशाली कृति 'ला मेमुआर कोलेक्तीव' (मूल फ्रेंच में La memoire collective, 1950) द्वारा पाठिका का परिचय 'सामूहिक स्मृति' की अवधारणा से होता है, जहाँ वे व्यक्तिगत स्मृतियों के गठन हेतु सामाजिक समूह की महत्ता पर बल देते हैं। उनके शब्दों में 'सामूहिक स्मृति का ढाँचा हमारी निजी स्मृतियों को एक-एक कर आपस में जोड़ता है।" जहाँ हाल्बवॉक्स का लेख बीसवीं शताब्दी के पूर्वार्द्ध में स्मृति और सामूहिक पहचान की ओर ध्यान देता है, वहीं माइकल रोथबर्ग का काम स्मृति अध्ययन के क्षेत्र में एक-दूसरे पहलू का प्रतिनिधित्व करता है, क्योंकि वे सामूहिक स्मृति का एक ख़ास जन-समूह से बँध जाने पर प्रश्न करते हैं। इस कड़ी में प्रस्तुत उनका लेख 'गाज़ा से वॉरसॉ तक : बहुदिशात्मक स्मृति का मानचित्रण' (From Gaza to Warsaw : Mapping Multidirectional

Memory, 2011) स्मृति अध्ययन के क्षेत्र में एक नया ढाँचा पेश करता है, जो सदमे की घटनाओं की यादों को सापेक्ष किये बग़ैर इस बात पर ज़ोर देता है कि किस प्रकार उत्पीड़न के इतिहास बाहरी तौर पर एक-दूसरे से अलग प्रतीत होते हुए भी, वास्तव में एक-दूसरे से जुड़े हैं। प्रतिस्पर्धात्मक स्मृतियों के स्थान पर, वे बहुदिशात्मक स्मृतियों का ख़ाका प्रस्तुत करते हैं, जो पराराष्ट्रीय स्तर पर व्यक्तिगत व सामूहिक स्मृतियों को आपस में जोड़ती हैं और साथ ही, ऐसी रणनीति की सम्भावनाओं एवं चुनौतियों की ओर इशारा करती है। अलाइडा आसमान और लिंडा शोर्ट की पुस्तक 'मेमरी एंड पॉलिटिकल चेंज' (Memory and Political Change, 2012) भी स्मृति के राजनैतिक पहलू पर चिन्तन की ओर एक महत्त्वपूर्ण योगदान है। आप तानाशाही से लोकतान्त्रिक व्यवस्था के रूपान्तरण की प्रक्रिया के दौरान स्मृति की भूमिका पर वार्तालाप छेड़ती हैं और पुस्तक के परिचय में ही इस बात को आगे रखती हैं कि, "स्मृति केवल बदलाव के प्रति संवेदनशील ही नहीं है। यह अपने आप में ही बदलाव का एक कारक भी है।" यहाँ पेरू की जिसेला कानेपा का निबन्ध भी शामिल है—जिसका शीर्षक 'पहचान और स्मृति' है (मूल स्पैनिश में Identitad y memoria, 2008)-और जिसमें मूल निवासियों, मेस्तिज़ो (मिश्रित नस्ल) और आधिपत्य वर्ग के सम्बन्धों का अध्ययन किया गया है। लेखिका धार्मिक पर्वों का अध्ययन करती हैं और उनकी नृत्य-नाटिका की तैयारियों में इतिहास की तहें खोलते हुए पहचान को एक नये सिरे से सुगठित करती हैं। कानेपा का निबन्ध मूल निवासियों के जीवन-जगत् की जटिलताओं की ओर ध्यान आकर्षित करता है। एक मूल निवासी जिसने सही मायनों में पैरों तले खिसकती धरती का प्रति-क्षण अनुभव किया है, वो पेरू में विस्थापन, स्मृति और पहचान के बीच बुने जटिल सम्बन्ध हमारे समक्ष रखता है। जिसेला कानेपा का निबन्ध हमें स्मृति की इल्मी इबारतों से उपन्यास, कहानियों और आत्मकथा आदि विधाओं की ओर लेकर जाता है।

इस पुस्तक में वर्णित विधाओं में पीढ़ी-दर-पीढ़ी और पराराष्ट्रीय स्तर पर हुए विस्थापन की स्मृतियों का संग्रह साक्ष्य की बदलती ऐतिहासिक, धार्मिक और नैतिक स्थितियों के माध्यम से हुआ है, जैसाकि अलाइडा आसमान ने परिभाषित किया है। हालाँकि बीसवीं शताब्दी के अन्त के दशकों में स्मृति अध्ययन के क्षेत्र में ज़ोरदार तरक़्क़ी देखने को मिली, द्वितीय विश्व-युद्ध के पश्चात् जर्मनी ने अपने नाज़ीवादी अतीत पर चुप्पी साध ली थी। सन् 1960 व 70 के दशकों में चले विद्यार्थियों के आन्दोलन ने इस चुप्पी को तोड़ा। आने वाले दशकों में

आत्मकथा-शैली में अनेक प्रकाशन उभरकर सामने आने लगे और नये सिरे से होलोकॉस्ट के इतिहास को समझने की चेष्टा स्मृति अध्ययन के उभरते क्षेत्र में होने लगी। इसके पीछे एक कारण यह भी था कि विस्थापन और नरसंहार से जुड़ी स्मृतियाँ बेहद नाज़ुक होती हैं, और इन अनुभवों से गुज़रे जो साक्षी जीवित थे, समय की धारा में उनकी आवाज़ हमेशा के लिए विलीन हो जाने का भय भी था। प्रस्तुत अनुवाद संग्रह के साहित्यिक लेख बहुत पहले से ही उन प्रश्नों से जूझ रहे थे जो सैद्धान्तिक वाद-विवाद ने बाद में आगे बढ़ाये।

जर्मन-भाषी संसार से जिन लेखों के अनुवाद प्रस्तुत हैं, वे यहूदियों के भीतरी व बाहरी विस्थापन की कहानियाँ सुनाते हैं जिनका आरम्भ सन् 1933 और 1935 में यहूदी-विरुद्ध और न्यूरमबर्ग के नस्लवादी क़ानूनों से हुआ जो पहले जर्मनी में और उसके बाद जर्मनी द्वारा परास्त सभी देशों में लागू कर दिये गये। नाज़ी हुकूमत के नागरिकता क़ानूनों के तहत सभी नागरिकों का ख़ून और नस्ल के आधार पर जर्मन होना आवश्यक था, जिनके आधार पर यहूदी जर्मनी से बेदख़ल किये गये। यहूदी-विरुद्ध विधान के पश्चात् यहूदियों को सरकारी स्कूलों से निकाल दिया गया, उनके लिए अलग स्कूल बनाये गये, वे सिनेमाघरों में पैर नहीं रख सकते थे, उन्हें अपनी सम्पूर्ण सम्पत्ति राष्ट्र को सुपुर्द कर देनी थी, उन्हें अपने घर में न बाग़-बग़ीचा, न ही पालतू जीव रखने का अधिकार था– यहाँ हम मात्र कुछ ऐसे बन्धन गिना रहे हैं जिन्हें यहूदी प्रतिदिन जी रहे थे। नवम्बर 1938 की 'क्रिस्टालनाख्ट' को यहूदियों के धार्मिक स्थलों, उनकी दुकानों और स्वयं यहूदियों पर हमला हुआ, और वहीं से यूरोप में यहूदियों के संहार की प्रक्रिया आरम्भ हुई। जुलाई 1938 में हुई ईवियन कॉन्फ्रेंस की असफलता पर टिप्पणी करते हुए चेम वाइज़मैन ने कहा, "दुनिया मानो दो भागों में बँटी हुई थी, वो स्थल जहाँ यहूदी रह नहीं सकते थे और वे स्थल, जहाँ उनका प्रवेश निषेध था।"

इसकी प्रतिध्वनि हमें इरेन एबर के लघु निबन्धों, लघुकथाओं और काव्य संग्रह में मिलती है जो शंघाई में बसे निष्कासित यहूदियों के अनुभव व्यक्त करती हैं। इस संग्रह की रब्बी सिम्खा एल्बर्ग द्वारा रचित एक कविता, 'तीन देशों ने मुझे बाहर थूक दिया' (1941) पाठिका को कवि की यात्रा पर ले जाती है–उनकी मातृभूमि पोलैंड से लिथुआनिया से जापान, जहाँ से अन्ततः शंघाई, जहाँ उनकी अभिव्यक्ति में जापान ने उन्हें थूक दिया था और जहाँ वे द्वितीय विश्वयुद्ध के समाप्त होने तक रहे। शंघाई के लेखों के बाहरी विस्थापन का प्रतिबिम्ब इल्ज़े आइशिंगर (1948) के उपन्यास के भीतरी विस्थापन में दृष्टिगोचर होता है,

जैसे इन पंक्तियों में, "उस जहाज़ में बच्चे थे। बच्चे, जिनमें कुछ ऐसा था जो ठीक-ठाक नहीं था।... वे बच्चे जो वहाँ से निकल भागने को मजबूर थे। न उनमें से किसी के भी पास वहाँ रहने की अनुमति थी और न उनमें से किसी के भी पास वहाँ से जाने की अनुमति थी। ग़लत दादा-दादी या नाना-नानी वाले बच्चे, बिना पासपोर्ट और वीज़ा वाले बच्चे। बच्चे—जिनकी अब कोई भी ज़मानत नहीं ले सकता।'' इल्ज़े आइशिंगर विएना के एक यहूदी एसिमीलेटिड परिवार से थीं और कैथोलिक के रूप में पली-बढ़ीं, नस्लवादी क़ानून के तहत यहूदी क़रार दी गयीं और अन्य एसिमीलेटिड परिवारों की तरह थर्ड राईख के दौरान उन्हें यहूदी बनाया गया।

इल्ज़े आइशिंगर के उपन्यास की तरह अनीस किदवई का विभाजन का वृत्तान्त और पैलेस्टाइन के कवि मुरीद बरघूती की एक मृत बच्चे के ऊपर कविता युद्ध क्षेत्र में रहने वाले बच्चों की कहानियाँ हैं, जो विस्थापन और स्मृति पर होने वाले अध्ययनों में या तो हाशिये पर चले जाते हैं या फिर बड़े आख्यानों के नीचे दब जाती हैं। विभाजन के दौरान उन बेनाम बच्चों की कहानियाँ जिनका वर्णन हमें 'लावारिस बच्चे' में मिलता है, हमें इन भुलायी हुई ज़िन्दगानियों की एक झलक देती हैं। आज दुनिया भर के बच्चों का छठवाँ हिस्सा युद्ध क्षेत्रों में रहता है और साहित्य के साथ-साथ शोधार्थी भी उनके आघातपूर्ण जीवन के अध्ययन में लगे हैं, जैसा हमें बरघूती की कविता 'एक अनोखी रात' (2009) में मिलता है। समकालीन वास्तविकता को अभिव्यक्त करती इस कविता की सपनीली शैली यह प्रमाणित करती है कि विस्थापित बच्चों के जख्मों के बारे में लिखना कितना कठिन है।

सन् 1670 से 1810 के बीच क़रीब 1,60,000 गुलाम मॉरिशस और रीयूनियन द्वीपों पर लाये गये, जिनमें से 20,000 भारत से थे, जो कुल जनसंख्या का 13 फ़ीसदी हिस्सा थे, किन्तु आज की जनसंख्या के अधिकतर भारतीय मूल के लोग 1848 में द्वीप पर गुलामी अवैध घोषित होने के पश्चात् बँधुआ मज़दूर के तौर पर लाये गये थे। बीसवीं शताब्दी के पूर्वार्द्ध से ही वहाँ प्रवास पूरी तरह से स्थगित हो चुका था। जहाँ तक अटलांटिक की ओर भारतीय प्रवास का सवाल है, अधिकतर बँधुआ मज़दूर सन् 1835 से 1918 के बीच वर्तमान के उत्तर प्रदेश, बिहार व झारखण्ड से गुयाना पहुँचे। गुयाना की कुल जनसंख्या के 40 फीसदी लोग भारतीय मूल के हैं, और यह समूह वहाँ का सबसे बड़ा प्रजातीय समूह है। भारतीय मूल के लोगों ने एक बेहतर कल की उम्मीद में काला पानी पार किया था। कागज़ी अनुबन्ध के तहत उनके लिए भोजन, रहने की जगह,

कपड़े, पग़ार एवं नागरिकता का बन्दोबस्त था, पर रहन-सहन और काम-काज की स्थितियाँ बेहद कठोर थीं। दस लाख से भी अधिक भारतीय मूल के लोग 1834 से 1918 के बीच गन्ने की खेती के लिए ज़रूरी सस्ती मजूरी के नाम पर गुलामी समाप्त होने के पश्चात् बँधुआ मज़दूर के तौर पर लाये गये। उन्हें दमनकारी फ्रेंच उपनिवेशिक शासन के तहत पूरी तरह से फ्रांसीसी संस्कृति में सोख लेने के निर्देश थे। उनकी इस नीति के चलते इन लोगों के अपने परिवार, मातृभाषा और पैतृक धर्मों से धर्म-परिवर्तन की वजह से सम्बन्ध पूरी तरह टूट गये। तत्पश्चात् पीढ़ी-दर-पीढ़ी मौखिक इतिहास और साहित्य का प्रसार क्रियोल भाषा में हुआ जो इन गन्ने के खेतों में उपजी फ्रेंच और भोजपुरी भाषा का एक अनोखा मिश्रण थी। इस सम्बन्ध के टूटने के बाद भी सांस्कृतिक रीति-रिवाज़ जैसे आग पर चलना और पशु-बलि देना आज भी रीयूनियन द्वीपों में मान्य हैं। हाल ही में, भारत से आयात पण्डितों के आगमन के पश्चात् वहाँ के लोक देवी-देवताओं का पूजन कम हो गया है। विडम्बना यह है कि हम जब बँधुआ मज़दूरों की स्रोत पड़ताल करते हैं, जिनकी नींव ग्रामीण थी, ब्राह्मण समाज से दूर थी, तो आज उस पर नगरीय ब्राह्मणवादी वर्क चढ़ा हुआ पाते हैं, जो कई पीढ़ियों से प्रचलित विविध परासांस्कृतिक व्यवहारों को गूँथकर चलते ग्रामीण रिवाज़ों को कोई तवज्जो नहीं देता।

बीसवीं शताब्दी के उत्तरार्द्ध में तीसरी और चौथी पीढ़ी के इण्डो-मॉरिशियन, इण्डो-रीयूनियनीज़ और इण्डो-गुयानीज़ लोगों द्वारा अपने अनुभवों के कल्पनाशील लिखित वृत्तान्त में आश्चर्यजनक वृद्धि हुई है। इन लोगों की सामूहिक स्मृतियाँ जो मौखिक वृत्तान्तों से गुज़रकर आती हैं, उन्हें भी लेखनी में अन्ततः अपनी आवाज़ मिली। प्रवासी साहित्य सामान्यतः स्मृति और पहचान से जुड़े प्रश्नों से जूझता है, जैसाकि हमें इस भाग में प्रस्तुत आख्यानों में देखने को मिलता है। आक्सेल गोवें की कृति 'बचपन की भूख' (1987) के मूल में आहार को रीयूनियन द्वीपों में बसे मालाबार समाज की पहचान से जोड़कर देखा गया है, वहीं आनन्दा देवी का उपन्यास 'द्रौपदी का आँचल' (1993) तमिल लोगों के पूर्वजों के आग पर चलने के रिवाज़ का ताना-बाना स्त्री-विमर्श से बुनता है। कई पीढ़ियों की गाथा को आत्मकथा शैली में गुयानी-अमरीकी लेखिका गायुत्रा बहादुर ने 'कूली वोमन' (2013) में प्रस्तुत किया है जो 'स्पेक्युलेटिव हिस्ट्री' द्वारा बँधुआ मज़दूरी की ऐतिहासिक जाँच-पड़ताल के साथ ही उन बेआवाज़ स्त्रियों के जीवन पर प्रकाश डालती हैं जो उपनिवेशिक आख्यानों में अब तक अदृश्य थीं।

दूसरी तरफ़ लैटिन अमरीका में उपनिवेशवाद का प्रभाव वहाँ के मूल निवासियों की संस्कृतियों और सभ्यताओं के लिए घातक और उन्हें खण्डित करने वाला था। स्वतन्त्रता के बाद भी समाज में ऐसा कोई बदलाव न आया जिससे वहाँ के समाज और संस्कृतियाँ अधिक न्यायोचित और बराबरी-आधारित बनतीं। वैसे भी, समकालीन राष्ट्रों ने अपने मूल निवासियों को सांस्कृतिक, आर्थिक व राजनैतिक दृष्टि से हाशिये पर धकेल दिया है। ऐसी परिस्थितियों में मूल निवासी अपनी पहचान क़ायम रखने के लिए, अपनी सांस्कृतिक नागरिकता और स्मृति गठित करने के लिए संस्कृतियों के इस निरन्तर सम्पर्क और द्वन्द्व से उभरने के नये-नये रास्ते खोजते रहते हैं। समुदाय व राष्ट्र के स्तर हो रहे नये प्रयासों से जहाँ एक ओर पराराष्ट्रीयता की क्षमता बढ़ती है, वहीं दूसरी ओर उन्हें आधुनिक राष्ट्रों और राष्ट्रीय संस्कृतियों द्वारा निर्मित सीमाओं रूपी बाधाओं का सामना करना पड़ता है, और साथ ही इतिहास से विरासत में मिले क्रियोल, मेस्तीज़ो (मिश्रित नस्ल) और मूल निवासी के बीच के भेदों का भी। समकालीन राजनैतिक परिदृश्य में शान्तिपूर्ण आन्दोलन की लहरों ने मूल निवासी के नागरिकता अधिकारों को पहली बार मंच पर स्थान दिया है।

अन्ततः नागरिकता का बेहद जटिल प्रश्न विस्थापित लोगों के एकाकीपन से जुड़कर और अधिक पेचीदा हो जाता है, जो उनके घर से उजाड़कर उनकी भूमि, भाषा, धर्म, संस्कृति व रीति-रिवाज़ों से दूर किये जाने से पैदा होता है। अपने ही देश में विस्थापित हुए समुदायों को अपनी पहचान से पुनः जोड़ने में और उसे फिर से संगठित करने में स्मृति का बहुत बड़ा योगदान है। अन्तर्राष्ट्रीय व राष्ट्रीय स्तर पर बदलती आर्थिक-सामाजिक व राजनैतिक परिस्थितियों के बीच पुनः अपनी पहचान पर अधिकार होना, उसे सुगठित करना एक तरल प्रक्रिया है। पहचान के इस रूपान्तरण चक्र में संस्कृति व स्मृति का सम्बन्ध महत्त्वपूर्ण है, जहाँ स्मृति के छितरे हुए टुकड़ों को समेटकर संजोने की प्रक्रिया निस्सीम है। लैटिन अमरीका के देशों में पेरू मात्र एक उदाहरण है जहाँ उपनिवेशिक राज और भूमण्डलीकरण का प्रभाव देखा जा सकता है। इनके कारण आज वहाँ का समाज कई टुकड़ों में बँट चुका है। सोचने की बात है कि राष्ट्र का चेहरा आख़िर किस संस्कृति का प्रतिबिम्ब है? इसलिए नागरिकता विवाद का मुद्दा बन जाती है और आज भी बनी हुई है।

स्मृति अध्ययन के क्षेत्र से एकत्रित फ्रेंच, अंग्रेज़ी, स्पैनिश, जर्मन व हिन्दुस्तानी भाषा के महत्त्वपूर्ण साहित्यिक व सैद्धान्तिक लेखों का यह संग्रह हिन्दी अनुवाद के माध्यम से हिन्दी-भाषी पाठिकाओं के बीच इस विषय पर और वार्तालाप व तर्क-वितर्क का अवसर प्रदान करता है। संस्कृति और परम्परा से जुड़े लेख सैद्धान्तिक लेखों के साथ मिलकर हमें वे औज़ार उपलब्ध कराते हैं, जिनसे साहित्यिक लेखों के प्रस्तुत अनुवाद पर चिन्तन एवं आलोचना सम्भव है। यहाँ स्मरण और विस्मृति के नज़रिये से संवाद स्थापित करते हुए उस संसार को हमारे समक्ष पेश किया जा रहा है जो एक पड़ाव से दूसरे पड़ाव की ओर बढ़ते हुए हमें वार्तालाप का निमन्त्रण दे रहा है।

अन्ततः यह अनुवाद संग्रह इन रूपान्तरण के क्षणों को समझने में और विस्थापन की प्रक्रिया में स्मृति और पहचान के संरक्षण में हमारा सहायक रहेगा, जिनसे रचनात्मक, बुद्धिजीवी वाद-विवाद का भी अवसर मिलेगा। इन सब के साथ-साथ सन्दर्भ-ग्रन्थ में सभी सैद्धान्तिक पक्षों का सारांश एक छोटी शब्दावली के साथ उपलब्ध है, जहाँ पाठिकाओं को अवधारणाओं की मूल परिभाषा व प्रयोग मिलेंगे।

इनके माध्यम से पाठिकाएँ सहजता से किसी भी अवधारणा के मूल प्रयोग से अवगत होती हैं और साथ ही दूसरे सन्दर्भों में इनके प्रयोग भी समझ सकती हैं, जो उन्हें अपनी सांस्कृतिक पृष्ठभूमि में एक नयी कड़ी जोड़कर विचारधारा परिवर्तन के संघर्ष में मददगार होगा। इस प्रकार यह शब्दावली पाठिकाओं को अपने परिवेश से विरासत में मिले अनकहे नियमों, सर्वसत्तावाद, भेदभाव, बहिष्कार के ढाँचे पर पुनः विचार करने का न्यौता देती है। ठीक इसी तरह शब्दावली हिन्दी में पहले से मौजूद शब्दों को परत-दर-परत समझती है और इन लेखों के सन्दर्भ में उनका प्रयोग दर्शाती है।

हम उन सभी लोगों के प्रति अपना आभार व्यक्त करना चाहते हैं जिनकी सलाह और विचार-विमर्श से यह पुस्तक सम्भव हुई। कवि और अनुवादक स्वर्गीय नीलाभ अश्क़ ने बड़ी उदारतापूर्वक अनुवाद पर आपका ज्ञान हमारे अनुवादकों के साथ अनुवाद कार्यशाला के दौरान साझा किया। इस दृष्टि से हम आन्या मल्होत्रा, रमन सिन्हा, रीम्ली भट्टाचार्य और निवेदिता सेन के प्रति कृतज्ञता व्यक्त करते हैं। यह किताब बग़ैर अनु पाण्डे के मुमकिन नहीं हो पाती, जिन्होंने हिन्दी अनुवादों की बहुत ही ध्यानपूर्वक जाँच की। उनके द्वारा दिये गये

सुझाव और किये गये सुधार अमूल्य हैं। मोहिन्दर को भी धन्यवाद, जिन्होंने इस भूमिका के अनुवाद को अन्तिम रूप दिया। वाल्टर बेंयामिन, मौरिस हालब्वॉक्स, माइकल रोथबर्ग, अलाइडा आसमान और लिंडा शोर्ट के अनुवादों के साथ सैद्धान्तिक शब्दों की शब्दावली दिये जाने का सुझाव चित्रा हर्षवर्धन की ओर से आया। हम उम्मीद करते हैं कि हमारी यह कोशिश हिन्दी भाषा में स्मृति अध्ययन (मेमरी स्टडीज़) के क्षेत्र में सैद्धान्तिक शब्दों के विस्तार में सहयोग करेगी।

–मधु साहनी, शांभवी प्रकाश, लिपि बिस्वास सेन
अनुवाद : नेहा जैन

अनुक्रम

उत्खनन और स्मरण करना

वाल्टर बेंयामिन

भाषा ने स्पष्ट किया है कि स्मरणशक्ति अतीत के अन्वेषण का साधन नहीं बल्कि माध्यम है। यह उसी तरह से मनुष्य द्वारा किये गये अनुभवों का माध्यम है, जैसे मिट्टी वह माध्यम है जिसमें पुराने शहर दफ़न पड़े हैं। जो भी अपने दफ़न अतीत के क़रीब आने की इच्छा रखता है, उसे किसी खुदाई करने वाले व्यक्ति की तरह बनना पड़ेगा। ख़ास तौर पर उसे एक ही तथ्य पर बार-बार वापस आने से—उसे बिख़ेरने से, जैसे कोई मिट्टी को बिखेरता है, उसे उथल-पुथल करने से, जैसे कोई मिट्टी को खोदकर उथल-पुथल करता है—डरना नहीं चाहिये। तथ्य महज़ परत हैं जोकि सूक्ष्म अन्वेषण करने पर ही वह परिणाम देती हैं जो खुदाई के क्रियाकलाप को सार्थक बनाता है अर्थात् इन परतों में से वे तस्वीर मिलती हैं जो सभी पुराने सन्दर्भों से मुक्त होकर बहुमूल्य वस्तुओं की तरह हमारी बाद में आने वाली समझ के नीरस कमरों में सुशोभित होती हैं—जैसे किसी संग्राहक की दीर्घा में लगी हुई मूर्तियाँ। योजना बनाकर खुदाई का काम करना निस्सन्देह लाभदायक है, लेकिन साथ ही साथ गहरी रहस्यमय मिट्टी में फावड़े का सतर्कतापूर्वक टटोलता हुआ प्रहार भी उतना ही अनिवार्य है। वह व्यक्ति ख़ुद को धोखा देकर सर्वश्रेष्ठ परिणाम से वंचित रखता है जो केवल अपने द्वारा पायी गयी वस्तुओं की सूची बनाता है, लेकिन आज की भूमि में वह स्थान नहीं दिखा सकता जहाँ उसने उन पुरानी वस्तुओं को बचाकर रखा था। इसलिए असली स्मृतियों के लिए अतीत का अभिलेखन करना उतना महत्त्वपूर्ण नहीं है, जितना कि वह सटीक स्थान बताना जहाँ वे खोज करने वाले को मिलीं। सही अर्थ में सच्ची स्मृति को एक ही समय में वर्णनात्मक और भावनात्मक होते हुए स्मरण करने वाले का भी

रेखाचित्र बनाना चाहिये, ठीक उसी तरह जैसे एक अच्छा पुरातात्त्विक वृत्तान्त न सिर्फ़ मिट्टी की उन परतों का विवरण देता है जिनमें पुरातात्त्विक वस्तुएँ मिलीं बल्कि मुख्यतः उन परतों का भी जिनमें से होकर ही उन वस्तुओं तक पहुँचना सम्भव हो पाया।

अनुवाद : अनु पाण्डे

सामूहिक प्रभावों की सीमा पर व्यक्तिगत स्मृतियाँ

मौरिस हालब्वॉक्स

हम प्रायः स्वयं को उन सोच-विचारों, भावनाओं और उस अभिलाषा का मुख्य स्रोत समझ लेते हैं जो वास्तविकता में किसी सामाजिक समूह से प्रेरित होते हैं! हम इनसे इतने सहमत होते हैं कि हम इनको स्वाभाविक समझ लेते हैं और इनके यथार्थ स्रोत को भूल जाते हैं। हम कितनी ही बार समाचार-पत्रों, पुस्तकों तथा दैनिक वार्तालापों से उपलब्ध तथ्यों को दृढ़ विश्वास के साथ अपना समझकर प्रस्तुत कर देते हैं। सच तो यह है कि ये तथ्य हमारी विचारधारा से इतना मेल खाते हैं कि जैसे ही हमें ज्ञात होता है कि इनके स्रोत हम स्वयं नहीं हैं, हम आश्चर्यचकित हो उठते हैं। "मैं भी बिल्कुल ऐसा ही सोचता हूँ!" हम यह नहीं देख पाते कि वास्तव में यह 'मैं' सिर्फ़ एक प्रतिध्वनि है!

एक प्रवक्ता की सम्पूर्ण कला का उद्देश्य सम्भवतः उसके श्रोताओं को यह एहसास दिलाना कि जो भावनाएँ और सोच वह उनमें जाग्रत करता है, वे वास्तव में उनकी अपनी सोच ही हैं। वह स्वयं केवल उनके अन्तर्मन के रहस्यों का पता लगाकर उन्हें अपनी वाणी के माध्यम से प्रस्तुत करता है।

प्रत्येक सामाजिक समूह किसी न किसी तरह अपने सदस्यों में एक जैसी धारणा बनाई रखने का प्रयत्न करता है। ऐसे कितने व्यक्ति हैं जो अपनी सोच में किसी और के योगदान को पहचानने की क्षमता रखते हैं? ऐसे कितने व्यक्ति हैं जो मानते हैं कि उनका अपना योगदान नगण्य है?

कभी-कभी हम अपने परिचितों और अध्ययनों की संख्या बढ़ाते हैं। हम अपनी इस व्यापकता को एक गुण के रूप में लेते हैं जो हम वस्तुओं को विविध दृष्टिकोणों से देखने और उनमे सामंजस्य करने की क्षमता प्रदान करते हैं। इस परिस्थिति में भी हमारी विशेष राय या हमारी भावनाओं और पसन्द की पेचीदगी केवल विविध और विपरीत समूहों के साथ हमारे सम्बन्धों से उत्पन्न होने वाले

संयोग को प्रदर्शित करती हैं। प्रत्येक दृष्टिकोण में हमारा अपना योगदान प्रत्येक समूह द्वारा हम पर डाले गये प्रभाव की तीव्रता के द्वारा निर्धारित होता है। यह प्रभाव एक समूह अन्य समूहों पर डालता है। जब हम प्रतिरोध के बिना बाहरी सुझावों को स्वीकार कर रहे होते हैं, हमें लग रहा होता है कि हम स्वतन्त्र सोच-विचार और अनुभव कर रहे हैं! इसी प्रकार से हम जिन सामाजिक धारणाओं से प्रभावित हो रहे होते हैं, उनसे हम प्रायः अनजान रहते हैं!

परन्तु वे वास्तविकता में मौजूद होती हैं, ख़ास तौर पर जिस क्षण हम सामूहिक विचार की अलग-अलग धाराओं के चौराहे पर खड़े होते हैं, हमारे भीतर एक ऐसी जटिल परिस्थिति उत्पन्न होती है जिसके प्रभाव के चलते हम कोई विशेष घटना देखना चाहते हैं, जो सिर्फ़ और सिर्फ़ हम तक सीमित रहती है! ठीक उसी तरह जैसे कोई यात्री अचानक अपने साथियों पर पड़ने वाले विदेशी परिवेश के प्रभाव में स्वयं जकड़ जाता है या कोई बालक जो अप्रत्याशित कारणवश ऐसी परिस्थितियों में फँस जाता है जो उसकी आयु के लिए उपयुक्त नहीं होतीं और उसका मस्तिष्क वयस्क भावनाओं और चिन्ताओं का सामना करने लगता है! ये स्थितियाँ केवल स्थान, कार्य या परिवारजनों में परिवर्तन को ही नहीं दर्शाती हैं! वस्तुतः यह बदलाव हम हमारे पुराने समूहों से जोड़ने वाले बन्धन से पूर्णतः तोड़ नहीं पाता! दरअसल, ऐसी स्थिति में सामाजिक प्रभाव और भी अधिक विपुल, जटिल, बहुसंख्यक और आपस में उलझे हुए हो जाते हैं! इस कारणवश हम उन्हें अच्छी तरह से सुलझाकर प्रत्येक प्रभाव को साफ़-साफ़ देख नहीं पाते! हम हर परिवेश को किसी और परिवेश की रौशनी में देखते हैं और हमें ऐसा प्रतीत होता है कि हम उसका विरोध कर रहे हैं!

हालाँकि इस बात में कोई दो राय नहीं हैं कि ऐसे प्रभाव या टकरावों के ऐसे सम्मिश्रण के चलते कोई-सा भी प्रभाव बेहतर साबित हो सकता है! क्योंकि ये परिवेश एक-दूसरे का विरोध करते हैं, हमें ऐसा ज्ञात होता है कि हम इनमें से किसी में भी अनुबन्धित नहीं हैं! इसमें कोई सन्देह नहीं है कि इस परिस्थिति की विचित्रता समूचे व्यक्तिगत विचार को सोख लेती है! यह घटना स्वयं को एक स्क्रीन की तरह उन व्यक्तिगत और सामूहिक विचारों के बीच सन्निविष्ट कर लेती है, जिनके संयोजन से वैयक्तिक विचार विस्तृत होते हैं! यह अवस्था केवल व्यक्ति स्वयं ही पूर्णतः समझ सकता है, उसके सामाजिक समूह के अन्य सदस्य नहीं! एक अर्थ में यह घटना उससे सम्बन्धित होती है और उसके घटते ही वह स्वयं ही और स्वयं के द्वारा ही उसका ब्यौरा देने की चेष्टा करेगा! वह मानेगा

कि उन स्थितियों अर्थात् उन अलग-अलग परिवेशों का संगम बहुत उचित रहा! इस संगम ने उस घटना को प्रकट किया जो बहुत समय से उसकी व्यक्तिगत नियति का हिस्सा थी, उस भावना को प्रकट किया जो उसकी आत्मा में उद्वेलित हो रही थी क्योंकि अन्य व्यक्तियों ने उसे अनदेखा कर दिया और (कम-से-कम उसकी कल्पना में) उनका उस घटना के प्रकट होने में कोई योगदान नहीं था! कुछ समय पश्चात् जब इस घटना का उसे पुनःस्मरण होगा तो उसके पास इसकी वापसी को समझने का एक ही माध्यम रह जायेगा : किसी न किसी तरीक़े से यह घटना उसके स्मरण में सन्निहित हो गयी है। लेकिन ऐसा नहीं है!

इस घटना की स्मृतियाँ उसे पूर्ण रूप से व्यक्तिगत लगती हैं, ऐसा प्रतीत होता है कि केवल वह ही इन्हें जानता है, केवल वह ही इन्ह दोबारा खोज पाने की क्षमता रखता है! परन्तु ये स्मृतियाँ अन्य स्मृतियों से भिन्न होती हैं। इनका स्मरण करने के लिए कुछ अत्यावश्यक स्थितियाँ होती हैं जो कि अत्यधिक जटिल होती हैं। परन्तु वास्तव में इन स्मृतियों की जटिलता का भेद सिर्फ़ एक डिग्री या दर्ज़े का भेद है!

कभी-कभी हम केवल इतना ही कह पाते हैं कि हमारा अतीत दो प्रकार के तत्त्वों को समझता है— पहला वह, जिसे हम अपनी इच्छानुसार उत्पन्न कर सकते हैं और दूसरा वह, जो इसके बिल्कुल विपरीत होता है और हमारी पुकार नहीं सुनता। जब भी हम उसे अपने अतीत में खोजना चाहते हैं, ऐसा लगता है कि हमारे सामने एक अड़चन-सी आ खड़ी हुई है। वास्तव में कहा जा सकता है कि पहला तत्त्व सामूहिक क्षेत्र का भाग है। इस दृष्टि से, जो स्मरण हमारे लिए जाना पहचाना है और जो हम बिना किसी कठिनाई के उपलब्ध हो जाता है, वह अन्य व्यक्तियों को भी सरलता से प्राप्त होता है! जो धारणा हम स्वयं के लिए आसानी से बना लेते हैं, जिसमें हम सहूलियत से अपने मनचाहे तत्त्व भर लेते हैं— चाहे वे कितने ही व्यक्तिगत हों या सामूहिक, वास्तव में वह धारणा अन्य व्यक्ति भी हमारे बारे में बना लेते हैं! हमारे जीवन की वे घटनायें जो हमारे स्मरण में परस्पर अम्लान हैं, वे हमारे निकटतम समूहों के स्मरण में स्थापित होती हैं! अतः जो तथ्य और विचार हमें बिना परिश्रम किये ही उपलब्ध होते हैं, वे सामूहिक क्षेत्र का हिस्सा होते हैं! उन्हें कम-से-कम एक या उससे कुछ ज़्यादा समूहों में पाया जा सकता है! इस प्रकार से ये स्मृतियाँ सबकी हैं! हम अपनी इच्छानुसार इनका स्मरण कर पाते हैं, क्योंकि हम अन्य व्यक्तियों की स्मरण शक्ति पर भरोसा कर सकते हैं! दूसरी तरफ़ वे स्मृतियाँ होती हैं जिनका स्मरण हमें दुर्लभ होता है!

हम निस्संकोच कहेंगे कि वे अन्य व्यक्तियों की स्मृतियाँ नहीं, बल्कि हमारी अपनी हैं! इसका कारण यह है कि हम समझ बैठते हैं कि इन स्मृतियों को केवल हम ही पहचान पाये हैं! यह बात चाहे कितनी ही आश्चर्यजनक और विरोधाभास से पूर्ण लगे, सच तो यह है कि जिन स्मृतियों को हम सबसे अधिक कठिनाई से प्रकट करते हैं, वे केवल हम से जुड़ी होती हैं! वे ही हमारी सबसे विशिष्ट पूँजी होती हैं! ऐसी पूँजी, जो हमारे पास हो, तभी दूसरों को उपलब्ध हो पायेगी!

क्या हम कह सकते हैं कि यह स्थिति बिलकुल उस तरह है जिस तरह एक व्यक्ति अपना ख़ज़ाना अपनी तिजोरी में बन्द करने के पश्चात् उसका उलझा हुआ ताला दोबारा न खोल पा रहा हो या उसे उस ताले की चाबी न मिल पा रही हो और वह उसे खोलने के लिए अपनी क़िस्मत आज़मा रहा हो? वास्तव में इस स्थिति को बहुत सामान्य और आसान रूप से समझा जा सकता है! जिन यादों को हम इच्छानुसार उत्पन्न करते हैं और वे याद जिन पर ऐसा लगता है कि हमारा कोई ज़ोर नहीं हो, इन दोनों स्थितियों के बीचो-बीच हर डिग्री की स्मृतियाँ घर कर लेती हैं! अलग-अलग स्मृतियों के दोबारा प्रकट होने के लिए जो स्थितियाँ आवश्यक होती हैं, उनमे केवल जटिलता की डिग्री का फ़र्क़ होता है! ये स्मृतियाँ सदैव हमारे पास रहती हैं क्योंकि ये उन समूहों में संरक्षित होती हैं, जिनमें हम किसी भी क्षण घुस सकते हैं! ये उन सामूहिक विचारों को प्रदर्शित करती हैं, जिनसे हमारा अत्यधिक निकटतम रिश्ता होता है! इन स्मृतियों से सम्बन्धित सारे तथ्य और उन तथ्यों के भीतर का सम्पर्क और प्रत्यक्ष निकास हमें भली-भाँति मालूम होते हैं! प्रत्युतः दूसरे प्रकार की जो स्मृतियाँ हैं, वे हमें अत्यधिक कठिनाई से शायद ही कभी प्राप्त होती हैं क्योंकि जो समूह हम उनसे परिचित कराते हैं, वे हमसे इतने दूर होते हैं कि उनसे हमारा सम्बन्ध अनिरन्तर होता है!

किन्तु ऐसे भी समूह हैं जो आपस में निरन्तर इस प्रकार से जुड़े होते हैं या अक्सर एक-दूसरे से मिलते हैं कि हम सरलता से एक समूह से दूसरे समूह में प्रवेश कर पाते हैं! हम एक समय पर दोनों के सदस्य बन पाते हैं! अन्य समूहों का आपसी सम्बन्ध इतना कम और अस्पष्ट होता है कि इनके आपसी संवाद को समझने का न ही हम अवसर मिल पाता है और न ही ज़रिया! परन्तु ऐसे ही संवादों का पालन करते हुए, गोपनीय अप्रकट मार्गों पर चलते हुए ही हम अपनी वास्तविक यादों को ढूँढ़ पायेंगे! बिलकुल उस तरह, जिस तरह अगर कोई यात्री अपना मार्ग छोड़कर किसी दूसरे मार्ग पर चल पड़ता है तो उसे उस मार्ग

के स्रोत, चट्टानों के झुण्ड, परिदृश्य अपने लगने लगते हैं। हालाँकि इन सब तक पहुँचना तभी सम्भव होता है जब वह अपना रास्ता छोड़कर कोई दूसरा दुर्गम और कम इस्तेमाल होने वाला मार्ग चुनता है! इन गोपनीय पगडण्डियों की शुरुआत दोनों ही रास्तों से होती है और हर कोई इनके बारे में जानता है! लेकिन थोड़ा ध्यान देने पर और शायद अच्छी क़िस्मत के चलते हम उन्हें ढूँढ़ लेते हैं और कितनी ही बार हम एक से दूसरे पर चले जाते हैं बिना इस आभास के कि हम उन्हें ढूँढ़ रहे हैं! विशेषतः उन पलों में, जब हम रास्ता बताने के लिए अन्य राहगीरों पर निर्भर नहीं हो पाते जो अपनी मंज़िल की चिन्ता करे बिना ही इन रास्तों पर चलते रहते हैं!

हम निश्चिन्त होकर अपने दिए गये उदाहरणों का फिर से वर्णन कर सकते हैं! इन उदाहरणों के माध्यम से हमें स्पष्ट रूप से दिखता है कि व्यक्तिगत स्मरण के चिन्ह और तत्त्व, जो सिर्फ़ हमारी पूँजी हैं, कई अन्य सामाजिक परिवेशों में स्थापित और संरक्षित हो सकते हैं! हम एहसास होता है कि इन समूहों (जिनके हम स्वयं भी सदस्य हैं) के सदस्य इनको ढूँढ पायेंगे और यदि हम भी आशातीत प्रयत्न करेंगे तो यह हमें भी दिख पायेंगे! हमारे सहयात्री हमारे माता-पिता और मित्रों को नहीं जानते, जिन्हें हम पीछे छोड़ आये हैं, किन्तु वे यह देख सकते हैं कि हम सम्पूर्ण रूप से उनके साथ घुल-मिल नहीं पा रह हैं! कुछ क्षणों में उनको ऐसा भी प्रतीत होता है कि हम उनके समूह में एक बाहरी तत्त्व की भाँति हैं! यदि हमारा उनसे कुछ समय पश्चात् पुनर्मिलन होता है, वे हम उन क्षणों की ज्ञाति करने की क्षमता रखते हैं, जिनमें उन्होंने हमें अन्यमनस्क एवं विचारमग्न पाया होगा या फिर जिन क्षणों में हमने उन्हें कुछ ऐसे वाक्य बोले, जिन्होंने हमारी विचलित मनः स्थिति को प्रकट किया!

एक बालक जो जंगल में खो गया है, स्वयं को संकटपूर्ण स्थिति में जानकर उसके अन्तर्मन में परिपक्त भाव उत्पन्न हो जाते हैं! वह घर वापस आने के बाद कभी भी अपने माता-पिता से उस घटना का उल्लेख नहीं करता, लेकिन उसके माता-पिता को धीरे-धीरे यह ज्ञात होने लगता है कि उस घटना के पश्चात् उनका बालक अब पहले की तरह निश्चिन्त नहीं रहता! ऐसा प्रतीत होता है कि जैसे बालक के ऊपर कोई साया पड़ गया हो! अपने माता-पिता से पुनर्मिलन के पश्चात् जिस प्रकार से बालक ने अपनी ख़ुशी व्यक्त की, उसे देखकर उन्हें लगा कि उसकी अभिव्यक्ति बालोचित न होकर परिपक्व थी! जब भी हम एक शहर से किसी दूसरे शहर जाते हैं, जहाँ के निवासी हमारे उद्गम स्थान

से अपरिचित होते हैं, इससे पूर्व कि हम स्वयं को उनके नगर के वातावरण में ढाल लें और उनके तौर-तरीक़ों को अपना लें, इस नये वातावरण के प्रति हमारे आश्चर्य, हमारी जिज्ञासा एवं हमारी अज्ञानता देखकर इस नये समूह के अधिकतर सदस्य हमें पहचान लेते हैं! यद्यपि ऐसी अप्रधान घटनाओं के अदृश्य अनुरेख प्रायः अधिक समय तक समूह का ध्यान आकर्षित नहीं कर पाते क्योंकि उनका इस नये परिवेश में कोई महत्त्व नहीं होता!

फ़िर भी इस समूह का एक भाग इन्हें इन अनुरेखों को याद कर सकेगा या पुनः इन्हे खोजने की चेष्टा कर सकेगा, यदि हम उनको इस अनुरेख को उत्पन्न करने वाली घटना का वर्णन कर दें! हालाँकि सामूहिक स्मरण का प्रभाव और सीमा इस समूह में संगठित मनुष्यों की समष्टि निर्धारित करती है, व्यक्ति विशेष ही हैं जो समूह के सदस्य होने के कारण स्मरणशक्ति के मालिक होते हैं! किन्तु सामूहिक यादें एक-दूसरे पर निर्भर रहती हैं! वे मिलकर एक कोष स्थापित करती हैं, जिसमें से अलग-अलग क्षणों में अलग-अलग व्यक्तियों के प्रसंगों में ये यादें भिन्न-भिन्न प्रकार से प्रकट होती हैं! हम निःसन्देह कह सकते हैं कि हर व्यक्तिगत स्मृति सामूहिक स्मृतियों को देखने और समझने का एक दृष्टिकोण है! हमारा स्थान हमारे दृष्टिकोण को परिवर्तित करता है और यह स्थान स्वयं भी अन्य समूहों के साथ हमारे बदलते हुए सम्बन्धों के साथ निरन्तर परिवर्तित होता रहता है! यह अभिप्राय यह दर्शाता है कि एक यन्त्र से सब व्यक्ति एक ही प्रकार की धुन नहीं निकाल पाते, किन्तु जब भी हम इस विचित्रता को समझाने की कोशिश करते हैं, हमको लौटकर विभिन्न प्रकार के सामाजिक प्रभावों पर वापस आना पड़ता है! ये संयोजन सामूहिक स्वभाव के होते हैं! इन सम्मिलनों में से कई अत्यधिक जटिल होते हैं! इस कारणवश इनका प्रकट होना हम पर निर्भर नहीं होता! यह हमारे भाग्य और विश्वास पर निर्भर करता है! हमें सिर्फ़ प्रतीक्षा करनी होती है कि जिन सामाजिक परिवेशों में हम भौतिक और मानसिक रूप से रहते हैं, उनमें अनेक विचार प्रणालियाँ फिर से एक-दूसरे से मिलें और हमारी टेप रेकॉर्डर जैसी व्यक्तिगत चेतना में फिर से पहले जैसा स्पन्दन उत्पन्न करें! किन्तु इस प्रकार की कार्य कारणता में कोई परिवर्तन नहीं होता और हो भी नहीं सकता!

स्मृतियों की शृंखला, चाहे वह अत्यधिक व्यक्तिगत स्मृतियों से ही क्यों न बनी हों, हमेशा उन परिवर्तनों की मदद से समझी जाती हैं जो अनेक सामूहिक परिवेशों से हमारे सम्बन्धों में होते हैं! अर्थात् इन परिवेशों के रूपान्तरणों में

दृष्टिगत होती है, चाहे उनको भिन्न-भिन्न दृष्टियों से देखें या सम्मिलित दृष्टि से! कुछ लोग यह कह सकते हैं कि हमारी सबसे व्यक्तिगत स्मृतियाँ, जिनकी विशेषता एक असीम एकता होती है, वे दरअसल बहुत सारे विभिन्न और विचित्र तत्त्वों के मिश्रण का परिणाम होती हैं! प्राथमिक तौर पर देखा जा सकता है कि यह एकता बहुसंख्य स्मृतियों का घोल बन जाती है! ऐसा कहा गया है कि अपनी असली व्यक्तिगत चेतना की गहरायी में डुबकी लगाने पर हम अपने मन की समूची अन्तर्वस्तु को पुनः प्राप्त कर सकते हैं, जैसी वे किसी विशेष दृष्टिकोण से दिखती है! किन्तु इस मन की अन्तर्वस्तु से अभिप्राय है वे सारे तत्त्व, जो इसका सम्बन्ध विभिन्न सामूहिक परिवेशों के साथ स्थापित करते हैं! अतः व्यक्तिगत चेतना उस मिश्रण की जटिलता दर्शाती है जो उसका स्रोत था! इसकी प्रत्यक्ष एकता को एक स्वाभाविक प्रकार की माया के माध्यम से समझा जा सकता है! दार्शनिकों ने समझाया है कि स्वतन्त्रता का भाव उन करणीय अनुक्रमों की बहुतायत के द्वारा समझा जा सकता है जो मिलकर किसी क्रिया को उत्पन्न करती हैं!

हमें ज्ञात होता है कि ऐसे हर प्रभाव के सामने एक दूसरा प्रभाव आ खड़ा होता है! इसलिये हमें लगता है कि हमारा व्यव्हार सभी प्रकार के प्रभावों से मुक्त है, क्योंकि वह किसी भी प्रभाव पर अनन्य रूप से निर्भर नहीं होता! हम समझ नहीं पाते कि वास्तव में वह उन प्रभावों के संपरिधान से ही बना है और वह सदैव कारण और प्रभाव के नियम के द्वारा नियन्त्रित किया जाता है! इसी प्रकार से कहा जा सकता है कि क्योंकि सामूहिक विचार कि कई श्रृंखलाओं के आपस में मिलने के फलस्वरूप स्मृतियाँ फिर से प्रकट होती हैं और क्योंकि हम स्पष्ट रूप से इनको किसी भी एक विचार से जोड़ने में असफल रहते हैं, हमें लगता है कि ये स्मृतियाँ स्वाधीन स्मृतियाँ हैं और हम इनकी एकता की सामूहिक विचारों कि बहुतायत से तुलना करते हैं! हम इसे उलझी हुई पतली तारों के सहारे हवा में लटकी हुई किसी भी भरी वस्तु की तरह समझ सकते हैं जो शून्य में अपना सन्तुलन बनाये रखते समय वास्तव में उसी शून्य में स्थित होती है!

अनुवाद : पल्लवी बरारा

गाज़ा से वॉरसॉ तक : बहुदिशात्मक स्मृति का मानचित्रण

माइकल रोथबर्ग

प्रतिस्पर्धात्मक स्मृति के परे

क्या होता है जब कई अत्यन्त हिंसक इतिहास सार्वजनिक क्षेत्र में एक-दूसरे के सामने आ खड़े हो जाते हैं? क्या एक घटना की स्मृति अन्य घटनाओं को अदृश्य बना देती है? किसी समकालीन, बहुसांस्कृतिक समाज में जब उपनिवेशवाद, क़ब्ज़े, गुलामी और होलोकॉस्ट की स्मृतियाँ एक-दूसरे से टकराती हैं तो परिणामस्वरूप क्या इनके पीड़ितों की आपस में होड़ लगना अनिवार्य है? स्मरण, न्याय और तुलना से जुड़े ऐसे प्रश्नों के बिना इस विशेष प्रकाशन के विषय *ट्रांसकल्चरल नेगोसिएशंस ऑफ़ होलोकॉस्ट मेमरी* (यहूदी नरसंहार की स्मृति पर परासांस्कृतिक विवेचन) पर विचार करना असम्भव है। इन सब प्रश्नों ने मेरे एक ऐसे बहुदिशात्मक सिद्धान्त को बनाने के प्रयास को दिशा दी है जोकि नाज़ियों के द्वारा किये गये यूरोपीय यहूदियों के नरसंहार के स्मरण से जुड़े उदाहरणात्मक तनाव स्थलों पर केन्द्रित है। इस प्रकार हमें नये और अविरत 'स्मृति युद्धों' के विषय पर चिन्तन तथा इनका सामना करने हेतु वैकल्पिक रूपरेखा मिल सकती है।[1]

मल्टीडिरेक्शनल मेमरी (2009) में मैंने एक नये परासांस्कृतिक स्मरण का विवरण करने की दिशा में तीन क़दम बढ़ाए हैं। सबसे पहले मैं ज़ीरो सम के खेल (शून्य-राशि के तर्क) पर आधारित प्रतिस्पर्धात्मक स्मृतियों के तर्क का विरोध करता हूँ। यह तर्क काफ़ी समय से सार्वजनिक स्मरण के मुद्दे पर कई प्रचलित और वैज्ञानिक दृष्टिकोणों पर हावी है। इस तर्क के अनुसार स्मृतियाँ एक-दूसरे को सार्वजनिक क्षेत्र से बाहर धकेल देती हैं। उदाहरण हेतु, कहा

जाता है कि यहूदी नरसंहार को अत्यधिक महत्त्व देने से हम अन्य त्रासदियों को हाशिये में डाल देते हैं, अथवा इसके विपरीत माना जाता है कि यहूदी नरसंहार के व्याख्यान के ज़रिये अन्य त्रासदियों का विवरण करने से होलोकॉस्ट गौण बन जाता है या फिर यह होलोकॉस्ट की विशिष्टता को नकारने की चेष्टा है। सार्वजनिक क्षेत्र में राजनैतिक, आर्थिक और सांस्कृतिक ताक़तें निश्चित रूप से स्मृतियों के संचालन को आकार देती हैं, किन्तु ऐसी ताक़तों से इन स्मृतियों की आपेक्षिक स्वायत्तता को फूको से पहले प्रचलित दमनकारी शक्ति की अवधारणाओं के ज़रिये समझा नहीं जा सकता। इसके विपरीत मेरा मानना यह है कि स्मृति उर्वरता से कार्य करती है : स्मृतियों के प्रतिद्वन्द्व का परिणाम स्मृतियों की कटौती कदापि नहीं होता—बल्कि और अधिक स्मृतियाँ हमारे समक्ष आ जाती हैं—ऐसी स्मृतियाँ भी, जो अधीनस्थ स्मारक परम्पराओं से होती हैं। उदाहरणार्थ, मैं यह तर्क आपके सामने रखना चाहूँगा कि होलोकॉस्ट की स्मृतियों के विशिष्ट बन जाने के फलस्वरूप दास व्यापार को मिलने वाला सार्वजनिक ध्यान कम नहीं बल्कि कहीं अधिक हो गया है (भले ही यह कई प्रकार से अपर्याप्त ही क्यों न हो'।

इस 'नो-ज़ीरो-सम लॉजिक' के वर्णन की मदद से मैं अपना दूसरा क़दम भी आगे बढ़ाता हूँ, जिसकी तरफ़ मेरे उदाहरण में इशारा किया जा चुका है। मेरा दूसरा तर्क यह है कि एक-दूसरे से अलग प्रतीत होने वाले इतिहासों की सामूहिक स्मृतियों को सामान्य रूप से एक-दूसरे से अलग करना इतना आसान नहीं है—जैसे कि दास प्रथा, होलोकॉस्ट और उपनिवेशवाद की स्मृतियाँ। मैंने पाया है कि होलोकॉस्ट की स्मृति केवल अन्य दुःखद इतिहासों की अभिव्यक्ति का माध्यम नहीं बनी है बल्कि इससे भी अधिक आश्चर्यजनक बात यह है कि शुरुआत से ही होलोकॉस्ट की स्मृति का उद्भव ऐसे अन्य इतिहासों से प्रभावित हुआ है, जिनका पहली नज़र में उनके साथ कोई रिश्ता नहीं दिखता। बहुदिशात्मक स्मृति के पुरालेख का फैलाव ऐमे सेज़ैर, हानाह आरेंट, डब्ल्यू.ई.बी. द्यु बुआ और अन्य चिन्तकों के द्वारा की गयीं प्रारम्भिक अभिव्यक्तियों से लेकर केरिल फ़िलिप्स, लैला ज़ेबार और माइकल हेनेके जैसी समकालीन शख़्सियतों तक है।

आख़िर में, जीरो-सम विचारधारा की समस्या को लक्षित करने और उन विभिन्न इतिहासों को नज़दीक लाने के अलावा, जिनको अक्सर दूर रखा

जाता है, मैं अपने अनुसन्धान के द्वारा स्मृति युद्धों के एक और मूल सिद्धान्त पर प्रश्न उठाता हूँ। ऐसा माना जाता है कि सामूहिक स्मृति और सामुदायिक पहचान के बीच एक बहुत सरल और सीधा रिश्ता होता है। उदाहरणतः, यहूदी स्मृति और यहूदी पहचान एक सीधी लकीर से जुड़े हैं जो उन्हें अफ्रीकन अमेरिकन स्मृति और अफ्रीकन-अमेरिकन पहचान से बिल्कुल अलग बनाती है, परन्तु जैसेकि मैंने अपनी किताब में भी दर्शाया है, होलोकॉस्ट की स्मृति केवल यहूदी स्मृति का एक रूप नहीं है, बिल्कुल उस प्रकार जैसे दास प्रथा और उपनिवेशवाद की स्मृति केवल उनके पीड़ितों या फिर उनके वंशजों तक ही सीमित नहीं रहती।[2] एक बौद्धिक और कलात्मक वैकल्पिक परम्परा को पेश करते हुए, जो कि अत्यन्त प्रभावशाली 'ज़ीरो-सम' विचारधारा का खंडन करती है और नाज़ी नरसंहार, उपनिवेशवाद और दास प्रथा की कड़ियों को जोड़कर पहचान पर आधारित राजनीति के साधारण अर्थ से ऊपर उठने का नज़रिया प्रदान करती है, मैं दर्शा रहा हूँ कि किस प्रकार से वंचित और विपक्षी समूहों के द्वारा की गयी सामूहिक स्मृति की अभिव्यक्ति अन्य समूहों को अपनी पहचान और न्याय पाने के अधिकार का दावा अभिव्यक्त करने हेतु साधन प्रदान करती है।

इस निबन्ध में मैं बहुदिशात्मकता के कुछ कठिन एवम् चिन्ताजनक मामलों के ज़रिये अपने अध्ययन को और आगे ले जाना चाहता हूँ। यदि मेरे तर्कानुसार सार्वजनिक स्मृति *संरचनात्मक दृष्टि से बहुदिशात्मक* होती है—अर्थात् परासांस्कृतिक उधार लेना, आदान-प्रदान एवम् अनुकूलन इसकी विशेषताएँ होती हैं—फिर भी कहने का अर्थ यह बिल्कुल नहीं है कि बहुदिशात्मक स्मृति से जुड़ी राजनीति की कोई गारंटी होती है। वैश्विक स्तर पर सामयिक सार्वजनिक क्षेत्र में नाज़ी और होलोकॉस्ट की उपमा और सन्दर्भों की सर्वव्यापकता को देखते हुए यह स्पष्ट हो जाता है कि लगभग हर राजनैतिक परिप्रेक्ष्य की अभिव्यक्ति बहुदिशात्मक हो सकती है। हालाँकि ऐसे उदाहरण और सन्दर्भ अपने आप में पूरी तरह से स्मरण करने की चेष्टा नहीं होते, फिर भी वे सामूहिक स्मृति के अपरिहार्य मूलभूत अंग या *मॉर्फ़ीम* (रूपिम) का कार्य ज़रूर करते हैं। स्मृति से सम्बन्धित संवाद के प्रचार और इसके महत्त्व के मद्देनज़र ऐसी तुलनात्मक नीति का विकास करना आवश्यक हो जाता है जोकि स्मृति के राजनैतिक रूप से उर्वरक अभिरूपों को अन्य प्रतिस्पर्धात्मक, हड़पने वाले एवं महत्त्वहीन बनाने वाले अभिरूपों से अलग कर पाने की क्षमता रखती हो।[3]

इस संवाद को आगे बढ़ाने के लिए मैं दिसम्बर 2008, जनवरी 2009 में गाज़ा में हुए इज़राइली आक्षेप के फलस्वरूप उत्पन्न हुई स्मृति संघर्ष की बाढ़ की चर्चा करना चाहूँगा। इस दौरान मात्र तीन हफ़्तों में 1,400 फ़िलिस्तीनी मारे गये थे, जिनमें से कई असैनिक थे। गाज़ा में उपलब्ध मूल सुविधाएँ, जोकि पहले ही अवरोध के कारण काफ़ी कमज़ोर हो चुकी थीं, इस हमले के दौरान तहस-नहस हो गयीं। इसमें 13 इज़राइलियों को भी अपनी जान गँवानी पड़ी, जिनमें से 10 सैनिक थे (4 ग़लती से अपनी ही सेना की गोलीबारी में मारे गए) और 3 दक्षिण इज़राइली शहरों के नागरिक थे, जो फ़िलिस्तीनी रॉकेट की चपेट में आ गये। हमले के पश्चात् संयुक्त राष्ट्र मानवाधिकार परिषद् के तथ्यान्वेषी शिष्टमण्डल, जिसका नेतृत्व उस समय एक दक्षिण अफ़्रीकी यहूदी न्यायज्ञ रिचर्ड गोल्ड्सन कर रहे थे, ने घोषित किया कि दोनों ही पक्षों की तरफ़ से अन्तर्राष्ट्रीय मानवीय कानूनों और सिद्धान्तों का उल्लंघन हुआ था– किन्तु शिष्टमण्डल की 575 पृष्ठ की रिपोर्ट में स्पष्ट रूप से बताया गया कि किस तरह और किस हद तक इन पक्षों द्वारा किये गये अपराधों का मानव जीवन पर अलग-अलग असर हुआ।[4]

मैं ख़ास तौर से इस विषय को लेकर अमेरिका में हुए विवाद की तरफ़ सबका ध्यान आकर्षित करना चाहूँगा। यह विवाद खड़ा हुआ जब एक अमेरिकी समाज-शास्त्र के प्रोफ़ेसर ने अपने अंडर-ग्रेजुएट (पूर्वस्नातक) विद्यार्थियों को एक ई-मेल भेजा, जिसमें उन्होंने यह घोषित किया कि ''इज़राइल गाज़ा का वॉरसॉ है।'' इसके साथ उन्होंने एक चित्र-निबन्ध भी भेजा, जिसमें कुछ ऐसे चित्र थे, जो 'नाज़ी और इज़राइली' का वर्णन समान रूप से करते दिख रहे थे। इनमें से कई चित्र वॉरसॉ की यहूदी बस्ती के थे। चूँकि यह इस प्रकार का इक़लौता विवाद नहीं है, जैसा कि ठीक उसी समय करिल चर्चिल के 2009 में प्रस्तुत किये गये नाटक 'सेवन ज्यूइश चिल्ड्रन : अ प्ले फ़ॉर गाज़ा' (सात यहूदी बच्चे : गाज़ा के लिए एक नाटक) के बारे में उठा विवाद दर्शाता है, इसलिए स्मृति संवादों के उद्भव और विकास के विवेकात्मक अध्ययन की अनिवार्यता स्पष्ट हो जाती है।[5] ऐसी वंशावली बताती है कि आधुनिक विवादों में होलोकॉस्ट के समय के वॉरसॉ का ज़िक्र निरर्थक एवं अप्रासंगिक नहीं है। मैं इस लेख में दिखाऊँगा कि किस प्रकार से वॉरसॉ घेट्टो उन बहुदिशात्मक स्मृतियों का स्थायी केन्द्र बन गया है जो उपनिवेश और प्रजाति सम्बन्धी हिंसा की उस विरासत का सामना करती हैं जो किसी एक राष्ट्र तक सीमित नहीं होतीं।

अतः इज़राइल-फ़िलिस्तीनी विवाद की विशेषताओं पर चिन्तन करने से पहले मैं सर्वप्रथम इस नये विवाद को वॉरसॉ स्मृति से जुड़ी विस्तृत संवाद शृंखला में स्थित करूँगा।

हालाँकि यह स्थानीय संघर्ष मेरे विश्लेषण में एक महत्त्वपूर्ण भूमिका निभाता है, मेरा लक्ष्य उन विभिन्न रूपों का मानचित्रण करना है जो सार्वजनिक स्मृति भावावेश से पूर्ण राजनैतिक स्थितियों में धारण कर सकती है। उस संवाद शृंखला का मानचित्रण करने से मैं ऐसे अन्तर पर पहुँचता हूँ, जिसके चार भाग हैं जहाँ बहुदिशात्मक स्मृतियाँ तुलनात्मक धुरी (जिसको समीकरण से लेकर विभेदीकरण तक का अबाध क्रम परिभाषित करता है) और राजनैतिक भाव धुरी (जिसको एकजुटता से लेकर प्रतिद्वन्द्विता तक का अबाध क्रम परिभाषित करता है—अर्थात दो जटिल, सम्मिश्रित भाव) के प्रतिच्छेद बिन्दु पर स्थित हैं। महज़ ढाँचे के रूप में होने के बावजूद यह मानचित्र परासांस्कृतिक स्मृति के युग में काल्पनिक राजनैतिक धारणाओं के अन्वेषण हेतु अनुकूल साधन प्रदान कर सकता है। विशेष रूप से यह मुझे इस तर्क पर ले पहुँचता है कि किसी मौलिक रूप से लोकतान्त्रिक स्मृति की राजनीति में निम्न तत्त्व शामिल होने ज़रूरी हैं—एक विकसित अनुभवजन्य इतिहास, विविध प्रकार के अन्यायों के पीड़ितों के साथ नैतिक ऐक्यभाव और एक ऐसा तुलनात्मक नीतिशास्त्र जो इन पीड़ितों के असंगत दावों में समन्वय कर पाये। स्मृति राजनीति की यह अवधारणा इस ओर संकेत करती है कि विकसित ऐक्यभाव को व्यक्त करने वाले स्मृति-संवाद अन्य ऐसे संवादों से कहीं ज़्यादा राजनैतिक सामर्थ्य का प्रदर्शन करते हैं जो विभिन्न इतिहासों को सम्मिलित कर उन्हें समीकरण के तर्क के अन्तर्गत ले आते हैं या जो प्रतिद्वन्द्विता के तर्क के अन्तर्गत इतिहास के पीड़ितों को प्रतिरोधी बनाकर एक-दूसरे के सामने खड़ा कर देते हैं। यह अक्सर इज़राइल-फ़िलिस्तीन के सन्दर्भ में देखा गया है। जैसेकि स्पष्ट हो जायेगा, मेरा ध्यान फ़िलिस्तीनी स्वदेशी संवाद पर केन्द्रित नहीं है, जिसके लिए अन्य व्याख्यात्मक उपकरणों की आवश्यकता होगी। इसकी जगह मेरा लक्ष्य है फ़िलिस्तीनियों के साथ पराराष्ट्रीय ऐक्यभाव के संवादों की एक संवेदनशील समीक्षा का आरम्भ करना। क़ब्ज़े और नाकाबन्दी की अविरल प्रक्रिया के मद्‌देनज़र ऐसा ऐक्यभाव आज भी अत्यावश्यक है, किन्तु उससे भी अधिक अनिवार्य है इस विषय पर सोच-विचार करना कि उसके क्या रूप होने चाहिये?[6]

वॉरसॉ के भग्नावशेष पर

वॉरसॉ के घेट्टो हमेशा से ही सार्वजनिक संवाद का एक महत्त्वपूर्ण चिन्ह एवं स्मृति की एक बहुमुखी गाँठ बने रहे हैं। ये बस्तियाँ स्थापित होने के कुछ ही समय पश्चात्, अर्थात् 1940 की शरद ऋतु में, नाज़ियों द्वारा बन्द कर दी गयी थीं। इनमें 1.3 वर्ग मील इलाक़े में 400, 000 यहूदी बन्द थे।[7] इन बस्तियों की तीन विशेषताओं ने इनकी स्मारक विरासत को गढ़ा है : एक ही समय पर यह लगभग पूर्ण पृथक्करण और संकीर्णन का स्थान थीं, एक मध्यवर्ती स्टेशन जहाँ से हज़ारों यहूदियों को मृत्यु शिविरों में भेजा जाता था (मुख्य रूप से ट्रेबलिंका शिविर में), और साथ ही साथ ये बस्तियाँ 1943 में बीसवीं शताब्दी के सबसे वीरतापूर्ण और आत्मघातक विरोध संघर्षों में से एक का मंच भी बनीं। वॉरसॉ के उल्लेख आंशिक या पूर्ण रूप से घेट्टो की इन सभी विषेशताओं का उपयोग करते हैं और इन पर कई प्रकार की सामूहिक स्मृतियाँ भी आधारित होती हैं—जैसे कि उदारवादी, कम्युनिस्ट, जियोनवादी स्मृतियाँ और लगातार बढ़ती हुई जियोनवाद विरोधी विचारधारा। यहाँ मैं विशेष तौर पर इन सबमें से केवल एक पर हमारा ध्यान केन्द्रित करूँगा। यह एक पुरानी चलती आ रही वॉरसॉ स्मृतियों की लड़ी है जो जातिवाद और औपनिवेशीकरण की समस्याओं के साथ संवाद स्थापित करती है।

मैं शुरुआत करूँगा *मल्टीडिरेक्शनल मेमरी* से लिए गये दो उदाहरणों से, जो हमें स्मृतियों का प्रतिचित्रण करने हेतु प्रारम्भ बिन्दु प्रदान करते हैं। 1949 में अफ्रीकी-अमेरिकी विद्वान एवं कार्यकर्ता डब्ल्यू. ई. बी ड्यू बुआ वॉरसॉ गये। वहाँ उन्होंने उन यहूदी बस्तियों को देखा जो नाज़ियों द्वारा केवल स्थापित ही नहीं की गयी थीं, बल्कि वहाँ के निवासियों की बग़ावत को कुचलने के बाद पूरी तरह से उजाड़ भी दी गयी थीं। इस यात्रा के तीन साल बाद ड्यू बुआ ने एक लघु लेख लिखा, जिसमें उन्होंने अपनी इस यात्रा का वर्णन किया। इस लेख का शीर्षक था 'द नीग्रो एंड द वॉरसॉ घेट्टो'। एक ऐसे समय पर जब अंग्रेज़ी भाषा में 'होलोकॉस्ट' का उल्लेख करने हेतु कोई भी शब्द मौजूद नहीं था, ड्यू बुआ ने जातिवाद से सम्बन्धित वैश्विक समस्या को समझने के लिए द्वितीय विश्व-युद्ध के दौरान हुए यहूदी अनुभव के महत्त्व का अध्ययन किया।[8] उन्होंने लिखा कि उनकी इस यात्रा और 'विशेष तौर से यहूदी बस्तियों के दर्शन' और नेथन रापोपोर्ट के द्वारा बनायी गयी वॉरसॉ घेट्टो की बग़ावत

की प्रतिमा का नतीजा। दुनिया में यहूदी समस्या की बेहतर समझ से ज़्यादा नीग्रो समाज की समस्याओं की एक खरी और अधिक सम्पूर्ण समझ था। प्रथमतः अब मेरे ज़हन में अमेरिका में चली आ रही दास प्रथा, दास्यमुक्ति या फिर जातिवाद से जुड़ी समस्याएँ कोई अनोखी या फिर अलग-अलग समस्याएँ नहीं रह गयी थीं, जैसा कि मैं काफ़ी समय से समझता आ रहा था। अब यह केवल रंग भेद, शारीरिक और जातीय विशिष्टताओं की बात नहीं थी। इस तथ्य को स्वीकारना मेरे लिए अत्यधिक कठिन था क्योंकि मैंने आजीवन रंग-रेखा को ही विपदा का सबसे बड़ा और वास्तविक कारण माना था... जिस जाति सम्बन्धी समस्या में मेरी रुचि थी, वह दरअसल रंग, शारीरिक बनावट, आस्था और हैसियत तक ही सीमित नहीं थी। यह मामला सांस्कृतिक प्रथाओं का था, विकृत शिक्षा और नफ़रत एवं पूर्वग्रह का, जो पूरी दुनिया के जन समूहों पर प्रभाव डालते हैं और हर व्यक्ति को अन्तहीन हानि पहुँचाते हैं।[9]

ड्यू बुआ के लघु लेख की विशेषता यह है कि इसमें वह केवल यहूदी इतिहास के प्रति ही ऐक्यभाव व्यक्त नहीं करते। वह अन्य विभिन्न जातिवादक हिंसाओं के इतिहासों के आपसी सम्बन्ध को भी किसी भविष्यदर्शी की तरह समझते हैं। इस विचार को पीछे छोड़कर कि उनका अनुभव 'सबसे अलग और अतुल्य है', वह जातिवाद के प्रति एक बहुदिशात्मक दृष्टिकोण को दर्शाते हैं। वह नाज़ियों द्वारा किये गये यहूदी जनसंहार के ठोस चिन्हों की मदद से अफ्रीकी-अमेरिकी कल और आज की एक नयी समझ विकसित करते हैं। ड्यू बुआ द्वारा की गयी वॉरसॉ घेट्टो के व्यापक महत्त्व की व्याख्या का स्रोत उसी जातिवाद का अनुभव और स्मृति है, जिनकी उन्होंने इस लेख में नयी अवधारणा की है। वह आगे कहते हैं, "मैंने दुनिया में अक्सर इनसानी अशान्ति देखी हैः एटलांटा में हुए जातिवादक दंगों की चीख़ें और धमाके; कू क्लुक्स क्लान के जुलूस, अदालत और पुलिस की धमकियाँ; लोगों के घरों और निवास स्थानों की उपेक्षा और विनाश... मगर जो मैंने 1949 में वॉरसॉ में देखा, वह मेरी कल्पना से परे था।"[10] इस बात पर ज़ोर देना महत्त्वपूर्ण है कि जिस असन्तुलित संकल्पना पर ड्यू बुआ 1952 में पहुँचे थे, वह उनके द्वारा इन विषयों पर रखे गये पूर्व तर्कों और विचारों का संशोधन है। इसमें *द वर्ल्ड एंड अफ्रीका* में 1947 में उनके द्वारा किया गया वह बहुउल्लेखित दावा भी शामिल है, जिसमें उन्होंने कहा था कि "नाज़ियों द्वारा ऐसी कोई क्रूरता या ऐसा कोई अत्याचार नहीं किया गया...जो यूरोप

का ईसाई समुदाय बहुत लम्बे समय से दुनिया भर में अन्य अश्वेत जातियों और समुदायों पर नहीं कर रहा था।''[11] इसके विपरीत, वॉरसॉ के पश्चात् ड्यू बुआ का दृष्टिकोण अश्वेत और यहूदी इतिहासों में सम्बन्ध स्थापित करता है, बिना उनके निहित अन्तर को मिटाये या उनकी विशिष्टता के प्रति अन्धश्रद्धा रखे। निकटस्थ इतिहास न तो 'औरों से अलग और विशिष्ट' होते हैं और न ही उनके 'समकक्ष' बल्कि एक प्रकार की संशोधित 'दोहरी चेतना' उत्पन्न होती है जो इन इतिहासों को एक ऐसे संयोजन में एकत्र करती है, जिसका कोई पूर्व निर्धारित अन्त नहीं होता।

ड्यू बुआ के लेख 'द नीग्रो एंड द वॉरसॉ घेट्टो' के प्रकाशित होने के क़रीब एक दशक बाद फ्रांसीसी लेखिका मार्गरीट ड्यूरा ने भी वॉरसॉ के घेट्टो से प्रेरित होकर असमानता और मतभेद की पृष्ठभूमि पर ऐक्यभाव दिखाने की चेष्टा की। 1961 में नयी वामपन्थी साप्ताहिक पत्रिका *फ्रांस ओब्ज़रवातर* में प्रकाशित हुए 17 अक्टूबर के नरसंहार से सम्बन्धित इंटरव्यू पर आधारित लेख 'ले द घेट्टो' (दो घेट्टो) में ड्यूरा ने एक वॉरसॉ उत्तरजीवी और दो अल्जीरीय मज़दूरों को साथ-साथ दर्शाया (चित्र 1)।[12] हालाँकि इस लेख का शीर्षक द्वितीय विश्वयुद्ध के समय के यहूदी घेट्टो और उपनिवेशवाद के अन्तिम चरणों के दौरान के अल्जीरीय घेट्टो के समीकरण की ओर इशारा करता जान पड़ता है—एक ऐसा विचार, जो कि इस लेख के साथ दी गयी अल्जीरीय मज़दूर और पीला स्टार लगाये यहूदी की 'समानान्तर तस्वीरों' के चलते प्रबल होता नज़र आता है—अगर हम उन लोगों के द्वारा दिये गये जवाबों का अध्ययन करें, जिनका ड्यूरा ने इंटरव्यू लिया था, तो हमें इनमें जितनी समानताएँ दिखेंगी, उतने ही असन्तुलन भी नज़र आयेंगे। 'द नीग्रो एंड द घेट्टो' की ही भाँति ड्यूरा का लेख भी बहुदिशात्मक संवेदनशीलता प्रदर्शित करता है—एक ऐसा दृष्टिकोण, जिसके अनुसार इतिहास सापेक्षिक होते हैं, ये जिन धागों से बुने होते हैं वे सदृश होते हैं, न कि एक समान।

ड्यू बुआ और ड्यूरा के ये दो उदाहरण ऐसे दो ऐतिहासिक क्षणों से आते हैं जब यहूदियों से सम्बन्धित नाज़ी नीतियों को वैसे नहीं समझा जाता था जैसे कि वे आज समझी जाती हैं—आज होलोकॉस्ट को एक 'अद्भुत और अनोखी' घटना के रूप में देखा जाता है। ये उदाहरण हमें बहुदिशात्मक स्मृति के क्षेत्र का मानचित्रण करने की शुरुआत करने में मदद करते हैं। हालाँकि पहली नज़र में ड्यूरा का लेख और एलजीरीय युद्ध के प्रसंग में होलोकॉस्ट के कई

ALGÉRIE : LES NOUVEAUX CONTACTS

france Observateur

12e Année. - N° 601. - Jeudi 9 Novembre 1961 1 N. F.

PIERRE BELLEVILLE et SERGE MALLET :

LA BATAILLE DE LA VILLETTE

M. Fontanet s'étant épuisé en vain à essayer de suivre le bœuf, M. Missoffe, le nouveau secrétaire d'Etat au Commerce Intérieur, a décidé de prendre le taureau par les cornes et d'engager la bataille de la Villette contre les dirigeants du marché de la viande.

Face à la solidarité de tous les intermédiaires, du maquignon au boucher détaillant, le « grand maitre des prix » a été jusqu'à parler de « nationalisation ».

En fait, le vrai problème est celui de l'organisation des consommateurs et de la liaison de ces groupes organisés avec les groupements de producteurs. (*Page 5.*)

UN DOCUMENT :

le 22e congrès vu par Togliatti

Le XXIIe Congrès du Parti Communiste d'Union Soviétique suscite, comme il fallait s'y attendre, des remous importants dans les différents partis communistes du monde entier.

Le Parti français s'en tient à l'interprétation la plus restrictive des textes. La condamnation du passé n'entraîne pour lui aucune conséquence pour l'avenir.

Ce n'est pas le point de vue du Parti Communiste italien qui semble vouloir se placer à l'avant-garde d'un courant de « libéralisation ». Palmero Togliatti vient, à ce sujet, de faire d'importantes déclarations (voir page 10).

GEORGES SUFFERT :

Un homme qui monte

Qu'y aura-t-il après le gaullisme ? Une autre IVe ou une VIe entre les mains d'une nouvelle génération d'hommes encore inconnus du grand public mais qui cherchent inlassablement dans la définition des relations entre syndicalisme et politique autre chose qu'une planche de salut pour un coup de force éventuel ?

Ces hommes, *France Observateur*, dans une série de portraits, entreprend de vous les présenter.

Aujourd'hui, Eugène Descamps, secrétaire général de la C.F.T.C., héritier direct de toute une tradition ouvrière et syndicale. (*Page 7.*)

MARGUERITE DURAS :

LES DEUX GHETTOS

L'ouverture par le Parquet de la Seine d'informations judiciaires portant sur la découverte d'une soixantaine de cadavres de Nord-Africains repêchés ou retrouvés et sur le dépôt d'une quarantaine de plaintes pour disparitions, sévices, séquestration ou vol a été annoncée officiellement le 6 novembre.

Telle est la première réponse aux questions que nous avons posées dans nos précédents numéros. Elle n'est pas suffisante (voir page 8).

Marguerite Duras a posé, elle aussi, des questions : à deux ouvriers algériens d'abord, à une survivante du ghetto de Varsovie ensuite.

Les questions sont identiques, les réponses sont éloquentes. Le temps des ghettos, que l'on croyait révolu, est-il revenu ? (Voir pages 8, 9 et 10.)

Y A-T-IL TROP D'AUTOMOBILES ?

चित्र 1 : 9 नवम्बर, 1961 को प्रकाशित फ्रांस ओब्ज़रवातर का कवर पृष्ठ, मार्गरीट ड्यूरा के लेख 'ले द घेट्टो' की सूचना के साथ। इस निबन्ध के लेखक के संग्रह में से।

अन्य आह्वान इतिहासों के समीकरण पर आधारित ऐक्यभाव के रूप लगते हैं, दरअसल वे अक्सर ड्यू बुआ की ही तरह विभेदित समानता के माध्यम से ऐक्यभाव के निर्माण का दृष्टिकोण दर्शाते हैं। ये उदाहरण हमें शोअह की एक ऐसी समझ का निरीक्षण करने का मौक़ा देते हैं, जिसे हम काफ़ी हद तक भुला चुके हैं, जिसमें उसकी विशिष्टता को समझा गया और साथ ही अन्य जातिवाद के इतिहासों से उसके सम्भावित सम्बन्धों को भी आँखों से ओझल होने न दिया गया। वर्तमान समय और मध्य-पूर्वी देशों के मसलों की बात की जाये तो दो तथ्यों को याद रखना अत्यावश्यक हो जाता है। पहला तथ्य है, स्मृति के इन कार्यों और मंचनों की बहुदिशात्मक गतिशीलता और दूसरा वह सफ़र, जो 1950 से लेकर 1960 के दशक के आरम्भ के वर्षों में होलोकॉस्ट की स्मृति ने तय किया है।

"गाज़ा इज़राइल का वॉरसॉ है"

सन् 2009 के आरम्भ में सैंटा बारबरा में स्थित यूनिवर्सिटी ऑफ़ कैलिफ़ोर्निया (यूसीएसबी) में एक विवाद उठ खड़ा हुआ, जब इस यूनिवर्सिटी में कार्यरत समाज शास्त्र के एक प्रोफ़ेसर के ख़िलाफ़ अनुशासनिक कार्रवाई करने की चेतावनी दी गयी। इस प्रोफ़ेसर ने अपने पूर्वस्नातक छात्रों को वैश्वीकरण के समाजतत्व के विषय पर एक ई-मेल भेजा था। गाज़ा पर इज़राइली बमबारी के अन्तिम चरण में—और मार्टिन लूथर किंग की जन्म तिथि पर—प्रोफ़ेसर विलियम रॉबिन्सन ने अपने छात्रों को एक ई-मेल भेजा, जिसका विषय था, 'नाज़ी और इज़राइलियों का समानान्तर चित्रण।' इस ई-मेल के मुख्य भाग में उन्होंने कई अन्य तथ्यों के साथ दृढ़तापूर्वक यह भी कहा कि 'गाज़ा इज़राइल का वॉरसॉ है'। इसके साथ उन्होंने एक फ़ोटो-निबन्ध भी भेजा। यह निबन्ध उन्होंने राजनैतिक वैज्ञानिक नार्मन फ़िंकेल्स्टीन की वेबसाइट से लिया था। इस निबन्ध में द्वितीय विश्वयुद्ध के दौरान यूरोपीय यहूदियों पर नाज़ियों द्वारा किये गये अत्याचार और उनके उत्पीड़न के चित्रों और इज़राइलियों द्वारा फ़िलिस्तीनियों पर ढाये गये जुल्मों के चित्रों को तुलनात्मक दृष्टि से प्रस्तुत किया गया है। इसमें होलोकॉस्ट के जो चित्र हैं, उनमें से कई स्टूप रिपोर्ट से लिये गये हैं। नाज़ियों द्वारा निर्मित यह दस्तावेज़ वॉरसॉ घेट्टो के विनाश का कीर्तिगान करता है।[13] इस ई-मेल के मिलने के पश्चात् दो यहूदी छात्रों ने रॉबिन्सन की कक्षा में आना बन्द कर दिया। इसके कुछ हफ़्तों बाद एंटी-डिफ़ेमेशन लीग

और कई अन्य इज़राइली समर्थक संगठनों के हस्तक्षेप के चलते विश्वविद्यालय ने रॉबिन्सन पर जाँच कार्रवाई शुरू कर दी।

हालाँकि उनके विश्वविद्यालय ने इस मामले को कुछ समय पश्चात् अमान्य घोषित कर दिया था, इसको पूरी तरह से नज़रअन्दाज़ करना कठिन था। मेरे अनुसार, इस मामले को देखने के कई नज़रिये हो सकते हैं। सर्वप्रथम यह कहना ज़रूरी है कि रॉबिन्सन के ख़िलाफ जो कार्रवाई हुई, वह उनकी शैक्षिक स्वतन्त्रता को दबाने की सोची-समझी साज़िश थी, ख़ास तौर पर क्योंकि यह घटना अमरीका में पिछले कुछ सालों में घटे ऐसे कई मामलों के बारे में दोबारा सोचने पर विवश कर देती है, जिनके दौरान कई विद्वानों को, जो इज़राइल के आलोचक रहे हैं, अवैज्ञानिक आधारों पर आलोचना का निशाना बनाया गया।[14] मेरा विश्लेषण शैक्षिक स्वतन्त्रता के अत्यावश्यक प्रश्न के साथ-साथ राजनैतिक चेतना से पूर्ण शिक्षा-विज्ञान के विषय को भी उठाता है—एक ऐसा विषय, जो कि हमारी चर्चा के क्षितिज में सम्मिलित है। इसकी जगह मैं रॉबिन्सन मामले को एक अलग ही नज़रिये से देखता हूँ। वॉरसॉ की बहुदिशात्मक स्मृति की परम्परा में रॉबिन्सन मामले की सहभागिता का विश्लेषण स्मृति-राजनीति का मानचित्रण करने में मेरी सहायता करता है।[15]

फ़िलिस्तीन-इज़राइल के आस-पास होलोकॉस्ट के स्मरण के प्रसार में वॉरसॉ की हमेशा से ही स्पष्ट भूमिका रही है। इज़राइल के सम्पूर्ण राज्य घोषित होने और आइश्मान मुक़दमे की शुरुआत के ठीक पहले, इज़राइल में वॉरसॉ घेट्टो बग़ावत के स्मरण ने होलोकॉस्ट के प्रति ज़िओनिस्ट मिश्रित भावनाओं को और अधिक ठोस कर दिया था। ज़िओनिस्ट विचारधारा के लोग स्वयं को कथित प्रवासी निष्क्रियता से दूर रखते हुए वॉरसॉ के शहीदों का गुणगान करते थे। जैसे कि जूडिथ जेरताल अपने काम में दर्शाती हैं, वॉरसॉ फ़िलिस्तीनियों और उस क्षेत्र के अन्य अरब समूहों से होने वाले ज़िओनिस्ट टकराव में संकलित हो गया था और ज़ियोनवाद के औचित्य को सिद्ध करने का उपकरण बन गया था।[16] यह धारणा काफ़ी पुरानी है, यह तब से प्रचलित है जबसे ज़िओनिस्ट अधिवासियों को यह 'बग़ावत' मूल निवासियों के साथ उनके अपने संघर्षों की अनुकृति लगने लगी,[17] और यह गाज़ा पर क़ब्ज़े की शुरुआत के अहम समय तक बनी रही, जब एक किब्बुत्ज़ी नेता ने कहा था कि '1967 में हुआ इज़राइली छः दिवसीय युद्ध (वॉरसॉ) घेट्टो की बग़ावत की ही एक और कड़ी है।'[18] इसके पहले भी गाज़ा को नाज़ियों द्वारा

किये गये यहूदी नरसंहार के समय के वॉरसॉ से अव्यक्त रूप से जोड़ा जा रहा था। 1943 में हाशोमेर हटज़ेर नामक एक वामपन्थी संगठन ने गाज़ा स्ट्रिप से कुछ मील की दूरी पर एक किब्बुत्ज़ स्थापित किया, यह उस स्थान से कुछ ही दूरी पर था जो आगे चलकर गाज़ा स्ट्रिप का बॉर्डर बना; इसका नाम रखा गया याद मोर्देखाए। मोर्देखाए अनीलेविच वॉरसॉ घेट्टो बग़ावत के शहीदी लीडर थे। इसी स्थान पर यानी कि इसी किब्बुत्ज़ पर कुछ समय पश्चात् नाथन रापोपोर्ट द्वारा बनायी गयी अनीलेविच की प्रतिमा को स्थापित किया गया। अब यह प्रतिमा गाज़ा के ठीक सामने स्थित है (भाग्य की विडम्बना यह है कि 1940 के दशक में पोलैंड यात्रा के दौरान ड्यू बुआ पर रापोपोर्ट द्वारा शिल्पित वॉरसॉ बग़ावत की प्रतिमा का काफ़ी गहरा असर हुआ था)।

इस बात में कोई शक नहीं है कि इज़राइल राज्य के वैधीकरण में होलोकॉस्ट और वॉरसॉ घेट्टो की केन्द्रीय भूमिका ने इज़राइली नीतियों के आलोचकों को इज़राइल को निशाना बनाने में इन्हीं रूपकों को अपनाने के लिए प्रेरित किया है। उदाहरण के लिए, सन 2003 में ब्रिटिश लेबर एम. पी. (पार्लियामेंट की सदस्य) ऊना किंग ने इज़राइल और फ़िलिस्तीनी अधिकृत इलाक़ों की यात्रा करने के बाद 'गार्डियन' में इस यात्रा पर आधारित एक लेख लिखा।

किंग केवल रॉबिन्सन की तरह यहूदी नहीं हैं, बल्कि उनके पिता अफ़्रीकी–अमरीकी मूल के भी हैं। किंग के इस लेख के एक वाक्य की वजह से विवाद उठ खड़ा हुआ। यह उन्होंने गाज़ा स्ट्रिप में अपने पहले दिन को याद करते हुए कहा। इस दिन एक इज़राइली हेलीकाप्टर ने एक औरत और एक बच्चे को मार गिराया था और कई दर्ज़न असैनिकों को घायल कर दिया था। उन्होंने लिखा, ''यहूदी राज्य के मूल संस्थापकों ने कभी सोचा भी नहीं होगा कि इज़राइल आज एक ऐसी घोर विडम्बना से घिर जायेगा : होलोकॉस्ट की राख से बचकर भागते हुए इज़राइलियों ने एक अन्य समूह को एक ऐसे नर्क में धकेल दिया है, जिसका विस्तार भले ही वॉरसॉ घेट्टो जितना न हो, मगर सत्व उससे ज़रूर मिलता-जुलता है।''[19] इस यात्रा के दो वर्ष पश्चात् किंग अपने ही द्वारा रची एक विडम्बना से घिर बैठीं। इराक पर हुए अमरीकी हमले का समर्थन करने के कारण वे अपनी सीट 'रेस्पेक्ट पार्टी' के उम्मीदवार जॉर्ज गैलोवे को हार गयीं। गैलोवे ने भी जनवरी 2009 के हमले के दौरान लगातार गाज़ा-वॉरसॉ की उपमाओं का प्रयोग किया।[20]

गाज़ा को 'इज़राइल का वॉरसॉ' घोषित करने के कारण रॉबिन्सन निश्चित रूप से एक सुस्थापित तुलनात्मक परम्परा से जुड़ गये हैं। रॉबिन्सन का बयान शाब्दिक और विजुअल, दोनों माध्यमों को संगठित करता है—ये भाषा सम्बन्धी समीकरणों एवं तुलनात्मक तर्कों का प्रयोग करते हैं और इनको चित्रों की मदद से पूर्ण बनाते हैं। इस व्यापक आलंकारिक युक्ति का संचालन किसके द्वारा होता है? सम्भवतः सबसे महत्त्वपूर्ण बात यह है कि रॉबिन्सन के द्वारा किया जाने वाला होलोकॉस्ट और वॉरसॉ का ज़िक्र—शाब्दिक और विजुअल—उस राजनैतिक संघर्ष में संलग्न होता है, जिसका जूडिथ बटलर *फ्रेम्स ऑफ़ वॉर* में वर्णन करते हुए कहती हैं कि जीवन मानवीय है और इसलिये उसे 'शोक करने योग्य' समझा जाता है। इसके अतिरिक्त बटलर निम्नलिखित प्रश्न और विचार भी व्यक्त करती हैं :

ऐसा क्या है जो एक जीवन को उसकी अनिश्चितता और आश्रय की आवश्यकता रहते दृष्टिगोचर बनाता है और ऐसा क्या है जो हमें कुछ ज़िन्दगियों को इस दृष्टिकोण से देखने या समझने नहीं देता?... केवल कुछ समाविष्ट मूल्यांकनात्मक ढाँचों के बल पर ही जीवन अनुभवगम्य बन पाता है... हम पर सदैव हावी रहने वाले कुछ प्रभावशाली मीडिया या माध्यमों को चुनौती देने से ही कुछ प्रकार की ज़िन्दगियाँ अपनी अनिश्चितता में हमारे समक्ष प्रकट हो पायेंगी और हम उन्हें देख पायेंगे।[21]

इज़राइली-फ़िलिस्तीनी विवाद के प्रसंग में रॉबिन्सन द्वारा किया गया होलोकॉस्ट का आह्वान बटलर के तर्क की पुष्टि करता है और साथ ही यह एक ऐसी विचारधारा की आवश्यकता को उभारता है, जो उस धारणा के विरुद्ध खड़ी हो सके, जिसे जैक रौंसियर सबसे ज़्यादा प्रचलित 'डिस्ट्रीब्यूशन ऑफ़ द सेंसिबल (पारताज द्यु सोंसीबल)' बुलाते हैं। यह विवेचन फ़िलिस्तीनी जिन्दगियों को ध्यान देने योग्य, अतः 'शोक करने योग्य' बना पायेगा।[22] ऐसे कई अन्य व्यक्तियों की तरह जो सिर्फ़ इज़राइली अतिक्रमण से ही नहीं बल्कि वैश्विक स्तर पर भी शक्तिशाली देशों में अभिज्ञता की परिस्थितियों को जान कर उत्तेजित हुए बैठे थे, रॉबिन्सन भी फ़िलिस्तीन की व्यथा को मीडिया में प्रबल ज्ञानमीमांसीय और भावनात्मक ढाँचों के मुताबिक़ प्रस्तुत करने के लिए चित्रों की प्रतिष्ठित सूची का प्रयोग करते हैं। कम-से-कम अमरीकी प्रसंग में यह सच है कि जहाँ तक फ़िलिस्तीनियों की बात आती है, इनके लिए 'शोक मनाने' की क्षमता में गम्भीर पक्षपात साफ़ तौर से दिखता है। फ़िलिस्तीनी

जिन्दगियों को आमतौर पर कम मूल्यवान मानवीय जीवन के तौर पर प्रस्तुत किया जाता है, परन्तु इस नीति से सम्बन्धित कई प्रश्न रह जाते हैं।

नॉरमन फ़िंकेल्स्टीन की वेबसाइट से लिए गये फ़ोटो-निबन्ध और साथ दिये गये लघु वर्णन (नोट 13 देखिये) रॉबिन्सन द्वारा पेश किये गये गाज़ा-वॉरसॉ समीकरण से मेल खाते तर्क का पालन करते हैं। ऐसा प्रतीत होता है कि वह भी फ़िलिस्तीनियों की व्यथा को दर्शाने की इच्छा व्यक्त कर रहे हैं। इस निबन्ध का शीर्षक है 'डॉयचलांड ऊबर अलैस' (Deutschland Uber Alles), और इसका व्याख्यात्मक उपशीर्षक है, 'द्वितीय विश्वयुद्ध के पीड़ितों के नाती फ़िलिस्तीनियों के साथ एक़दम वैसा ही कर रहे हैं जैसा कि उनके साथ नाज़ी जर्मनी ने किया था, (The Grandchildren of Holocaust survivors from World War II are doing to the Palestinians exactly what was done to them by Nazi Germany)। इस लेख के ख़त्म होते ही चित्रों की एक सीधी पट्टी दिखायी देती है। पृष्ठ के बायें ओर नाज़ियों और यहूदियों के काले-सफ़ेद चित्र लगे हैं और दायें ओर इज़राइलियों और फ़िलिस्तीनियों के रंगीन चित्र दिखते हैं। इन चित्रों में दीवारों, बाड़ियों और कैम्पों के निर्माण से लेकर काँटेदार तारों के पीछे खड़े क़ैदियों, सैनिकों और आम आदमियों के टकरावों एवं मृत शरीरों के भयानक दृश्य मिलते हैं। हालाँकि ड्यूरा ने अपने लेख 'ले द घेट्टो' में भी इनसे मिलते-जुलते चित्रों का प्रयोग किया है। उनके लेख में, जैसा कि मैंने पहले भी बताया था, समीकरण और सन्तुलन बनाने की चेष्टा नज़र नहीं आती, यहाँ तक कि अल्जीरीय मज़दूर और वॉरसॉ के परिकल्पित घेट्टो के क़ैदी के चित्रों को भी ड्यूरा ने एक पतले सफ़ेद बॉर्डर से अलग किया हुआ है। इस तरह की फ्रेमिंग फ़िंकेल्स्टीन के फ़ोटो-निबन्ध में नज़र नहीं आती। उनके निबन्ध के छह हिस्सों में जो चित्र हैं, वे एक-दूसरे के साथ बिलकुल सटे हुए हैं। इस फ़ोटो-निबन्ध की क्षैतिज और लम्बवत् पट्टियों के बीच कोई अन्तर न होने से ऐसा प्रतीत होता है कि जैसे यह चित्रों की एक ही पट्टी हो जो मानो बयान कर रही हो कि जो इतिहास दांव पर लगे होते हैं, वे बिना कोई शेषफल छोड़े आपस में घुल-मिल जाते हैं।

इस निबन्ध के चित्रों को काफ़ी कलात्मक तरीक़े से चुना गया है ताकि उनके द्वारा भिन्न-भिन्न प्रकार से दृश्यों का एक-दूसरे से मेल बैठाने का प्रदर्शन किया जा सके (चित्रित व्यक्तियों के संयोजन अथवा पुनरावृत्त मुद्राओं इत्यादि के माध्यम से)। इस प्रकार से यह फ़ोटो-निबन्ध विभिन्नता के आधार पर समानता का निर्माण करता है और तुलना की प्रक्रिया को समीकरण के दावे

में बदल देता है। होलोकॉस्ट के स्टॉक चित्रों के द्वारा फ़िलिस्तीनियों को सबके समक्ष पेश करने की कार्यनीति मान्यता प्राप्त करने के संघर्ष की सीमाओं की तरफ़ इशारा करती है। बटलर का कहना है कि अदृश्यता और शोक कर पाने की असमर्थता के विपरीत दृश्यता और शोक कर पाने की क्षमता होती हैं, मगर ये श्रेणियाँ अपने आप में काफ़ी जटिल और समस्यात्मक होती हैं। यदि पहले से अवरोधित पात्रों को मान्यता देना मुमकिन भी हो जाये, "तो भी वे लक्षण जो आम तौर पर आसानी से पहचाने जाने योग्य होते हैं, वही अब पहचानने की असफलता पर निर्भर हो जाते हैं।"[23] बटलर के विश्लेषण के पूर्वानुमान की ही तरह रॉबिन्सन की ई-मेल और फ़िंकेल्स्टीन का फ़ोटो-निबन्ध भी फ़िलिस्तीनियों की व्यथा को एक ऐसी पहचान देते हैं जो होलोकॉस्ट की रूढ़िबद्ध शब्दावली और चित्रों द्वारा मुहैया किये गये जाने-पहचाने चिन्हों पर आधारित है। अतः वे इस सम्भावना की ओर इशारा करते हैं कि उनके द्वारा प्रस्तावित पहचानने के तरीक़ों में पहचानने की असमर्थता शामिल होगी—इस मामले में फ़िलिस्तीनियों और होलोकॉस्ट के पीड़ितों की व्यथा की विशेषताओं को पहचानने में असमर्थता।

फ़िंकेल्स्टीन के फ़ोटो-निबन्ध के एक खण्ड 'चेक-पॉइंट्स' में एक ऐसा चित्र है जो इसका सबसे विक्षुब्ध उदाहरण माना जा सकता है। इस चित्र में नेब्लस के पास हुवारा नामक एक स्थान पर इज़राइलियों द्वारा स्थापित जाँच-चौकी एवं औश्वित्ज-बिर्केनॉ के रैंप के एक चित्र को तुलनात्मक दृष्टिकोण से प्रस्तुत किया गया है।[24] दूसरा चित्र किसी जाँच-चौकी का नहीं है। इसमें हम देख सकते हैं कि वहाँ के क़ैदियों को दो गुटों में बाँटा जा रहा है—पहला, जो कैम्प में रहेगा और दूसरा, जिसको सीधा गैस चैम्बर में मरने के लिए भेज दिया जायेगा।[25]यहाँ पर ऐसे चित्रों का मूल स्रोत याद रखना ज़रूरी है— होलोकॉस्ट की क्रूरता का खुलासा करते ये सारे ही चित्र स्वयं अपराधियों अर्थात् नाज़ियों द्वारा लिये गये थे, जबकि कई पत्रकार, अन्तराष्ट्रीय कार्यकर्ता और स्वयं फ़िलिस्तीनी इज़राइल द्वारा किये गये क़ब्ज़े के चित्रों का विशाल संग्रह सामने लेकर आये हैं।[26] मात्र सतही स्तर पर नज़र आने वाली समानताओं और विनियमित स्थानों एवं उत्पीड़ित व्यक्तियों से सम्बन्धित और भी अधिक महत्त्वपूर्ण समानताओं के कारणवश हमें वहाँ मौजूद असमानताओं को नज़रअन्दाज़ नहीं करना चाहिये। कट्टरपन्थी इज़राइली दर्शनशास्त्री आदी ओफ़ीर की भाषा में कहा जाये तो जाँच चौकी और क़ैदियों का चयन, दोनों ही भयानक कृत्य हैं—दोनों ही एक सामाजिक रूप से स्थापित व्यवस्था के ज़रिये अनावश्यक एवं

निरर्थक हानि और आपदा को वितरित करते हैं, जैसे कि ओफ़ीर ने अपने विशिष्ट विश्लेषण *दी आर्डर ऑफ़ इविल्स* में दिखाया है, ऐसे वितरण की तुलना की जा सकती है, मगर जब भी जेनोसाइड और क़ब्ज़े की टेक्नोलॉजी का समीकरण ध्यानपूर्वक की गयी तुलना की जगह ले लेता है तो इसका नतीजा भारी नैतिक और राजनैतिक ग़लतियाँ होती हैं।[27]

यदि हम रॉबिन्सन के लेख का अध्ययन करें तो इस तरह की ग़लतियों से पैदा हुआ ख़तरा हमें स्पष्ट रूप से समझ आ सकता है। रॉबिन्सन फ़िलिस्तीनियों को एक ऐसे अमरीकी सार्वजनिक क्षेत्र में उनकी पहचान दिलाने के बहुत इच्छुक लगते हैं जो स्थायी रूप से उनकी पीड़ा को नकारता और उसकी उपेक्षा करता रहा है, परन्तु उनका कथन न सिर्फ़ प्रचलित प्रभावशाली राजनैतिक व्यवस्था की रूपरेखा को बरक़रार रखता है बल्कि प्रभुत्व के विभिन्न प्रकारों को छुपाकर इस व्यवस्था की अमूर्त को मूर्त रूप देकर सरल बनाने की प्रवृतियों का अनुकरण भी करता है। हालाँकि रॉबिन्सन की ई-मेल ड्यू बुआ की विचार-नीति से सहमत लग सकती है कि किसी भी समूह की पीड़ा को 'अलग या अनोखी' नहीं समझा जाना चाहिये। वह उसके महत्त्वपूर्ण स्वाभाविक परिणाम को नज़रअंदाज़ कर देती है, जिसके अनुसार उत्पीड़न की विविध विरासतें 'समरूप' नहीं हो सकती। यह कोई नैतिक निष्कर्ष नहीं बल्कि एक ऐतिहासिक धारणा है, जिसके नैतिक एवं राजनैतिक परिणाम होते हैं। रॉबिन्सन की ई-मेल में समानता का जो गहरा तर्क है, वह हमारे प्रत्यक्ष होता है जब वह लिखते हैं कि "गाज़ा इज़राइल का वॉरसॉ है—एक ऐसा विशाल कॉन्सेंट्रेशन कैंप, जहाँ फ़िलिस्तीनियों को क़ैद और नाकाबन्द किया गया था, उन्हें कुपोषण, बीमारी और निराशा की धीमी मौत का शिकार बना दिया गया था और क़रीबन दो साल बाद इज़राइली बमबारी के ज़रिये उन्हें एकाएक मौत के घाट उतार दिया गया था।" (ई-मेल, 19 जनवरी 2009)[28]

यहाँ मुद्दा फ़िलिस्तीनियों की पीड़ा के वर्णन का नहीं है, जोकि उचित संवाद की सीमा में ही आता है। यहाँ मुद्दा है वॉरसॉ घेट्टो और 'कॉन्सेंट्रेशन कैंप' के आपसी लोप का, बन्दीकरण के विभिन्न रूपों में सम्भ्रम का जो आम तौर पर उत्तेजित राजनैतिक बयानबाज़ी और हमारे अपने सैद्धान्तिक संवाद के उस क्षण में दिखता है, जिसमें 'कॉन्सेंट्रेशन कैंप' को 'आधुनिक काल की प्रथा' बुलाया गया है—मगर इसकी वजह से यह सम्भ्रम कोई कम हानिकारक नहीं हो जाता।[29] इस समस्या का एक कारण 'कॉन्सेंट्रेशन कैंप' की सन्दर्भात्मक

अनिश्चितता है—एक राजनैतिक कारावास का स्थान, जिसे अक्सर यहूदी नरसंहार का शिविर समझा जाता है—हालाँकि ट्रेबलिंका जैसे स्थान केवल जातिसंहार के लक्ष्य से ही बनाये गये थे। वॉरसॉ की बस्ती या घेट्टो न तो पूरी तरह से एक 'कॉन्सेंट्रेशन कैंप' था और न ही नरसंहार का शिविर, बल्कि जैसे मैंने पहले भी कहा है, उन व्यक्तियों के लिए बीच का छोटा स्टेशन था, जिनकी मृत्यु निश्चित रूप से नरसंहार शिविरों में होनी निर्धारित थी।[30]

मैं इन अन्तरों को दिखाने का प्रयास पाण्डित्य-प्रदर्शन करने हेतु नहीं कर रहा, बल्कि मैं यह करना इसलिए आवश्यक समझता हूँ क्योंकि यह नैतिक एवं राजनैतिक नज़रिये से अत्यधिक महत्त्वपूर्व है। वॉरसॉ के घेट्टो और गाज़ा एवं इज़राइली क़ब्ज़े को एक समान बताते ही हम सार्थक अध्ययन के कई अवसर खो बैठते हैं। ऐसा करने से हम होलोकॉस्ट के कुछ पीड़ितों की त्रासदी को अस्पष्ट कर देते हैं—यह न सिर्फ़ एक नैतिक ग़लती है बल्कि इस अहम तथ्य का उदाहरण भी है कि विस्मरण कितनी आसानी से स्मरण कृतियों का अंग बन जाता है। इसके अलावा वॉरसॉ का उल्लेख फ़िलिस्तीनियों की ज़िन्दगी और मौत के हालात पर पर्दा डाल देता है। हालाँकि होलोकॉस्ट की रुपरेखा सीधा प्रचलित संवाद के प्रवाह का उपयोग करती है, इसका आह्वान क़ब्ज़े एवं नज़रबन्दी के नये रूपों के बारे में सोचने हेतु उत्साहित नहीं कर पाता—ऐसे रूप, जो औद्योगिक नरसंहार से भिन्न हैं। एक ओर गाज़ा के हालात इज़राइल के ऐसे वशीकरण का नतीजा हैं जो यहूदी नरसंहार के दौरान भी सम्भव नहीं था और दूसरी ओर सम्प्रभुता की ऐसी अतिव्यापी एवं परस्पर विरोधी रीतियों के जो फ़िलिस्तीन के अन्दरूनी विवादों, इज़राइल ओर मिस्र जैसी क्षेत्रीय ताक़तों और अमरीका द्वारा समर्थित आधिपत्य के वैश्विक ढाँचे को सम्मिलित कर लेती हैं।[31] अन्ततः गाज़ा और वॉरसॉ की तुलना में जो समरूपता का संवाद आता है, वह फ़िलिस्तीनी राजनीति में अत्याचार के एक अत्यधिक ख़तरनाक प्रतिमान का आयात करता है। जातिसंहार के रास्ते में छोटे पड़ाव के रूप में वॉरसॉ घेट्टो आख़िरकार प्रतिरोध सेनानियों के 1943 के आत्मघाती संघर्ष के अलावा कोई अन्य उपाय नहीं पेश कर पाया। गाज़ा के हालात अत्यधिक गम्भीर होने के बावजूद आत्महत्या के अलावा कई अन्य राजनैतिक उपायों को पेश करते हैं, जैसे कि इतिहासकार मार्क लेविन लिखते हैं, ''अगर गाज़ा आज का वॉरसॉ है, तो फ़िलिस्तीनियों के पास आशा की कोई किरण नहीं रह गयी।[32]

हालाँकि रॉबिन्सन की व्याख्या में समीकरण का तर्क काफ़ी स्पष्ट रूप से दिखता है, उसका प्रतिस्पर्धात्मक लहज़ा भी महत्त्वपूर्ण है। इनके लेख और चित्रों में जो समीकरण दर्शाया गया है, उसका अभिप्राय दो पीड़ित समूहों के बीच एकता लाने का नहीं है। विपरीततः गाज़ा और वॉरसॉ की समरूपता भूतकाल से वर्तमान में भावों के हस्तान्तरण का एक ऐसा रूप प्रस्तुत करती है, जिसमें वर्तमान को वरीयता देते हुए भूतकाल के भावों को हड़प लिया जाता है। उत्पीड़ित फ़िलिस्तीनियों के साथ जिस वैध ऐक्यभाव का यह सृजन करना चाहती है, वह उन व्यक्तियों की क़ीमत पर उभर कर आता है, जिनका जीवन उत्तेजित करने वाले समरूपी भाव प्रदान करता है—पुरानी त्रासदियों के शिकार, जो इस तुलना के मुताबिक़ या तो अब ख़ुद अत्याचारी बन चुके हैं या फिर तत्पश्चात् उनके नाम पर औरों द्वारा किये गये कृत्यों के कारण अब पीड़ित नहीं कहलाये जा सकते।[33] यह सच है कि फ़िलिस्तीनियों पर अक्सर विकृत रूप से होलोकॉस्ट की स्मृति को सम्मानित करने के बहाने अत्याचार किया जाता रहा है, मगर रॉबिन्सन के द्वारा की गयी तुलना नैतिक सम्पत्ति के विकृत तर्क को बनाये रखती है। 'इज़राइल के वॉरसॉ' के वर्णन में ऐसा प्रतीत होता है कि जैसे इज़राइल राज्य कोई स्वामित्व रखने वाला व्यक्ति हो। यह ख़ास तौर पर उनके फ़ोटो-निबन्ध में छलकता है, जिसमें वे होलोकॉस्ट के पीड़ितों एवं इज़राइली अत्याचारियों के कौटुम्बिक सम्बन्धों पर ख़ास ज़ोर देते हैं। यह समरूपता बहुत जल्द ही प्रतिस्पर्धात्मक अतिक्रमण का रूप भी ले लेती है और इस तरह किसी दूसरे के उत्पीड़न और त्रासदी के इतिहास का अनुकरण करने की इच्छा को स्पष्ट रूप से प्रस्तुत करती है।

समरूपता और प्रतिस्पर्धा के संगम को पहचानने से हम रॉबिन्सन के व्याख्यान को बहुदिशात्मक स्मृति के नक़्शे पर स्थापित कर पाने में सफल होते हैं। हैरानी की बात यह है कि यही संगम इज़राइल के राइट विंग के 'द्वितीय होलोकॉस्ट' के संवाद का भी लक्षण है। इनके नज़रिये में अमन और शान्ति की तरफ़ बढ़ाया गया हर क़दम एक और भी ज़्यादा भयंकर नरसंहार का मंच तैयार करने जैसा है।[34] इसके अतिरिक्त रॉबिन्सन का कथन गाज़ा के उन यहूदी निवासियों की याद दिलाता है, जिन्होंने 2005 में इस क्षेत्र को इज़राइल से 'मुक्ति' मिलने के दौरान अपने बच्चों को हू-ब-हू वॉरसॉ घेट्टो के लड़के की प्रतिष्ठित मूर्ति की भंगिमा में इज़राइली सैनिकों का सामना करने के लिए बाहर भेज दिया था। इनके लिए भी गाज़ा इज़राइल का वॉरसॉ था और होलोकॉस्ट की त्रासदी को समकालीन राजनैतिक लक्ष्यों को पूरा करने के लिए अनुचित रूप से अपनाया गया था।[35] समीकरण और प्रतिस्पर्धा का

ऐसा मानचित्रण हमें इसके विपरीत, मगर सदृश दृष्टिकोण के बारे में सोचने पर प्रेरित करता है। इसमें कोई सन्देह नहीं कि रॉबिन्सन इस दृष्टिकोण का विरोध करेंगे : यह उस परम विभेदन और प्रतिस्पर्धा का ऐसा अनोखा मिश्रण है जो होलोकॉस्ट की विशिष्टता के कुछ ऐसे दावों में उभरकर आता है जो इस विशिष्टता को धार्मिक अथवा उपयोग में लाये जाने वाली रणनीति के रूप में देखते हैं। ऐसी स्थिति में भावात्मक स्थानान्तरण विपरीत दिशा में होता है : जो भी होलोकॉस्ट के पीड़ित नहीं होते, वे सब सम्भावित सहानुभूति एवं हमदर्दी की अनुभूति से वंचित रह जाते हैं। यह अनुभूति केवल उस समूह का विशिष्ट हक़ बन जाती है जो भूतकाल में उत्पीड़न का शिकार बना था।

ऐक्यभाव : समीकरण से विभेदीकरण तक

हमारे नक़्शे की दो धुरियाँ—तुलना और भाव—अर्ध-स्वायत्त तो ज़रूर हैं। इसलिए समीकरण के प्रतिस्पर्धात्मक भाव को रॉबिन्सन की तुलना या निवासियों द्वारा सैनिकों को उकसाने तक सीमित नहीं किया जा सकता, बल्कि समीकरण और ऐक्यभाव का मिश्रण मेरे नक़्शे में बार-बार आने वाला परिवर्तन है। जहाँ एक तरफ़ समीकरण और प्रतिस्पर्धा का मिश्रण चाह या इच्छा एवं द्वेष को जोड़कर प्रतिरोधक राजनीति में तब्दील कर देता है जो 'रेस्सन्तिमाँ' (चिढ़ और द्वेष) के सामर्थ्य से परिपूर्ण है, वहीं दूसरी तरफ़ समीकरण एवं एकजुटता का मेल बहुसांस्कृतिकता से पूर्ण उदार सार्वभौमिकता को जन्म देता है। इस प्रकार का मिलाप आंद्रे-श्वार्ज़-बार्ट के यहूदी एवं ब्लैक प्रवासी समुदायों पर आधारित उपन्यासों में पाया जा सकता है, जिनमें उत्पीड़न का सामना करने का साझा एहसास सहानुभूति पर आधारित पहचान का एक प्रबल रूप प्रस्तुत करता है। बार्ट का उपन्यास *अ वुमन नेम्ड सॉलिट्यूड* (1973) असल में इस पहचान को वॉरसॉ घेट्टो के खण्डहरों एवं कैरेबियन के गुलामों की बग़ावत को एक साथ लाकर स्पष्ट रूप से व्यक्त करता है।[36] अत्यधिक उत्तेजनापूर्ण इज़राइल-फ़िलिस्तीनी प्रसंग में भी इस प्रकार के उदाहरण अक्सर मिल जाते हैं—और कई बार तो ये उन्ही तथ्यों पर आधारित होते हैं, जिनका उपयोग रॉबिन्सन भी करते हैं।

फ़िंकेल्स्टीन के फ़ोटो-निबन्ध में से दो चित्र कई और सन्दर्भों में भी देखे जाते हैं, मगर इनका तात्पर्य कुछ और ही होता है। उदाहरण के तौर पर, इज़राइली-ब्रिटिश कलाकार एलन शेषनर की 2003 की डिजिटली परिवर्तित फ़ोटो

द लेगसी ऑफ़ अब्यूज़्ड चिल्ड्रनः फ्रॉम पोलैंड टू पैलेस्टाइन और डीवीडी प्रोजेक्शन को लिया जा सकता है। फ़िंकेल्स्टीन के फ़ोटो-निबन्ध के अन्त में एक तरफ़ वही वॉरसॉ घेट्टो में हाथ खड़े किये लड़के का चित्र दिखता है– जिसको होलोकॉस्ट का सबसे प्रसिद्ध और सबसे ज़्यादा इस्तेमाल में लाये जाने वाला चित्र माना जा सकता है–और दूसरी तरफ़ इस चित्र के बगल में दो अन्य चित्र हैं, जिनमें इज़राइली सैनिकों से घिरे फ़िलिस्तीनी लड़के देखे जा सकते हैं।[37] शेषनर की कृति में इन चित्रों को केवल साथ-साथ ही नहीं लगाया गया है, बल्कि इनको फ़िल्माया भी गया है। डीवीडी प्रोजेक्शन में कैमरा वॉरसॉ की फ़ोटो पर जूम-इन करता है और दिखाता है कि स्टूप रिपोर्ट के चित्र में जिस लड़के के हाथ हमें ख़ाली लग रहे थे, उसने असल में एक फ़ोटो पकड़ी हुई है। जैसे-जैसे कैमरा इसके पास आता है तो स्पष्ट रूप से दिखने लग जाता है कि यह एक फ़िलिस्तीनी लड़के की फ़ोटो है, जिसने डर के मारे अपनी पतलून गीली कर ली है और जिसे इज़राइली सैनिक उठाकर ले जा रहे हैं। जैसे-जैसे कैमरा इस चित्र पर ज़ूम किया जाता है, हम स्पष्ट रूप से देख पाते हैं कि इस फ़िलिस्तीनी लड़के के हाथ में भी एक तस्वीर है। यह किसी अन्य व्यक्ति की नहीं बल्कि वॉरसॉ घेट्टो के लड़के की तस्वीर है (चित्र 2ए-डी)।

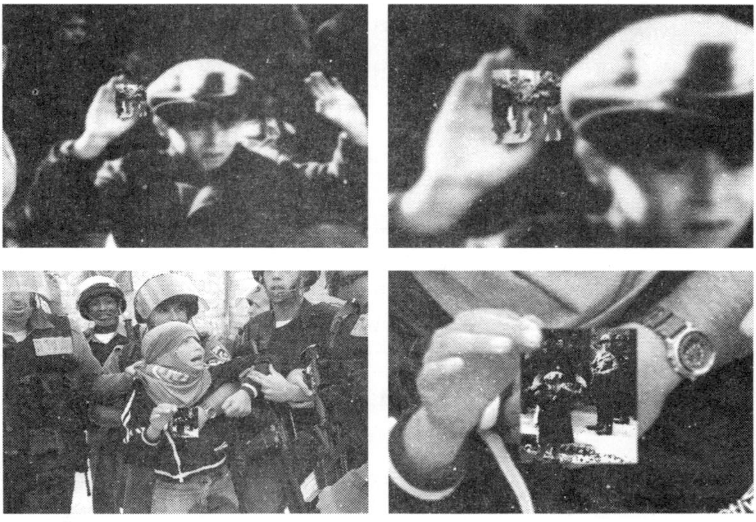

चित्र 2ए-डीः एलन शेषनर, द लेगसी ऑफ़ अब्यूज़्ड चिल्ड्रनः फ्रॉम पोलैंड टू पैलेस्टाइन (2003)। लूप्ड प्रोजेक्शन में से स्थिर छवियाँ। एलन शेषनर के सौजन्य से।

ऐसा कहा जा सकता है कि एक चित्र के अन्दर दूसरे को डालकर शेषनर समीकरण का तर्क व्यक्त कर रहे हैं। इस कृति का वर्णन करते समय वे केवल इसकी पुष्टि ही नहीं करते, वे यह भी कहते हैं कि उनकी रुचि केवल इन घटनाओं के समीकरण तक सीमित नहीं है, वे इनके पीड़ितों की मानसिक स्थिति भी समझना चाहते हैं। वे लिखते हैं, "हालाँकि यह जानने के लिए कि इन दोनों घटनाओं (होलोकॉस्ट और इन्तिफादा) में से कौन-सी घटना ज़्यादा भयानक रही, इनकी तुलना करने में मेरी कोई दिलचस्पी नहीं है। मैं इन दोनों के बीच के असली सम्बन्ध को समझने का बहुत इच्छुक हूँ... इस कार्य में मैं जिस सिद्धान्त का प्रयोग कर रहा हूँ, उसके मुताबिक़ जो बच्चे अपने बचपन में उत्पीड़न अथवा शोषण के पात्र बन जाते हैं, वे उपचार के बिना, अक्सर स्वयं भी क्रूर एवं शोषण करने वाले बन जाते हैं। अगर इस सिद्धान्त को इज़राइल-फ़िलिस्तीन के समकालीन हालात समझने के लिए इस्तेमाल किया जाये, जहाँ इज़राइली एवं फ़िलिस्तीनी दोनों ही ऐसे पीड़ित एवं त्रासदीग्रस्त समूह हैं जो स्वयं पर हुए दुर्व्यवहार को दोहरा रहे हैं, तो इस दारुण संघर्ष को सुलझाने एवं ख़त्म करने के उपाय ढूँढ़ने की सम्भावना अत्यधिक सुलभ लगने लगेगी।[38]

फ़िंकेल्स्टीन के फ़ोटो-निबन्ध की तरह मौजूदा संघर्ष के अस्तित्व को उसकी *वंशावली के माध्यम से समझाते* हुए—यानी इस तर्क के द्वारा कि वर्तमान के भयानक तथ्य भूतकाल के उत्पीड़न पर आधारित हैं और पीढ़ी-दर-पीढ़ी हस्तान्तरित किये जाते हैं—शेषनर उसके भाव को विरोधी प्रतिस्पर्धा से समानुभूति में बदल देते हैं अर्थात फ़िंकेलस्टीन फ़ोटो-निबन्ध भूतकाल के पीड़ितों को आज के अपराधियों के पूर्वजों में बदल देता है और उन भूतकाल के पीड़ितों और आज के अपराधियों के बीच के अन्तर को धुँधला कर देता है— "होलोकॉस्ट के उत्तरजीवियों के नाती-पोते...फ़िलिस्तीनियों के साथ *बिलकुल* वही कर रहे हैं जो *उनके साथ* किया गया था।" (इन शब्दों पर बल लेखक द्वारा दिया गया है)। यहाँ ध्यान देने योग्य न सिर्फ़ स्पष्ट रूप से अनैतिहासिक 'बिलकुल' है, बल्कि अस्पष्ट सर्वनाम 'उनके साथ' भी, जो पीढ़ियों के बीच के भेद को मिटाता है। इसके विपरीत शेषनर को इज़राइलियों और फ़िलिस्तीनियों, *दोनों* पर अतीत की होलोकॉस्ट पीड़ा को स्थानान्तरित करते हुए देखा जा सकता है, जो पीड़ितों के रूप में उनकी टिप्पणियों में समान रूप से चित्रित हैं। यदि ऐसा हो तो उनकी कृति का अर्थ यह प्रतीत होता है कि एकजुटता के लिए

समीकरण के तर्क की *आवश्यकता* होती है। एक ऐसी आवश्यकता, जो कृति की मतभेदों के परे पहुँचने की स्पष्ट इच्छा के साथ टकराव में आ जाती है। यद्यपि यह दृष्टिकोण प्रतिस्पर्धात्मक प्रवचनों से बेहतर है, तथापि इसमें ऐतिहासिक विविधता को कम महत्त्वपूर्ण मानने का ख़तरा शामिल है, जिसका राजनैतिक गतिशीलता और नैतिक दृष्टि पर असर अनिश्चित है। आइरिश मैरियन यंग के शब्दों में, 'समरूप पारस्परिकता' का यह प्रचार दुनिया की एक ऐसी बहुत ही सरल तस्वीर प्रस्तुत करेगा जो पहचानने और मान्यता देने की उसी विफलता को पुनः पेश करती है, जिसका विरोध करना उसका लक्ष्य था।[39]

एक तरह से देखा जाए तो *द लेगसी ऑफ़ एब्यूज्ड चिल्ड्रन* स्पष्ट रूप से स्मृति के नक़्शे के समीकरण-एकजुटता वाले वृत्त-खण्ड में नज़र आती है, किन्तु इसे दोबारा पढ़ने पर एक और भी सम्भावना प्रकट होती है। अपने जान-बूझकर रूपान्तरित किये गये प्रारूप के माध्यम से *लेगसी* नियतात्मक वंशावली सम्बन्धी व्याख्याओं को क्षीण करती है जो पारस्परिक हिंसा का एक अन्तहीन चक्र पेश करती हैं और दो पीड़ित समुदायों की धारणाओं को पुनः उत्पन्न करती हैं। डिजिटल रूप से परिवर्तित की गयी तस्वीरों में कार्य-कारणता के यथार्थवादी विवरणों पर व्यंग्योक्ति की गयी है। इसलिए, यहाँ तक कि जब वीडियो का अन्तहीन लूप हिंसा की वृत्तीय प्रकृति को दर्शाता है, तो यह नैतिक औचित्य से युक्त पीड़ित होने की मूल अवस्था के सभी दावों को भी पलट देता है, जो अक्सर हिंसा को सही ठहराते हैं—और इज़रायल के मामले में ऐसा निश्चित रूप से होता है, जहाँ होलोकॉस्ट मेमरी को सिर्फ़ इस उद्देश्य के लिए संगठित किया गया है।[40] फ़ोटोग्राफिक रूपान्तरण की विशेष प्रकृति भी महत्त्वपूर्ण है : प्रत्येक लड़के के हाथ में एक तस्वीर रखकर शेषनर पूर्ण मासूमियत और नितान्त शक्तिहीनता की छवि को एकजुटता, अवज्ञा और अवरोधित शक्ति की छवि में बदल देते हैं।[41] यदि रॉबिन्सन का तर्क अपनाने पर आधारित है, तो *द लेगसी* को दोबारा पढ़ने पर ऐसा प्रतीत होता है कि समरूपता के व्यक्त होने के लिए सिर्फ़ यही एक तरीक़ा नहीं है। उन मूल अवस्था के दावों का विश्लेषण करते हुए, जिन पर इज़रायल-फ़िलिस्तीनी संघर्ष (क्षेत्रीय दावों और पीड़ितों के सन्दर्भ में) की बहस आधारित है, *द लेगसी* का पुनः पठन इस बात की सम्भावना प्रदान करता है कि समरूपता स्मृति के ऐसे परिवर्तनकारी कार्य का हिस्सा बन जाये जो हड़पने की रणनीति पर न

आधारित हो, जिसमें अलग-अलग इतिहासों का रस-विन्यास, दोनों की ज्ञप्ति को पुनर्गठित कर दे।

ड्यू बुआ द्वारा रौशन की गयी विभेदित एकजुटता की सम्भावना पैदा करने में शेषनर की कृति न्याय की एक नयी धारणा की रूपरेखा की कल्पना करने लगती है—एक ऐसा न्याय, जिसमें परासांस्कृतिक तुलना केवल अन्तर से सादृश्य पैदा नहीं करती, बल्कि साथ रखे गये तत्वों को नया प्रारूप भी देती है। सांस्कृतिक स्मृति और अतीत पर प्रवचन अकेले अन्याय का निवारण करने में सक्षम संस्थागत एजेंसियों का निर्माण नहीं कर सकते। फिर भी वे ऐसी रणभूमि बना सकते हैं, जहाँ अन्याय को पहचाना जाता है और ऐसे नये ढाँचों की कल्पना की जाती है जो अन्याय के निवारण के लिए पर्याप्त न भी हों तो कम-से-कम आवश्यक तो ज़रूर हैं।

राजनैतिक दार्शनिक नैंसी फ्रेज़र ने न्याय के ऐसे नये ढाँचों के उत्पादन को एक दो-चरणीय प्रक्रिया के साथ संरेखित किया : उनके अनुसार, पहले हमें यह पहचानने की आवश्यकता है कि असामान्य न्याय की स्थितियों से कितने संघर्ष पैदा होते हैं—ऐसी स्थितियाँ, जो ल्योतार के 'डिफ़रेंड' से मिलती जुलती हैं, यानी जहाँ गलतियों के वर्णन के लिए कोई साझा भाषा मौजूद नहीं होती, लेकिन दूसरे चरण में और ल्योतार के विपरीत, हमें असामान्यता से परे रेफ़्लेक्सिव न्याय की तरफ़ बढ़ने का प्रयास करने की आवश्यकता है, जिसमें, फ्रेजर के अनुसार, दोहरी प्रतिबद्धता शामिल है, 'वंचितों की ओर से ज़रूरी दावों पर गम्भीरता से विचार करना और साथ ही उन दावों से लिपटे हुए मतभेदों को सुलझाने के तरीक़े पर उभरने वाले मतभेदों की जांच करना।'[42]

गाज़ा-वॉरसॉ सादृश्य का इस्तेमाल करनेवाले लोग पहली प्रतिबद्धता का उदाहरण होते हैं यानी वंचितों के अत्यावश्यक दावों को सुनने की प्रतिबद्धता, लेकिन अक्सर उनमें दूसरी प्रतिबद्धता की उदारता नहीं होती, यानी फेज़र के अनुसार न्याय के 'कौन', 'क्या' और 'कैसे' के विषय पर रेफ़्लेक्सिव मतभेदों को सुलझाने के तरीक़े पर उठने वाले मतभेदों की जांच करने की प्रतिबद्धता बल्कि रॉबिन्सन और इज़रायल-फ़िलिस्तीनी संघर्ष के दोनों तरफ़ होलोकॉस्ट का आह्वान करने वाले कई लोग विवाद को हल करने या न्याय प्राप्त करने का दावा करने के लिए एक *जाने-पहचाने* ढाँचे को फिर से स्थापित करने का प्रयास करते हैं। ऐसा माना जाता है कि नाज़ी नरसंहार पारम्परिक रूप से न्याय की सभी 'सामान्य' अवधारणाओं के परे है और 'अपराध, 'सज़ा',

और यहाँ तक कि 'मानव' जैसी परिचित श्रेणियों को अर्थहीन बना देता है। फिर भी, इज़रायल-फ़िलिस्तीनी संघर्ष के सन्दर्भ में जब भी इस नरसंहार का आह्वान होता है तो होलोकॉस्ट का उल्लेख मानव अधिकारों के साझा मानदण्डों और स्पष्ट नैतिक भेदों के धारक के रूप में किया जाता है।[43] समीकरण के परिदृश्यों में न केवल अतीत को एक बहुत भिन्न वर्तमान के सुविधाजनक दृष्टिकोण से फिर से लिखा जाता है (एक ऐसा पुनर्लेखन जो स्मृति के कई कार्यों को चिन्हित करता है), बल्कि परिणामस्वरूप, वर्तमान नवीनता के स्थान के रूप में अपनी क्षमता खो देता है। हालाँकि यह सम्भाषण मान्यता की एक सार्वभौमिक रूपरेखा को सक्रिय करता है, जिसके माध्यम से उपेक्षित पात्र पीड़ितों के रूप में दिखायी देते हैं, फिर भी यह रूपरेखा अन्तर को स्वीकार करने की बनिस्बत अन्तर को वापस समानता की संकुचित हद में ले आती है। अर्थात् ऐतिहासिक घटना के रूप में नाज़ी नरसंहार की जटिलताओं की परवाह किये बिना वर्तमान में प्रसारित होने वाली नरसंहार की छवियाँ इसे अच्छाई और बुराई, बेगुनाही और निरंकुश शक्ति के रूढ़िवादी परिदृश्य तक सीमित कर देती हैं और साथ ही साथ उन समकालीन मामलों को भी, जिनकी इसके साथ तुलना की जाती है।

पीड़ितों और अपराधियों या बेगुनाही और अपराधबोध के स्पष्ट दृष्टिकोण पर आधारित सम्भाषण राजनैतिक क्षेत्र को जटिलता से रिक्त करता है और इसे मात्र एक नैतिकता की कहानी बना देता है। नरसंहार के मामले में भी, जो कि बेगुनाही और अपराधबोध के गुटों में बँटी हुई एक असाधारण स्थिति लगती है, सबसे ज़्यादा विचारशील प्रतिक्रियाओं को चरमपन्थी राजनैतिक आन्दोलनों द्वारा बनाए गये *ग्रे ज़ोन* में सहभागिता और मिश्रित भावनाओं के मुश्किल सवालों पर विचार करना पड़ा है।[44] जैसा कि सुजैना राडस्टोन ने वॉरसॉ घेट्टो के लड़के की तस्वीर के सम्बन्ध में कहा है, "हमें उस छवि को फिर से पढ़ने के लिए ऐसी रणनीतियों की आवश्यकता है जो 'विशुद्ध' उत्पीड़न के शिकार के साथ तादात्म्य स्थापित करने की जगह... 'अच्छे' और 'बुरे' के बीच असंदिग्ध फ़र्क़ होने की धारणा का अवमूल्यन करें और उत्पीड़न और पीड़ित, दोनों के साथ सम्भावित तादात्म्य का न सिर्फ़ प्रस्ताव रखें, बल्कि उसे विशेष महत्त्व भी दें।"[45] हालाँकि निश्चित रूप से ऐसे पीड़ित हैं जिन्हें मान्यता मिलनी चाहिये और ऐसे अपराधी भी, जिन्हें ज़िम्मेदार ठहराया जाना चाहिये, फिर भी सम्पूर्ण बेगुनाही और अपराध बोध पर आधारित कोई भी सम्भाषण केवल किसी निरपेक्षवादी, और शायद प्रलयंकारी, राजनीति का सहारा बन सकता है।

अन्ततः आज बहुदिशात्मक स्मृति की मौलिक लोकतान्त्रिक राजनीति का लक्ष्य केवल समीकरण या पदानुक्रम के सम्भाषणों से आगे बढ़ना नहीं, बल्कि होलोकॉस्ट की उस सतही, निरपेक्ष व्याख्या को वैश्विक स्मृति राजनीति के केन्द्र से विस्थापित करना भी है, जिसमें होलोकॉस्ट का प्रयोग 'अच्छाई और बुराई' के लिए एक कोड के रूप में किया जाता है। यह समय– और स्थान–विशिष्ट कार्य रेफ़्लेक्सिव न्याय के दृष्टिकोण की माँग करता है। यह ज़रूरी है कि वर्तमान समय का आलोचनात्मक हस्तक्षेप ड्यू बुआ के समय से अलग हो, जब होलोकॉस्ट स्मृति नैतिक प्रवचनों के लिए इतनी महत्त्वपूर्ण नहीं हुई थी। आज समीकरण के नाम पर होलोकॉस्ट के आलोचनात्मक आह्वान भी इज़राइल के सबसे शक्तिशाली औचित्य के प्रतीक को बरक़रार रखते हैं : चरम उत्पीड़ित और पूर्ण निर्दोष होने की एक कथात्मक वंशावली। आज जिस विस्थापन की आवश्यकता है, वह सार्वजनिक क्षेत्र से होलोकॉस्ट की स्मृति को हटाने के लिए बाध्य नहीं करता, बल्कि इसके अमूर्त, साकार बनाए गये रूप को सार्वजनिक क्षेत्र के केन्द्र से हटाने की। इस कार्य के लिए संसाधन बहुदिशात्मक स्मृति के संग्रह में पाये जा सकते हैं। केन्द्र से हटाने का अर्थ यह नहीं कि नाज़ी नरसंहार के ऐतिहासिक तथ्यों को सापेक्षिक बना दिया जायेगा। होलोकॉस्ट को नकारने की ज़िद का बरक़रार रहना इस ओर इशारा करता है कि कुछ विशेष रणभूमियों में होलोकॉस्ट की स्मृति अभी भी एक प्रगतिशील भूमिका निभा सकती है।[46] लेकिन नरसंहारों के निहितार्थ और विशिष्टताओं पर काम करना होलोकॉस्ट को किसी पवित्र, अनुल्लंघनीय धार्मिक सिद्धान्त के रूप में देखने वाले दृष्टिकोण से अलग होना चाहिये जो निरपेक्षता की राजनीति को वैधता प्रदान करता है। होलोकॉस्ट को देखने का यह तरीक़ा इतना शक्तिशाली और साथ ही साथ इतना अर्थविहीन हो गया है कि यह उन लोगों को भी चुम्बक की तरह आकर्षित करता है जो इसके द्वारा वैध बनायी गयी राजनीति का विरोध करना चाहते हैं।

लेकिन ऐसा होना ज़रूरी नहीं है। ड्यू बुआ और ड्यूरा जैसे पहले के विचारकों और शेषनर जैसे समकालीन कलाकारों के अलावा हम प्रवासी फ़िलिस्तीनियों के सबसे प्रमुख प्रवक़्ता से प्रेरणा ले सकते हैं यानी स्वर्गीय एड्वर्ड सईद से, जिनकी कमी अब भी खटकती है। उन्होंने बार-बार 'नैतिक रूप से सामूहिक हत्या और सामूहिक निर्वासन का समीकरण'[47] करने

से इनकार किया। इसके अतिरिक्त उन्होंने अक्सर फ़िलिस्तीनियों को 'पीड़ितों के पीड़ित'[48] के रूप में दर्शाया। हालाँकि यह सूत्रीकरण पहले समीकरण और समरूपता के शुद्ध उदाहरण की तरह लगता है, मुझे नहीं लगता कि उनके कहने का तात्पर्य यह था कि उत्पीड़न का परिणाम अनिवार्य रूप से उसी प्रकार का उत्पीड़न होता है, बल्कि सईद के कहने का मतलब था कि इज़राइली और फ़िलिस्तीनियों को इतिहास के संयोगों द्वारा एक साथ लाया गया है ऐसे तर्क द्वारा, जो सिर्फ़ कुछ हद तक ही उनके नियन्त्रण में है। उन्होंने एक साझा, लेकिन फिर भी विभाजित स्थान पर क़ब्ज़ा किया हुआ है—एक ऐसा स्थान, जो एक भौगोलिक क्षेत्र भी है और स्मृति का भूगोल भी। आज यह स्थान समरूपता और शान्ति का स्थल नहीं है। यह विषमता और हिंसा का स्थल है और गाज़ा इस स्थिति का एक ज्वलन्त प्रतीक है। इस स्थिति को बदलने के लिए बहुदिशात्मक स्मृति के कार्य से अधिक की आवश्यकता होगी, लेकिन अतीत के बारे में सोचने के तरीक़े को बदले बिना एक वैकल्पिक भविष्य की कल्पना करना मुश्किल होगा।

टिप्पणियाँ

स्टेफ क्रेप्स के सवालों ने मुझे इस निबन्ध को लिखने के लिए प्रेरित किया, जिसे मैंने ब्रसेल्स में फ़्लेमिश एकेडमिक सेंटर फ़ॉर साइंस एंड आर्ट्स (व्लाम्स एकेडमिक सेंट्रुम (वीएलएएसी) में एक फ़ेलो के रूप में शुरू किया। इससे पहले के संस्करण कोलम्बिया विश्वविद्यालय, यूसीएलए, इलिनोइ विश्वविद्यालय, मिसौरी विश्वविद्यालय और लन्दन में 'ट्रांसकल्चरल मेमरी' सम्मेलन में प्रस्तुत किये गये थे। मैं उन भाषणों के श्रोताओं का उनके सवालों और टिप्पणियों के लिए आभारी हूँ। साथ ही, मैं आभारी हूँ लन्दन में सुजैना रेडस्टोन का उनकी प्रतिक्रिया के लिए और उन सभी लोगों का, जिन्होंने मुझे बोलने के लिए आमन्त्रित किया—रिचर्ड क्राउनशॉ, सूजा गिल, मैरिएन हिर्ष, एंड्रियास हुयसेन, ऐलीनर कॉफमान और ब्रैड प्रेगर। मुझे मैटी बंजल, लॉरेन एम. ई. गुडलैड, नील लेवी और यासमीन यिल्दिज़ से भी बहुत उपयोगी प्रतिक्रियाएँ और सुझाव मिले। उनकी तस्वीरों के लिए और उन्हें पुनर्मुद्रित करने की अनुमति देने के लिए एलन शेषनर का विशेष धन्यवाद। यहाँ व्यक्त तर्कों के लिए ज़िम्मेदारी पूरी तरह से मेरी अपनी है।

सन्दर्भ-सूची

1. माइकल रोथबर्ग, मल्टीडायरेक्शनल मेमरी : द होलोकॉस्ट इन द एज़ ऑफ़ डिकोलोनाइजेशन (स्टैनफोर्ड, सीए : स्टैनफोर्ड यूनिवर्सिटी प्रेस, 2009)।
2. एलिसन लैंड्सबर्ग का 'प्रोस्थेटिक मेमरी' का महत्त्वपूर्ण अध्ययन भी देखें, जो बताता है कि आधुनिकता और जनसंचार माध्यमों के विकास के मद्देनज़र स्मृति अब 'ऑर्गेनिक' समुदायों से जुड़ी हुई नहीं रही, बल्कि सभी पहचान श्रेणियों द्वारा रचनात्मक अनुकूलन और सहभाजन के लिए उपलब्ध है *(प्रोस्थेटिक मेमरी : द ट्रांसफॉर्मेशन ऑफ़ अमेरिकन रिमेम्बरेंस इन द एज़ ऑफ़ मास कल्चर (न्यूयॉर्क : कोलम्बिया यूनिवर्सिटी प्रेस, 2004)*
3. इस समस्या को सम्बोधित करने का अर्थ है, इस बारे में सोचना कि सार्वजनिक स्मृति के कार्य राजनैतिक आत्म चेतना और न्याय की विभिन्न कल्पनाओं को कैसे दर्शाते हैं? जुडिथ बटलर, नैंसी फ्रेज़र और आइरिस मैरियन यंग के काम को आगे बढ़ाते हुए, मैं सुझाव देता हूँ कि बहुआयामी स्मृति की अभिव्यक्तियों में एकजुटता और न्याय की अवधारणाएँ दाँव पर लगी होती हैं जो फ्रेमिंग, समानुपातिकता और प्रभाव के मुद्दों पर आधारित होती हैं– अर्थात् राजनैतिक प्रतिनिधित्व एवं अधिकार क्षेत्र और मान्यता के ज्ञानमीमांसीय आधार और भावनात्मक स्वरूप के सवालों पर। देखें जुडिथ बटलर, *फ्रेम्स ऑफ़ वॉर– व्हेन इज़ लाइफ़ ग्रीवेबल?* (न्यूयॉर्क : वर्सो, 2009); नैंसी फ्रेजर, *स्केल्ज ऑफ़ जस्टिस रीइमेजेनिंग पॉलिटिकल स्पेस इन ए ग्लोबलाइजिंग वर्ल्ड,* न्यू डाइरेक्शंस इन क्रिटिकल थ्योरी श्रृंखला (न्यूयॉर्क : कोलम्बिया यूनिवर्सिटी प्रेस, 2009); और आइरिश मैरियन यंग, *इंटरसेक्टिंग वॉइसेज़ः डिलेमास ऑफ़ जेंडर, पॉलिटिकल फ़िलॉसफ़ी, एंड पब्लिक पॉलिसी* (प्रिंसटन, एनजे : प्रिंसटन यूनिवर्सिटी प्रेस, 1997)।
4. संयुक्त राष्ट्र मानवाधिकार परिषद्, *ह्यूमन राइट्स इन पैलेस्टाइन एंड अदर अरब टेरिटरीज़ः रिपोर्ट ऑफ़ द यूनाइटेड नेशंस फ़ैक्ट फ़ाइंडिंग मिशन ऑन द गाज़ा कॉनफ़्लिक्ट (फ़िलिस्तीन और अन्य अधिकृत अरब क्षेत्रों में मानवाधिकार : गाज़ा संघर्ष पर संयुक्त राष्ट्र की फ़ैक्ट फ़ाइंडिंग मिशन की रिपोर्ट)* (न्यूयॉर्क : संयुक्त राष्ट्र मानवाधिकार परिषद्, 15 सितम्बर 2009)।
5. इस तरह के दावों के प्रसार के चलते यूरोपीय इंस्टीट्यूट फ़ॉर द स्टडी ऑफ़ कंटेम्परारी एंटीसेमिटिज़्म की एक ताज़ा रिपोर्ट यह बताती है कि इस तरह के सादृश्य द्वेषपूर्ण भाषण की श्रेणी में आ सकते हैं और फलतः आपराधिक अभियोग के अधीन हो सकते हैं। हालाँकि इस निबन्ध में मैं स्मरण के कुछ विशिष्ट रूपों की आलोचना करता हूँ, किन्तु मैं नहीं समझता कि अपराधीकरण स्मृति के

मुश्किल सादृश्यों और दुरुपयोगों के प्रति एक उपयोगी प्रतिक्रिया है। देखें पॉल इग्नास्की और एब स्वीरी, *अंडरस्टैंडिंग एंड एड्रेसिंग द 'नाज़ी कार्ड' : इंटरवीनिंग अगेंस्ट एंटीसेमिटिक डिसकोर्स* (यूरोपीय इंस्टीट्यूट फ़ॉर द स्टडी ऑफ़ कंटेम्परेरी एंटीसेमिटिज़्म, 2009)। रिपोर्ट की उपयोगी आलोचनात्मक चर्चा भी देखें, बेंडन ओ'नील, ''नाज़ी कार्ड इज़ वाइल एंड पैथेटिक, बट हार्डली इल्लीगल,'' ऑस्ट्रेलियन, 19 अगस्त 2009, 19 अगस्त 2009 को पठन, www.theaustralian.news.com पर उपलब्ध।

6. गाज़ा की नाकाबन्दी को लेकर संघर्ष में इज़रायल द्वारा नाक़ाबन्दी को तोड़ने का प्रयास करने वाले अन्तरराष्ट्रीय कार्यकर्ताओं के ख़िलाफ़ उठाये गये क़दमों की वजह से तेज़ी से वृद्धि हुई है, ऐसे क़दम जो मावी मरमरा के कुख्यात मामले में घातक बन गये। फ़्लोटिला पर 31 मई 2010 के हमले पर प्रतिक्रिया व्यक्त करने वाले दस्तावेज़ों और विश्लेषणों के संग्रह के लिए देखें, मुस्तफ़ा बायूमी द्वारा सम्पादित *मिडनाइट ऑन द मावी मरमरा : द अटैक ऑन द गाज़ा फ्रीडम फ़्लोटिला एंड हाउ इट चेंज्ड द कोर्स ऑफ़ द इज़राइल/पैलेस्टाइन कॉन्फ्लिक्ट*। (न्यूयॉर्क : और बुक्स, 2010), 1 अक्टूबर 2010 को पठन, www.orbooks.com/our-books/midnight/ पर उपलब्ध।
7. घेट्टो की विश्वकोशीय जानकारी के लिए देखें, बर्बर एंगलकिंग और जेसेक लियोचिएक, *द वॉरसॉ घेट्टोः ए गाइड टू द पेरिश्ड सिटी* (न्यू हेवन, सिटीः येल यूनिवर्सिटी प्रेस, 2009)। तुलनात्मक दृष्टि से देखा जाये तो गाज़ा पट्टी की जनसंख्या जुलाई 2009 तक पन्द्रह लाख और क्षेत्रफल 139 वर्ग मील (360 वर्ग किमी) है। इसकी जनसंख्या विश्व दर से तीन गुना ज़्यादा तेज़ी से बढ़ रही है, और निवासियों की औसत आयु 17.4 वर्ष है, 44.4 प्रतिशत जनसंख्या की आयु 14 वर्ष या उससे कम है (सेंट्रल इंटेलिजेंस एजेंसी (सीआएए), *द वर्ल्ड फ़ैक्टबुक*, 20 अगस्त 2009 को पठन, www.cia.gov/library/publications/the-world-factbook/पर उपलब्ध)।
8. विद्वान तेज़ी-से और निश्चित रूप से होलोकॉस्ट स्मृति के शुरुआती वर्षों की हमारी समझ को बदल रहे हैं। *मल्टीडायरेक्शनल मेमरी* इसी पर आधारित है, लेकिन अमेरिकी सन्दर्भ के सम्पूर्ण विवरण के लिए देखें, हसिया डायनर, *वी रिमेम्बर विद रेवरेंस एंड लव : अमेरिकन ज्यूज़ एंड द मिथ ऑफ़ साइलेंस आफ्टर द होलोकॉस्ट, 1945-1962* (न्यूयॉर्क : एनवाईयू प्रेस, 2009)।
9. डब्ल्यू.ई.बी. ड्यू बुआ, 'द नेग्रो एंड द वॉरसॉ घेट्टो,' *ज्यूइश लाइफ़*, मई 1952, 14-15, 15 पर उद्धरण।
10. पूर्वोक्त, 14।

11. डब्ल्यू.ई. बुर्गहार्ड ड्यू बुआ, *द वर्ल्ड एंड अफ्रीकाः एन इंक्वायरी इन टू द पार्ट व्हिच अफ्रीका हैज प्लेड इन वर्ल्ड हिस्ट्री* (न्यूयॉर्क : वाइकिंग, 1947), 23। इस अंश को अक्सर इस तर्क के लिए सबूत के रूप में प्रयोग किया जाता है कि नाज़ी नरसंहार महज़ यूरोपीय पीड़ितों के एक नये समूह पर औपनिवेशिक हिंसा की पुनरावृत्ति है, लेकिन 'द नीग्रो एंड द वॉरसॉ घेट्टो' में ड्यू बुआ ने अधिक सूक्ष्म दृष्टिकोण अपनाया।
12. मार्गरीट ड्यूरा, 'ले द घेट्टो,' *फ्रांस-ऑब्ज़रवातर*, 9 नवम्बर 1961, 8-10।
13. इज़रायल के बमबारी अभियान के समाप्त होने के अगले दिन, 19 जनवरी, 2009 को रॉबिन्सन ने अपना ई-मेल भेजा था, हालाँकि उस समय गाज़ा पट्टी में स्थिति स्पष्ट रूप से गम्भीर थी। गाज़ा बमबारी और ज़मीन पर स्थिति के बारे में अधिक जानकारी के लिए एमनेस्टी इंटरनेशनल की रिपोर्ट देखें, *इज़राइल /गाज़ाः ऑपरेशन 'कास्ट लेड'* : 22 डेज़ ऑफ़ डेथ एंड डिस्ट्रक्शन (लंदन : एमनेस्टी इंटरनेशनल, 2009), और गाज़ा संघर्ष पर संयुक्त राष्ट्र फ़ैक्ट फ़ाइंडिंग मिशन की रिपोर्ट [गोल्डस्टोन रिपोर्ट] *ह्यूमन राइट्स इन पलेस्टाइन एंड अदर ऑक्यूपाइड अरब टेरिटरीज* (न्यूयॉर्क : मानवाधिकार के लिए संयुक्त राष्ट्र के उच्चायुक्त का कार्यालय (ओएचसीएचआर), 15 सितम्बर 2009), 15 अक्टूबर 2009 को पठन, www2.ohchr.org/english/bodies/hrccpspecialsession/9/fact findingmission.htm पर उपलब्ध।

    रॉबिन्सन मामले से सम्बन्धित कई दस्तावेज़ UCSB में अकादमिक स्वतन्त्रता की रक्षा करने वाली समिति में उनके समर्थकों द्वारा बनायी गयी वेबसाइट पर पाये जा सकते हैं, http://sb4af.wordpress.com। यद्यपि फ़ोटो-निबन्ध फ़िंकेलस्टीन द्वारा हस्ताक्षरित नहीं है, यह उनकी आधिकारिक वेबसाइट पर 'डॉयचलांड ऊबर अलस– द ग्रैंडचिल्ड्रन ऑफ़ होलोकॉस्ट सर्वाइवर्स फ्रॉम वर्ल्ड वॉर II आर डूइंग टू द पैलेस्तीनियंस इग्ज़ैक्टली व्हाट वॉज डन टू देम बाय नाज़ी जर्मनी...'' के शीर्षक के साथ उपलब्ध है।

    (www.normanfinkelstein.com/deutschland-uber-alles/)। फ़ोटो-निबन्ध 1 अक्टूबर 2011 तक भी देखा जा सकता था और मैं पाठकों से इसे देखने का अनुरोध करता हूँ। लेखक की पहचान अस्पष्ट होने के बावजूद, मैं इसे फिंकेलस्टीन फ़ोटो-निबन्ध के रूप में सन्दर्भित करूँगा ताकि मैं इसे रॉबिन्सन के स्रोत के रूप में प्रस्तुत कर सकूँ।
14. अमेरिका में रहने वाले और इज़रायल की नीति के प्रति आलोचनात्मक रवैया रखने वाले शिक्षाविदों की अकादमिक स्वतन्त्रता के सामने आने वाले ख़तरों के एक उत्कृष्ट वर्णन के लिए देखें, डेविड थियो गोल्डबर्ग और सारी मक्दिसि,

"द ट्रायल ऑफ़ इज्रायल्स कैंप्स क्रिटिक्स," *टिक्कुन,* सितम्बर-अक्टूबर 2009। डिजिटल युग में अकादमिक स्वतन्त्रता के सवाल के लिए रॉबिन्सन मामले के निहितार्थ के लिए देखें रॉबर्ट ओ'नील, "अकादमिक फ्रीडम इन साइबरस्पेस," *अकादीम ऑनलाइन,* सितम्बर-अक्टूबर 2009, 15 सितम्बर 2009 को पठन, www.aaup.org/AAUP/pubsres/acce/2009/SO/ Feat/onei -htm पर उपलब्ध।

15. इस मामले से मिलने वाले पहले सबकों में से एक सार्वजनिक स्मृति के लिए मूल्यांकन के सन्दर्भ को स्थापित करने में पेश आने वाली कठिनाई है। ड्यू बुआ और ड्यूरा के उदाहरण रॉबिन्सन के ई-मेल के लिए एक महत्त्वपूर्ण वैचारिक सन्दर्भ -और सम्भावित प्रतिवाद-प्रदान करते हैं, क्योंकि वे उपनिवेशवाद के ख़िलाफ़ जातिवाद से संक्रमित संघर्ष के सन्दर्भ में वारसॉ के उग्र, कट्टरपन्थी आह्वान का निर्माण करते हैं। फिर भी, उनके लेखन को शुरू में वामपंथी प्रिंट प्रकाशन के अपेक्षाकृत छोटे पाठक वर्ग में प्रसारित किया गया। इसके विपरीत रॉबिन्सन मामले की प्रवृत्ति आन्तरिक रूप से बहुआयामी है, क्योंकि यह मामला स्थानीय, फिर वह चाहें वर्चुअल ही क्यों न हो, शिक्षा शास्त्र की रंगभूमि से हटकर एक राष्ट्रीय और अन्तर्राष्ट्रीय उद्देश्य/कांड बन गया, जिसको स्थानीय और अस्थानीय कर्ताओं और नेटवर्क्स ने संचालित किया, जिनमें इज़राइल की तरफ़दारी करने वालों के दल और रॉबिन्सन के संगठित, वेब-आधारित समर्थक शामिल थे। जैसा कि मल्टीडायरेक्शनल मेमरी का मॉडल पूर्वानुमान करेगा, इस तरह की प्रवृत्ति स्पष्ट रूप से ज़ीरो-सम-गेम का हिस्सा नहीं है, क्योंकि अतीत और वर्तमान की परस्पर विरोधी व्याख्याएँ एक-दूसरे से टकराकर लौट जाती हैं और सभी राजनैतिक धारणाओं की अभिव्यक्ति को जारी रखने का अवसर प्रदान करती हैं। समकालीन वेब-आधारित बहस की वायरल प्रकृति आज स्पष्ट रूप से स्मृति के बहुआयामी रूपों के प्रसार में महत्त्वपूर्ण भूमिका निभाती है, ख़ासकर जब वे रूप इज़रायल-फ़िलिस्तीनी संघर्ष के गर्मागर्म विवादों के साथ जा मिलते हैं। रॉबिन्सन का खुद का कथन, साथ ही साथ जो उसके चारों ओर सम्भाषण उत्पन्न हुआ, मध्यपूर्व संघर्ष के अन्तर्राष्ट्रीय आयामों की गवाही देता है, जो एक तरफ़ तो भूमि और अधिकारों के वितरण पर लड़ाई के रूप में अत्यन्त स्थानीयकृत है और दूसरी तरफ़ मान्यता, प्रतिनिधित्व, और राजनैतिक वैधता पर एक वैश्विक प्रतिद्वन्द्वी के रूप में विकसित हुआ है। होलोकॉस्ट के सन्दर्भों के महत्त्व के एक और विश्लेषण के लिये, जो गाज़ा संघर्ष के मद्देनज़र प्रसारित हुआ—और एक बहुत ही अलग बौद्धिक और राजनैतिक दृष्टिकोण से लिखा गया है—देखें डेविड एम सेमूर, "फ्रॉम ऑश्वित्ज़ टू जेरुसलेम टू गाज़ा : एथिक्स फ़ॉर द वोट ऑफ़ लॉ", *जर्नल ऑफ़ ग्लोबल एथिक्स* 6, नंबर 2 (2010) : 205-15।

16. इडिथ ज़रटाल, *इज़्रायल्स होलोकॉस्ट एंड द पॉलिटिक्स ऑफ़ नेशनहुड,* अनुवाद चाया गैलाई, कैम्ब्रिज मिडिल ईस्ट स्टडीज़ सीरीज़ (न्यूयॉर्क : कैम्ब्रिज यूनिवर्सिटी प्रेस, 2005)। इज़रायल-फ़िलिस्तीनी संघर्ष में होलोकॉस्ट की जगह के बारे में अधिक जानने के लिए संघर्ष के दोनों पक्षों पर ध्यान केन्द्रित करने वाला टॉम सेगेव का सूक्ष्म वर्णन भी देखें, *द सेवेंथ मिलियन : द इज़राएलीस एंड द होलोकॉस्ट* (न्यूयॉर्क : हिल एंड बैंग, 1993); और गिल्बर्ट अश्कार, द *अरब्ज एंड द होलोकॉस्ट : द अरब-इज़राइली वॉर ऑफ़ नरेटिब्ज,* अनुवाद जी एम गोशगारियाँ (न्यूयॉर्क : मेट्रोपॉलिटन बुक्स, 2010)।
17. ज़रटाल, *इज़्रायल्स होलोकॉस्ट,* 25।
18. आर्ये नाओर, 'लेसंस ऑफ़ द होलोकॉस्ट वर्सस टेरिटरीज फ़ॉर पीस, 1967-2001,' *इज़राइल स्टडीज़* 8, नं. 1 (2003) : 130-52, 130 पर उद्धरण। हाल ही में और विचित्र रूप से, 2002 की एक हारेट्ज रिपोर्ट के अनुसार, एक इज़रायली अधिकारी ने दावा किया कि फ़िलिस्तीनी इलाकों के क़ब्ज़े को ध्यान में रखते हुए, इज़रायली सेना ने पहले के युद्धों से सीखे गये सबक का विश्लेषण किया और उसे अपनी रणनीति में शामिल किया था—यहाँ तक कि यह भी कि जर्मन सेना वॉरसॉ घेट्टो में कैसे लड़ी, भले ही यह चौंकाने वाला लगे'' (अमीर ओरेन द्वारा उद्धृत, *हारेट्ज,* 25 जनवरी 2002)।
19. ऊना किंग, 'इज़राइल कैन हॉल्ट दिस नाउ', *गार्जियन,* 11 जून 2003। किंग की साथी सांसद जेनी टॉन्ग ने कुछ अधिक गोलमोल, अस्पष्ट बयानों का इस्तेमाल किया, जो क़ब्ज़े की होलोकॉस्ट से प्रत्यक्ष तुलना न करते हुए भी दोनों को साथ में लाए (देखें जेनी टॉन्ग, ''टाइम टू गेट टफ,'' *गार्जियन,* 23 जून 2003)। टॉन्ग के कथन पर प्रतिक्रिया के लिए देखें बारबरा ग्रांट, ''टाइम टू गेट रियल,'' *गार्जियन,* 30 जून 2003। क़ब्ज़े के एक इज़रायली आलोचक द्वारा किंग की आलोचना के लिए देखें अमीरा हास, ''मेकिंग स्टुपिड कम्पैरिजन्स,'' हारेट्ज, 9 जुलाई 2003।
20. जॉर्ज गैलोवे, टॉक्सपोर्ट रेडियो, 2 जनवरी 2009। यूट्यूब पर पुनः प्रस्तुति, ''गाज़ा इज द वॉरसॉ घेट्टो-जॉर्ज गैलोवे-2 जनवरी 09,'' 1 सितम्बर 2009 को दर्शन, www.youtube.com/watch\v- DrK90LvqbRk पर उपलब्ध। गैलोवे ने दावा किया है कि वॉरसॉ की 'प्रत्यक्ष तुलना' की जा सकती है, उसके साथ जिसे वह 'गाज़ा घेट्रो' कहते हैं। इस रिपोर्ट में उनका जो कथन है उसे मैं अपने नक़्शे के समीकरण-एकजुटता चतुर्थांश में दर्ज करूँगा। 'ओक्लेंडेस्टीन' द्वारा पोस्ट किये गये वीडियो में जो तस्वीरों का मोंटाज है, वह उससे मिलता-जुलता है जिसे मैं फिंकेलस्टीन फ़ोटो-निबन्ध पुकार रहा हूँ, लेकिन यह तस्वीरों को एक-दूसरे के

समीप रखने की बजाय विलयन की तकनीक का उपयोग करता है। सिग्रिड राउज़िंग ने भी गैलोवे द्वारा अगले दिन ट्राफलगर स्क्वायर में एक प्रदर्शन में दिये गये भाषण में से उद्धरण किया है जहाँ उन्होंने कहा, "आज, गाज़ा में फ़िलिस्तीनी लोग नये वारसॉ घेट्टो हैं, और जो लोग उनकी हत्या कर रहे हैं, वे 1943 में वॉरसॉ में यहूदियों की हत्या करने वालों के बराबर हैं।" ("द कोड फ़ॉर कांस्पीरेसी," *न्यू स्टेट्समैन,* 27 अप्रैल 2009, 19)। राउजिंग का निबन्ध ऐसे समीकरणों के ख़िलाफ़ लिखा गया है, लेकिन उनका निष्कर्ष कि फ़िलिस्तीनी यहूदी-विरोधीवाद शान्ति के लिए सबसे बड़ी बाधा है, विवादास्पद है।

21. बटलर, *फ्रेम्स ऑफ़ वॉर,* 51।
22. देखें जैक रांसिएर, *द पॉलिटिक्स ऑफ़ एस्थेटिक्सः द डिस्ट्रीब्यूशन ऑफ़ द सेंसिबल,* अनुवाद गेब्रियल रॉकहिल (लंदन : कॉन्टिन्यूम, 2004)।
23. बटलर, *फ्रेम्स ऑफ़ वॉर,* 141।
24. फिंकेलस्टीन फ़ोटो-निबन्ध में कोई भी शीर्षक तस्वीरों की पहचान नहीं करता। फिर भी, कुछ समय पहले तक, हुवारा चौकी की तस्वीर रेड क्रॉस की अन्तर्राष्ट्रीय समिति की वेबसाइट पर एसोसिएटेड प्रेस/एन इश्तायेह की कॉपीराइट सूचना के साथ उपलब्ध थी (21 जुलाई 2009 को पठन, www.icrc.org/Web.eng.siteengo-nsf.html.palestinereport-131207)। जब मैंने इस वेबसाइट को 21 फरवरी 2011 को फिर से देखा, तो तस्वीर उपलब्ध नहीं थी, लेकिन कॉपीराइट सूचना फिर भी मौजूद थी। www. remember.org (21 जुलाई 2009 को पठन) पर ऑश्वित्ज-बिरकेनाउ में चयन प्रक्रिया की तस्वीर के बारे में बताया गया है कि वह डाखाओ संग्रहालय के संग्रह में से है।
25. वेस्ट बैंक में फ़िलिस्तीनी शहर नियेलिन के एक होलोकॉस्ट संग्रहालय में भी तस्वीरों को इसी प्रकार से पास-पास रखा गया है। जर्मन टेलीविज़न पर एक रिपोर्ट में बताया गया है कि इस संग्रहालय को होलोकॉस्ट और नकबा (1948 की फ़िलिस्तीनी तबाही) और क़ब्ज़े के बीच समानता स्थापित करने के लिए बनाया गया। संग्रहालय में एक दस्तावेज़ में लिखा है, "होलोकॉस्ट के अद्वितीय पीड़ित निर्दोष फ़िलिस्तीनियों को मारता है (ग़लती मूल दस्तावेज़ में है," (*टागेसशाउ,* 5 सितम्बर 2009, 6 सितम्बर 2009 को पठन, www.tagesschau.de/ausland/pvholocaustmuseum100.html पर उपलब्ध)। जैसा कि मैंने पहले भी बताया, मुझे विश्वास नहीं है कि इस तरह के उदाहरण का आंकलन उसी तरह किया जा सकता है जैसे मैं रॉबिन्सन और फिंकेलस्टीन का आंकलन करता हूँ। अतः, उदाहरण के लिए, इस तरह के उदाहरण को किसी सन्दर्भ में होलोकॉस्ट को नकारने के ज़ोरदार खण्डन के रूप में देखा जा सकता है, भले ही यह सापेक्षता का एक रूप भी रहे।

26. दोषियों की छवियों का सामना करने के तरीकों के लिए देखें मारियान हिर्ष, "नाज़ी फ़ोटोग्राफ्स इन पोस्ट-होलोकॉस्ट आर्ट : जेंडर ऐज ऐन इडियम ऑफ़ मेमोरियलाइजेशन," *क्राइम्स ऑफ़ वॉर : गिल्ट एंड डिनायल इन द ट्वेंटिएथ सेंचुरी में,* सम्पादक ओमर बार्टोव, एटिना ग्रॉसमैन, और मौली नोबल (न्यूयॉर्क—न्यू प्रेस, 2002)। एक अन्य उपयोगी संग्रह भी देखें *विसुअलाइज़िंग द होलोकॉस्टः डॉक्युमेंट्स, एस्थेटिक्स, मेमरी,* सम्पादक डेविड बाधिक, ब्रेड प्रेगर और माइकल डी रिचर्डसन, स्क्रीन कल्चर्स : जर्मन फ़िल्म एंड द विजुअल सीरीज़ (रोचेस्टर, एनवाई : कैमडेन हाउस, 2008)।
27. आदि ओफ़ीर, *द ऑर्डर ऑफ़ एविल्स— टूवर्ड ऐन ओन्टोलॉजी ऑफ़ मोरल्स,* अनुवाद रेला मज़ाली और हवी कैरल (न्यूयॉर्क : ज़ोन बुक्स, 2005)। फिर भी, सम्भव है कि अन्य तुलनाएँ अधिक उपयोगी हों, जैसे कि दक्षिण अफ्रीकी रंगभेद के साथ क़ब्ज़े की। इज़राइली अलगाव और पृथक्करण कैसे दक्षिण अफ्रीकी मूल मॉडल को पीछे छोड़ देते हैं, इस पर एक चर्चा के लिए देखें, सारी मक्दिसि, "द आर्किटेक्चर ऑफ़ इरेजर", क्रिटिकल इंक्वायरी 36, नं 3 (2010) : 519-59। कब्ज़े पर अधिक व्यापक चर्चा के लिए देखें, आदि ओफ़ीर, मिशल गिवोनी और सरि हन्फ़ी, सम्पादक, *द पॉवर ऑफ़ इनक्लूसिव एक्सक्लूजनः एनाटॉमी ऑफ़ इज़रायली रूल इन द ऑक्यूपाइड पैलेस्टीनियन टेरिटरीज* (न्यूयॉर्क : जोन बुक्स, 2009)।
28. विवाद शुरू होने के कुछ महीनों बाद दी गयी एक वार्ता में—जिसका लिखित रूप यूसीएसबी स्थित अकादमिक स्वतन्त्रता की रक्षा के लिए समिति की वेबसाइट पर पोस्ट किया गया है—रॉबिन्सन स्पष्ट करते हैं कि नाज़ी और इज़राइली नीतियों के बीच "फ़र्क़ कई हैं" और बताते हैं कि "ऐतिहासिक और समकालीन घटनाओं या प्रक्रियाओं के बीच सादृश्य स्थापित करने का उद्देश्य यह दिखाना नहीं है कि वे समान हैं।" बल्कि, वे कहते हैं, "ऐसी तुलनाएँ मानव आचरण के प्रकार को उजागर करने के लिए एक शैक्षणिक उपकरण हैं-या, अन्य शब्दों में कहें तो, मानव दुराचार।" हालाँकि सम्भव है कि रॉबिन्सन का ई-मेल आख़िरकार इस उद्देश्य की पूर्ति कर सके-और इससे अधिक सूक्ष्म तुलना की ओर ले जाये— मुझे ऐसा लगता है कि मूल ई-मेल और फ़ोटो-निबन्ध एक अलग तर्क का पालन करते हैंः अर्थात् समीकरण का। वार्ता में रॉबिन्सन ने इज़रायल की कार्रवाइयों को "नाज़ी जैसी" बताया और दोहराया कि "वारसॉ घेट्टो और गाज़ा के बीच एक निश्चित समानता है" ("प्रोफ रॉबिन्सन डेलीवर्स स्पीच एड्रेसिंग हिज केस" (23 मई 2009), 3 जून 2009 को पठन, sb4af.wordpress.com पर उपलब्ध)।
29. देखें जियोर्जियो एगाम्बेन, *होमो सैकर : सॉवरेन पावर एंड बेयर लाइफ़,* अनुवाद डैनियल हेलर-रोजेन, मेरिडियन : क्रॉसिंग एस्थेटिक्स सीरीज (स्टैनफोर्ड, सीएः

स्टैनफोर्ड यूनिवर्सिटी प्रेस, 1998)। अपने छोटे, लेकिन शक्तिशाली, निबन्ध "व्हाट इज़ ए कैंप?" में एगाम्बेन स्पष्ट और संक्षिप्त रूप में बताते हैं कि :

यदि कैंप का सार अपवाद की स्थिति के भौतिकीकरण में और इसके परिणामस्वरूप नग्न जीवन के लिए एक स्थान के निर्माण में होता है, तो हमें मानना पड़ेगा कि जब भी ऐसा ढाँचा बनाया जाता है तो हमारे रू-ब-रू एक कैंप होता है, फिर चाहें उसमें कैसे ही अपराध किये गये हों, चाहे उसका नाम जो भी हो और उसका नक़्शा जैसा भी हो ... कैम्प ... हमारे ग्रह का नया बायोपोलिटिकल आचार है। ("व्हाट इज ए कैंप?" *मीन्स विदाउट एंड: नोट्स ऑन पॉलिटिक्स,* अनुवाद विन्सेन्जो बिनेटी और सेजारे कैसरिनो, थ्योरी आउट ऑफ़ बाउंड्स सीरीज़ 'मिनियापोलिस– यूनिवर्सिटी ऑफ़ मिनेसोटा प्रेस, 2000, 41-42, 45 पर उद्धरण)

30. यही वॉरसॉ घेट्टो का वह सबसे महत्त्वपूर्ण पहलू है जिसे गाज़ा-वॉरसॉ समीकरण का निर्माण करने के लिए भुलाना ज़रूरी है। इस तरह के समीकरण का एक और उदाहरण ब्रिटिश पत्रिका *द मिडल-ईस्ट* के सम्पादक पैट लैंकेस्टर की एक टिप्पणी में मिलता है : भले ही आप मुझे ख़तरनाक कहें, लेकिन एक छोटा-सा क्षेत्र जिसमें लोग तंग, विषम परिस्थितियों में रहने के लिए मजबूर हों, एक अगम्य, मज़बूत दीवार से घिरे हुए, उनका आवागमन सशस्त्र सैनिकों द्वारा वर्जित, जिनके पास भूमिगत रास्तों के माध्यम से तस्करी करने के अलावा कोई चारा न हो, जिनके घरों पर बमबारी की गयी हो और जला दिया गया हो-कुछ याद आया? हो सकता है कि मैं जनवरी 2009 में गाज़ा का वर्णन कर रहा हूँ, या फिर 65 साल पहले के वॉरसॉ का।

लैंकेस्टर का कहना सही है कि इस तरह की समानताएँ होती हैं, किन्तु उन्हें केवल तब समीकरणों के रूप में प्रस्तुत किया जा सकता है जब अन्त में वॉरसॉ का विनाश छोड़ दिया जाए, हालाँकि लैंकेस्टर ख़ुद भी इस प्रक्रिया को याद करते हैं, ('कमेंट,' मिडिल ईस्ट, फ़रवरी 2009, 5)। दिसम्बर-जनवरी के आक्रमण से पहले लिखी गयी एक अधिक सूक्ष्म तुलना हैरियट मालिनोवित्ज की *'आई विल टैल एवरीथिंग', विमेंस रिव्यु ऑफ़ बुक्स* 25, नं 4 (2008) : 14-16 में पाई जा सकती है। मालिनोवित्ज़ मैरी बर्ग की वॉरसॉ घेट्टो डायरी और 1967 के युद्ध और इज़राइली क़ब्ज़े पर आधारित इब्तिसाम बराकत के संस्मरण की समीक्षा कर रही हैं।

31. मेरी सोच जूडिथ बटलर से मिलती जुलती है, जो जायोनीवाद और नाज़ीवाद के समीकरण को ख़ारिज करते हुए कहती हैं कि "सामाजिक न्याय के कुछ सिद्धान्त हैं जो नाज़ी नरसंहार से निष्कर्ष के रूप में निकाले जा सकते हैं और हमारे

समकालीन संघर्षों में भी महत्त्वपूर्ण भूमिका निभा सकते हैं, और उन्हें ये भूमिका अवश्य निभानी चाहिये, हालाँकि सन्दर्भ अलग-अलग हैं और वशीभूत करने की शक्ति के रूप स्पष्टतः अलग हैं (''इज जूडाइज़्म जायोनिज़्म? रिलिजियस सोर्सेज फ़ॉर द क्रिटीक ऑफ़ वायलेंस'', ''रीथिंकिंग सेकुलरिज़्म'' सम्मेलन में दिया गया भाषण, 22 अक्टूबर 2009, कूपर यूनियन, न्यूयॉर्क शहर, द इम्मीनेंट फ्रेम, 2 नवम्बर 2009 में उपलब्ध, 15 नवम्बर 2009 को पठन, http://blogs.ssrc.org/tif/2009/11/02/rethinking-seculUrism audio/) पर उपलब्ध।

32. इस उत्कृष्ट लेख में, जो गाज़ा और वॉरसॉ के बीच अन्तर करता है, बिना किसी भी एक स्थिति को दूसरी के माध्यम से परखे, इतिहासकार लेविन रॉबिन्सन का उल्लेख नहीं करते; लेकिन इसकी तारीख से यह स्पष्ट है कि उनके लेख में रॉबिन्सन प्रकरण (''क्राइसिस इन गाज़ाः गाज़ा इज नो वॉरसॉ घेट्टो'', अलजज़ीरा, 2 फरवरी 2009, 2 सितम्बर 2009 को पठन, http://english.aljazeera.net/फोकस/crisisingaza/2009/02/20092191518941246.html पर उपलब्ध)।

33. प्रिमो लेवी द्वारा की गयी इज़राइली नीति और होलोकॉस्ट के इस्तेमाल की आलोचना पर जूडिथ बटलर द्वारा लिखे गये निबन्ध में इससे सम्बन्धित तर्क देखें–

    सम्भाषण के वे माध्यम जिनके द्वारा होलोकॉस्ट का पुनः आह्वान किया जाता है, दरअसल उसकी पुनरावृत्ति के दर्द के आह्वान और उस पुनरावृत्ति को अन्य माध्यमों के लिए उपयोग में लाने का एक तरीक़ा है। सवाल यह है कि क्या इसका इस्तेमाल राजनैतिक उद्देश्यों के लिए होता है, जिसके परिणामस्वरूप दर्द विस्थापित होता है (और वर्तमान और अतीत के बीच का ऐतिहासिक अन्तर समाप्त) और सन्दर्भित घटना खुद लुप्त हो जाती है। (प्रिमो लेवी फ़ॉर द प्रेजेंट, री-फिगरिंग हेडेन व्हाइट में, सम्पादन फ्रैंक ऐंकरस्मिट, ईवा डोमांस्का और हांस केल्नर, कल्चरल मेमरी इन द प्रेज़ेंट सीरीज़ स्टैनफोर्ड, सीए–स्टैनफोर्ड यूनिवर्सिटी प्रेस, 2009, 282-303, 297 पर उद्धरण)

34. आर्ये नाओर, 'लेसंस ऑफ़ द होलोकॉस्ट वर्सस टेरिटरीज़ फ़ॉर पीस', 1967-2001, '*इज़राइल स्टडीज़ 8;*, नं. 1 (2003)–130-52।

35. इस अनुचित इस्तेमाल के बारे में www.salon.com पर आइलेट वॉल्डमैन का लेख देखें और केरेन टेनेनबोइम-वाइनब्लाट द्वारा, *'वी विल गेट थ्रू दिस टुगेदर'*–जर्नलिज्म, ट्रॉमा एंड द इज़राइली डिसएंगेजमेंट फ्रॉम द गाज़ा स्ट्रिप, '*मीडिया, कल्चर एंड सोसाइटी 30,* नं. 4 (2008), 495-513। विभिन्न इज़राइली समाचार पत्रों द्वारा इज़राइली सैन्य बल की गाज़ा से वापसी के कवरेज की बात करते हुए टेनेनबोइम-वाइनब्लाट लिखती हैं,

हालाँकि *येडिओथ अहरोनोथ* में पलायन मिथक को अत्यधिक प्रमुखता मिली, होलोकॉस्ट की तरफ़ इशारा करने वाली तस्वीरों की संख्या काफ़ी कम थी। उदाहरण के लिए, जब वहाँ के निवासियों के एक समूह ने जानबूझकर वॉरसा घेट्टो से निष्कासित होते हुए एक छोटे लड़के की अविस्मरणीय तस्वीर की नकल की (आत्मसमर्पण में अपने हाथ उठाए हुए), तो उस चित्र को पृष्ठ 14 पर छापा गया, एक अपमानजनक लेख के साथ। इसी तरह, *मारिव* ने चित्र को पृष्ठ 13 पर छापा, जबकि हारेट्ज ने चित्र को पूरी तरह से नज़रअन्दाज़ कर दिया। (507)

36. श्वार्ज़-बार्ट मामले पर अधिक जानकारी के लिए देखें रोथबर्ग, ''अनाक्रोनिस्टिक एस्थेटिक्स– एंड्रे श्वार्ज-बार्ट एंड कैरल फिलिप्स ऑन द रुइन्स ऑफ़ मेमरी, ''*मल्टीडायरेक्शनल मेमरी* में (टिप्पणी 1 देखें), 135-74।
37. वॉरसॉ घेट्टो वाले लड़के पर देखें रिचर्ड रास्किन, *ए चाइल्ड एट गनपॉइंट– ए केस स्टडी इन द लाइफ़ ऑफ़ फ़ोटो* (आरहूस, डेनमार्क–आरहूस यूनिवर्सिटी प्रेस, 2004)य फ्रेडरिक रूसो, *लांफां जूइफ द वरसोवी– हीस्तूआर द युन फ़ोटोग्राफ़ी* (पेरिस– सई, 2009); और मैरिएन हिर्श, ''नाज़ी फ़ोटोग्राफ़्स इन पोस्ट-होलोकॉस्ट आर्ट'' और ''प्रोजेक्टेड मेमरी– होलोकॉस्ट फ़ोटोग्राफ़्स इन पर्सनल एंड पब्लिक फैंटेसी'', *एक्ट्स ऑफ़ मेमरी– कल्चरल रिकॉल इन द प्रेजेंट* में, सम्पादन मिके बाल, जोनाथन क्रेव, और लियो स्पिट्जर (हनोवर, एनयेच–यूनिवर्सिटी प्रेस ऑफ़ न्यू इंग्लैंड, 1999)] 3-23।
38. एलन शेषनर की वेबसाइट से उद्धृत , www.dottycommies.com (28 अगस्त 2009 को पठन)। इसी कृति को फ़िलिस्तीनी कलाकार राणा बिशारा के सहयोग से बनाए गए डायलॉग (DIALOG) नामक प्रदर्शन में भी शामिल किया गया है। DIALOG के बारे में जानने के लिए देखें एलेसेंड्रो इम्पेरातो, ''द डायलॉजिक्स ऑफ़ चॉकलेट–ए साइलेंट DIALOG ऑन इज़राइली पैलेस्तीनियन पॉलिटिक्स, *ग्लोबल एंड लोकल आर्ट हिस्टरीज* में, सम्पादन सेलिना जेफ्रीज और ग्रेगरी मिनिसेल (कैम्ब्रिज, यूके– कैम्ब्रिज स्कॉलर्स, 2007), 283-97। लिगेसी पर देखें रिचर्ड रस्किन, *ए चाइल्ड एट गनपॉइंट,* और एड्रियन पारं, 'डीटेरिटोरियलाइजिंग द होलोकॉस्ट', *डेलज एंड द कंटेम्परेरी वर्ल्ड में,* सम्पादन इयान बुकानन और एड्रियन पार्र, डेलज कनेक्शंस सीरीज (एडिनबगरू एडिनबर्ग यूनिवर्सिटी प्रेस, 2006), 125-45। लुत्ज कोपनिक के ''फ़ोटोग्राफ्स एंड मेमरीज़'', ''*साउथ सेंट्रल रिव्यू* 21, नं. 1 (2004)–94-129 में शेषनर की एक संक्षिप्त लेकिन उत्कृष्ट चर्चा शामिल है। कोपनिक एक अन्य कार्य की चर्चा करते हैं–प्रसिद्ध और विवादास्पद कृति इट्स द रियल थिंग *(सेल्फ पोर्ट्रेट एट बूखनवाल्ड),* जो डिजिटल हेरफेर का उपयोग

करने और होलोकॉस्ट स्मृति का हवाला देने के बावजूद भी अन्य रूप से *लिगेसी* से काफ़ी अलग है। कोपनिक लिखते हैं,। शेषनर का स्व-चित्र जिस चीज़ को प्रदर्शित करने का प्रयास करता है वह है फ़ोटोग्राफ़िक छवि की विफलता, न केवल वास्तविकता को विश्वसनीयता के साथ रिकॉर्ड करने और स्मृति को प्रमाणित करने में, बल्कि दर्दनाक अनुभव से जुड़े सदमे और विच्छेद को सम्बोधित करने में भी'' (96)। इसके विपरीत, *लिगेसी* फ़ोटोग्राफ़ी को एक नया उद्देश्य देना चाहती है जो उसे एक बार फिर से दर्दनाक अनुभव का सामना करने में सक्षम कर सके, किन्तु एक ऐसे स्वरूप में जो प्रामाणिकता को प्राथमिकता नहीं देता।

39. देखें यंग, *इंटरसेक्टिंग वॉइसेस,* 38-59।

40. ऐसा समझा जा सकता है कि दोनों चित्रों को गतिशील बनाते हुए शेषनर आरिएला आज़ूले द्वारा उल्लेखित 'फ़ोटोग्राफ़ी के नागरिक अनुबन्ध' (सिविल कॉन्ट्रैक्ट ऑफ़ फ़ोटोग्राफ़ी) में सम्मिलित होते हैं। अपनी किताब के एक अंश में, जिसमें इस कलाकृति की प्रतिध्वनि गूँजती है, आज़ूले लिखती हैं–

फ़ोटोग्राफ़ पर फ़ोटोग्राफ़िक घटना की मोहर लगी होती है और इस घटना के पुनर्निर्माण के लिए सिर्फ़ इतना पहचानना काफ़ी नहीं होता कि फ़ोटोग्राफ़ में क्या दर्शाया गया है? हमें चाहिये कि हम तस्वीर पर नज़र डालने की बजाय इसे देखना शुरू करें। 'देखना' शब्द आमतौर पर घटनाओं या चलचित्रों के सन्दर्भ में इस्तेमाल किया जाता है। इसमें समय और संचलन के आयाम अन्तर्निहित होते हैं, जिनको स्थिर फ़ोटोग्राफ़िक छवि की व्याख्या में शामिल करने की आवश्यकता है। जब भी और जहाँ भी फ़ोटोग्राफ़ का विषय एक ऐसा व्यक्ति हो जिसे किसी प्रकार की चोट लगी हो तो फ़ोटोग्राफ़ को देखने का ऐसा तरीका, जो फ़ोटोग्राफ़िक स्थिति का पुनर्निर्माण करता हो और दूसरों को दी गयी चोट को देखने और समझने की अनुमति देता हो, एक सार्वजनिक कौशल बन जाता है, न कि सिर्फ़ सौन्दर्य की प्रशंसा करने का एक उदाहरण। यह कौशल उस पल सक्रिय हो जाता है जब नागरिकता केवल कोई अवस्था, कोई वस्तु या नागरिक के पास मौजूद निजी सम्पत्ति का कोई टुकड़ा नहीं होती, बल्कि संघर्ष का उपकरण या दूसरों पर हुए अत्याचारों के ख़िलाफ़ संघर्ष करने का कर्तव्य होती है–चाहे वे लोग नागरिक हों या न हों-ऐसे लोग जो फ़ोटोग्राफ़ को देखने वाले के साथ नियन्त्रित होते हैं।' (*द सिविल कॉन्ट्रैक्ट ऑफ़ फ़ोटोग्राफ़ी,* न्यूयॉर्क–जोन बुक्स, 2008, 14)

41. जैसा कि रिचर्ड रास्किन लिखते हैं, ''शेषनर ने दोनों बच्चों को ऐसे पेश किया है मानो वे दर्शक को पुकारकर बता रहे हों कि उनमें से प्रत्येक दूसरे को दी गयी पीड़ा का विरोध करता है'' (*चाइल्ड ऐट गनपॉइंट,* 167)।

42. फ्रेजर, *स्केल्स ऑफ़ जस्टिस,* 73।
43. इस विशेषांक में सारा द मल के निबन्ध में बेल्जियम उपनिवेशवाद पर बहस के सन्दर्भ में इस तर्क को स्पष्ट रूप से प्रस्तुत किया गया है।
44. अपने अन्तिम संग्रह *द ड्राउण्ड एंड द सेव्ड* (न्यूयॉर्क—विंटेज, 1989), 36-69 में ग्रे जोन नामक निबन्ध में प्रिमो लेवी ने *'ग्रे ज़ोन'* के बारे में सोच का उद्घाटन किया।
45. सुजैना राडस्टोन, ''सोशल बॉन्ड्स एंड साइकिकल ऑर्डर— टेस्टिमोनिज़'', *कल्चरल वैल्यूज* 5, नं. 1 (2001)—59-78, 65 पर उद्धरण। राडस्टोन लेवी की ष्ग्रे जोनष अवधारणा का भी उपयोग करती हैं।
46. जोसेफ मासाद ने यह उत्तेजक तर्क दिया है कि अरब दुनिया में होलोकॉस्ट को नकारने वाले लोग 'निष्पक्ष' जायोनीवादी हैं, क्योंकि एक निर्विवाद ऐतिहासिक तथ्य को अस्वीकार करने की उनकी तर्कहीन जिद निहित रूप से और अनजाने में उस तर्क को प्रबल करती है जिसके द्वारा होलोकॉस्ट का घटना फ़िलिस्तीनी भूमि पर एक यहूदी राज्य की स्थापना को उचित ठहराता है ('सेमाइट्स एंड एंटी-सेमाइट्स, दैट इज द क्वेश्चन', *अल-अहराम वीकली ऑन-लाइन,* नम्बर-720 200,, 24 जून 2009 को पठन, http://weekly.ahram.org.eg/2004/720/0p63.htm) पर उपलब्ध।
47. एड्वर्ड सईद, ''बेसिस फ़ॉर कोएक्सिस्टेंस'', *द एंड ऑफ़ द पीस प्रोसेस— ओस्लो एंड आफ्टर* (न्यूयॉर्क : विंटेज, 2001) में, 205-9, 208 पर उद्धरण। सईद, यहूदी होने, और होलोकॉस्ट मेमरी पर देखें गिल जेड होखबेर्ग ''एड्वर्ड सईदः 'द लास्ट ज्यूइश इंटेलेक्चुअल''—ऑन आइडेंटिटी, ऑल्टरिटी, एंड द पॉलिटिक्स ऑफ़ मेमरी,'' *सोशल टेक्स्ट* 24, नं. 2 (2006)—47-65। सईद की इस धारणा के बारे में कि डायस्पोरा के अपने साझा इतिहास के कारण इज़राइलियों और फ़िलिस्तीनियों के बीच सह-अस्तित्व के आधार मौजूद हैं, एक संशयात्मक दृष्टिकोण के लिए-और साथ ही इस सन्दर्भ में होलोकॉस्ट मेमरी की सम्भावनाओं पर मेरे द्वारा इस निबन्ध में व्यक्त की गयी राय से कहीं अधिक गहन दृष्टिकोण के लिए देखें ए डिर्क मोजेस, ''जेनोसाइड एंड द टेरर ऑफ़ हिस्ट्री'', *पैरालाक्स* 17, नं. 4 (2011)—90-108, ख़ास तौर पर 103-4।
48. डेविड बार्समियन और एड्वर्ड सईद, *कल्चर एंड रेजिस्टेस— कन्वर्सेशन विद एड्वर्ड सईद* (कैम्ब्रिज, एमए— साउथ एंड प्रेस, 2003), 147।

अनुवाद : अनु पाण्डे

स्मृति और राजनीतिक संक्रमण का दौर (भूमिका)

अलाइडा आसमान, लिंडा शोर्ट

पिछले 25 सालों में हमने देखा है कि कैसे निष्ठुर तानाशाही बनाये रखने वाले और रक्त रंजित जनसंहारों को फलने-फूलने देने वाले देशों ने एक संघटित समाज बनाने की राह पर चलने की ख़ातिर दमन, हिंसा और शोषण का अन्त करना चुना ताकि विजेता और पराजित, अपराधी और पीड़ित के बीच एक नया सम्बन्ध स्थापित हो सके। मानव अधिकारों के मानदण्डों की अन्तर्राष्ट्रीय पहुँच और एक सतर्क वैश्विक समुदाय की उत्पत्ति ने इन बदलावों के लिए उपयुक्त परिस्थितियों का विस्तृत ढाँचा उपलब्ध करवाया है। नया मूल सिद्धान्त यह है कि अन्याय और अहिंसा के लिए जाने वाले देश बदल सकते हैं या फिर यों कहें कि वे एकतन्त्र से लोकतन्त्र में परिवर्तित हो सकते हैं। समकालीन राजनीतिक परिदृश्य लगातार निर्णायक परिवर्तनों से गुज़र रहा है जो क़ानूनी दस्तावेज़ों और संस्थाओं के एक पूर्णतया नये समूह द्वारा प्रेरित प्रोत्साहित और प्रबलित किये गये हैं, जिन्हें निरंकुश और हिंसक अतीत से उबरने में प्रयोग में लाया गया है। ये बदलाव न्याय के लिए नई खोज के माध्यम से प्रबल हुए हैं, जो ग़ैर सरकारी संस्थाओं (एनजीओ), सत्य और सुलह आयोगों, अन्तर्राष्ट्रीय अपराध न्यायालय द्वारा लागू किये गये हैं। अभिलेखीय स्रोतों और पीड़ितों के मौखिक बयानों से उजागर हुए अतीत के राजनीतिक अपराधों के ऐतिहासिक सत्य को आज महान नैतिक और परिवर्तनकारी शक्ति से पूर्ण समझा जाता है। संक्रमण के दौर में की जाने वाली हमारी चर्चाओं में स्मृति मुख्य मुद्दा बन गयी है, क्योंकि इस सत्य का पीड़ितों की स्मृति से सीधा सम्बन्ध है और यह अतीत के एक नये साझा विवरण का माध्यम है जो पहले के विभाजित दृष्टिकोणों को एकीकृत करता है। जैसा कि इस सन्दर्भ में आन्द्रिआस हुइसेन

ने भी दर्शाया है कि स्मृति अतीत के उत्पीड़न और एक शान्तिप्रिय भविष्य के बीच एक ताक़तवर सम्बन्ध गढ़ती है।

> जब कुछ राष्ट्र जन संहारों, रंगभेद नीतियों, सैन्य तानाशाही हुकूमतों और सर्वसत्तावाद की ऐतिहासिक घटनाओं के परिणामवश लोकतान्त्रिक शासन व्यवस्था बनाने के लिए संघर्ष कर रहे होते हैं, तब उन्हें इस उभरती शासन व्यवस्था के भविष्य और वैधता को संरक्षित करने के लिए अतीत के अत्याचारों का स्मरण और अधिनिर्णय करने के तरीक़े ढूँढ़ने का अभूतपूर्व कार्य करना पड़ता है, ठीक वैसे ही जैसा जर्मनी द्वितीय विश्वयुद्ध के बाद कर चुका है और अभी भी कर रहा है।[1]

'संक्रमण' शब्द के अनेकों अर्थ हैं और इसीलिए इसे और अधिक स्पष्टीकरण की ज़रूरत है। *न्यू ऑक्सफ़ोर्ड अमेरिकन शब्दकोष* में इसे 'एक अवस्था या स्थिति से दूसरी में बदलने की एक अवधि या प्रक्रिया' के रूप में परिभाषित किया है। उन्नीसवीं सदी के मध्य में एक प्रख्यात निबन्ध में फ्रांसिसी लेखक शार्ल बुदलेअर ने आधुनिकता के अनुभव को एक तरह के निरन्तर परिवर्तन और संक्रमण की प्रक्रिया के रूप में परिभाषित किया है। 'ला माँदेरनिते स ल्‌ ट्रांजित्वां, ल्‌ फ्यूज़ीटीफ, ल्‌ काँताज़ों'[2] इसी तर्ज़ पर आज वैश्वीकरण भी निरन्तर परिवर्तन, स्थानान्तरण और बदलाव के सन्दर्भ में परिभाषित किया जाता है। इसका एक स्पष्ट उदाहरण उल्फ़ हानर्त्स द्वारा वैश्वीकरण पर अपने सम्मेलन *सर्टेनली अंडरमाइंड लाइफ़ वर्ल्ड्स एंड नॉलेज इन ट्रांजीशन* के लिए की गयी घोषणा में देखा जा सकता है, जो इन विस्थापनों और बदलावों की व्यापकता पर प्रकाश डालता है तथा पूँजी, मनुष्यों और सूचनाओं की अन्तर्राष्ट्रीय गतिशीलता के शेयर एवं श्रमिक बाज़ारों पर पड़ने वाले उस प्रभाव पर टिप्पणी करता है जो आपसी सम्बन्धों को तहस नहस कर देता है तथा समुदायों एवं विश्व के प्रति दृष्टिकोण को हिला कर रख देता है। हानर्त्स के अनुसार 'वर्ग संरचना', सामाजिक-सांस्कृतिक परिवेश और लैंगिक भूमिकाओं की तरह लोगों के जीवन संसार भी बहुत व्यापक बदलावों से गुज़र रहे हैं, जो उनकी प्रत्यक्ष और सहभाजित परम्पराओं, नैतिकता और उनके विश्वास और संवाद संरचनाओं का कार्य क्षेत्र होते हैं।[3]

आधुनिकीकरण और वैश्वीकरण के विमर्शों में प्रवाह, स्थानान्तरण और संक्रमणकाल परिवर्तन के मुख्य कारक हैं। उनको कमोबेश स्वचालित प्रक्रियाएँ समझा जाता है जो राजनैतिक, आर्थिक और सांस्कृतिक निश्चितताओं को

चुनौती देने और उनका अवमूल्यन करने पर स्वतः ही गम्भीर संकट के चरम तक पहुँच जाती हैं। यह एक अन्य प्रकार की संक्रमण की प्रक्रिया है जो चिन्ता और संकट से जुड़ा हुआ नहीं, बल्कि सार्थक परिवर्तन की आशा के साथ जुड़ी है। इस विशेष अर्थ में संक्रमण के इस दौर को एक चुनौती की तरह नहीं लिया जाता, बल्कि किसी गम्भीर समस्या के लिए दिये जाने वाले उपचार के तौर पर देखा जाता है। इस सीमित अर्थ में संक्रमण का दौर कोई स्वतः विकसित होने वाली प्रक्रिया नहीं है, बल्कि एक ऐसी प्रक्रिया है जो किन्हीं विशेष राजनीतिक कार्यकर्ताओं के इरादों, अनुबन्धों और समझौतों द्वारा उत्पन्न होती है। इसी कारण इसका सामान्य प्रभाव अनिश्चितता से बिलकुल विपरीत हैः हिंसा और मानसिक आघात की पृष्ठभूमि में रखे जाने पर, यह नये तरीक़े का परिवर्तन ऐसी कार्यवाहियों के माध्यम से होता है जो एक राजनीतिक और सामाजिक पहचान में गहन बदलाव को प्रेरित करते हुए एक नई प्रकार की व्यवस्था और वैधता की तरफ़ क़दम बढ़ाती हैं।

इस शोध का मुख्य उद्देश्य शुरू से ही स्पष्ट करना बहुत आवश्यक है। जब हम संक्रमण के दौर को 'एक अवस्था से दूसरी में बदलने की एक अवधि या प्रक्रिया' के रूप में परिभाषित करते हैं, तब यहाँ 'अवस्था' शब्द को बिलकुल यथाशब्द इसके राजनीतिक अर्थ में लेना चाहिये। 1990 के दशक से ही 'संक्रमणकालीन न्याय' का राजनीतिक प्रयोग एक ऐसा मुख्य विषय बन गया है जिसने क़ानूनी, सामाजिक और राजनीतिक साहित्य के एक विशाल निकाय का निर्माण किया है। ब्रिगीट्‌ वाईफन का लेख 'फ्रॉम डोमेस्टिक टू इंटरनेशनल इंस्ट्रूमेंट्स फ़ॉर डीलिंग विथ अ वायलेंट पास्ट : कॉजेज़ कनकमिटैंट्स एंड कोंसेकुएंसेस फ़ॉर डेमोक्रेटिक ट्रांसिशंस' इस विषय के बारे में उपयुक्त साहित्य की समीक्षा करते हुए और इस प्रक्रिया के लिए प्रासंगिक साधनों, इसके विस्तार और विवादास्पद मूल्यांकनों को प्रस्तुत करते हुए एक विस्तृत विवरण देता है। युद्धोत्तर परिस्थितियों में हिंसा और उत्पीड़न से निपटने के विषय पर और भी अधिक साहित्य सामग्री उपलब्ध है। हिंसक अतीत की विरासत पर काम कर रहे विभिन्न संगठनों ने मानवाधिकारों और शान्ति एवं संघर्ष समाधान के प्रोत्साहन पर एक बृहत्‌ अन्तर्राष्ट्रीय विमर्श विकसित कर लिया है। यह सर्वोत्तम कार्यान्वयन के लिए नियमों को परिभाषित करता है, सीमाओं और असफलताओं का निरीक्षण भी करता है और विभिन्न ऐतिहासिक घटनाओं से व्यापक सीख लेने की कोशिश करता है। तथापि इस लेख का

मुख्य केन्द्र इससे भी ज़्यादा संकीर्ण हैं– सामान्यतया यह न तो संक्रमणकाल पर ध्यान केन्द्रित करता है और न ही संघर्ष समाधान पर, बल्कि उस भूमिका पर जो स्मृति और विस्मृति इन प्रक्रियाओं में अदा करतीं हैं।

स्मृति बदलाव और संक्रमण के दौर की प्रक्रियाओं में एक मुख्य भूमिका अदा कर सकती है क्योंकि यह अपने आप को परिस्थितियों के अनुकूल ढाल लेती है और परिवर्तनकारी गुण रखती है। इस बात को और अधिक स्पष्ट करने के लिए हम प्रणाली सम्बन्धी तीन प्रस्तावों की रूपरेखा तैयार करते हुए शुरू करेंगे। पहला प्रस्ताव यह है कि व्यक्तिगत स्मृति अपने आप में परिवर्तनशील और क्षणिक है– यह निरन्तर प्रवाह में होती है। सामूहिक स्मृतियाँ भी दरअसल गतिशील होती हैं। *स्मृति के इस लचीलेपन* (प्लास्टिसिटी ऑफ़ मैमरी) पर उदाहरण के तौर पर संज्ञानात्मक मनोवैज्ञानिकों ने बहुत टिप्पणियाँ की हैं, जिनमें उन्होंने स्मृति की कुख्यात अविश्वसनीयता पर बल दिया है। तथापि इसे एक वरदान की तरह भी लिया जा सकता है। डेनियल शाक्टर के अनुसार, 'स्मरण में मानव त्रुटियों' को स्मरण प्रणाली के प्रारूप में ख़ामियाँ या उत्पत्ति के दौरान प्रकृति द्वारा की गयी बड़ी ग़लतियाँ' भी कहने की ज़रूरत नहीं है, इनको 'स्मृति की अपने आप को परिस्थिति के अनुकूल ढालने की क्षमता के गौण उत्पाद'[4] के रूप में भी स्वीकार किया जा सकता है। अपवादस्वरूप, जैसे कि रटने की प्रक्रिया में स्मृति वस्तुतः रिकॉर्डिंग का काम कर सकती है, लेकिन सामान्यतया यह विनियोजन की प्रक्रियाओं में ज्ञान को रूपान्तरित करती है। इसकी क्षमता में बदलाव न चाहने वाला स्मरण और नयी सूचना को पुरानी से मिलाने की तत्परता, दोनों शामिल हैं। याद रखना और भूलना एक-दूसरे पर परस्पर प्रभाव डालते हैं और यह प्रक्रिया किसी निश्चित छोर पर नहीं रुकती है। इसे अगर दूसरे तरीक़े से कहा जाये तो स्मृति की फ़ाइल कभी बन्द नहीं होती, यह स्मरण करने की नई प्रक्रियाओं में कभी भी पुनः खोली और पुनर्निर्मित की जा सकती है।

दूसरा प्रस्ताव यह है कि वर्तमान समाज पर अतीत के बजाय *अतीत की घटनाओं का चित्रण* प्रभाव डालता है, जो किसी विशेष सांस्कृतिक ढाँचे और राजनीतिक समूह के अन्तर्गत निर्मित, प्रचारित और प्राप्त किया जाता है। व्यक्तिगत स्मृतियाँ तब तक पूर्णतया आभासी होती हैं जब तक कि उन्हें व्यक्त करने के लिए शब्दों और छवियों में न ढाला जाये। सामूहिक स्मृति अतीत के मध्यस्थ चित्रण के माध्यम से पैदा की जाती है। इस प्रक्रिया में न

सिर्फ़ चुनाव, पुनर्व्यवस्था, पुनर्व्याख्या, सरलीकरण शामिल हैं, बल्कि जान-बूझकर और शायद अनजाने में भी किया गया जानकारियों का समावेश और अपवर्जन भी। मध्यस्थता का सम्बन्ध घनिष्ठ रूप से *'विलम्बितता'* (बिलेटेडनेस) से जुड़ा हुआ है जिसे सिग्मंड फ्रॉयड ने प्रयुक्त और परिभाषित किया है। फ्रॉयड की व्याख्या के अनुसार, विलम्बित प्रभाव से तात्पर्य है कि किसी भी व्यक्ति विशेष के लिए सिर्फ़ एक वास्तविकता होती है जो कि विलम्बित होती है और जो हमेशा व्याख्या की प्रक्रिया से गुज़र ही चुकी होती है। जिसका सामना हम वास्तविकता के रूप में करते है, वह दरअसल व्याख्या की प्रक्रिया का परिणाम होता है। इस प्रकार यह निष्कर्ष निकलता है कि अतीत और वर्तमान के बीच का रिश्ता असीमित है और लगातार बदल रहा है। जनसम्पर्क माध्यमों द्वारा ऐतिहासिक घटनाओं की व्याख्या या आधिकारिक परिभाषाओं के तौर पर किया गया चित्रण व्यक्तिगत और सामूहिक स्मृतियों के निर्माण, प्रतिवाद एवं पुनर्निर्माण में महत्त्वपूर्ण भूमिका निभाता है।

तीसरा प्रस्ताव यह है कि विविध स्मृतियाँ एक व्यक्ति विशेष में ठीक उसी तरह से साथ साथ मौजूद रह सकती हैं जैसे कि समाज में इनमें से कुछ स्मृतियाँ एक-दूसरे पर परस्पर प्रभाव डालती हैं; बाक़ी सब कमोबेश असम्बन्धित ही रहती हैं। कुछ स्मृतियाँ साथ-साथ विद्यमान रहती हैं, जबकि अन्य मतभेद, टकराव और प्रतिद्वन्द्विता की दर्द भरी स्थिति में होती हैं। राजनीतिक संक्रमण के बाद सार्वजनिक क्षेत्र में अतीत की घटनाओं के पुनर्निर्माण और चित्रण के लिए राज्य द्वारा तैयार किये गये नये ढाँचे का स्मृति के अन्य वर्तमान रूपों के साथ टकराव हो सकता है। व्यक्तिगत स्मृति पर आसानी से अधिलेखन नहीं किया जा सकता और पारिवारिक वृत्तान्त प्रायः मौखिक हस्तान्तरण के माध्यम से पीढ़ियों तक सुरक्षित रहते हैं। ये सब दर्दनाक घटनाओं के बाद तैयार किये गये आधिकारिक विवरण से मेल खा भी सकते हैं और नहीं भी।

इन तीनों प्रस्तावों के सहयोग से इस मुख्य परिकल्पना तक पहुँचा जा सकता है कि स्मृति केवल बदलाव के प्रति संवेदनशील ही नहीं है, यह अपने आप में ही *बदलाव का एक कारक* भी है। स्मृति नये प्रकार के अभियान बना सकती है, क्योंकि इसम अतीत से हमारे सम्बन्ध को बदलने की शक्ति और पुराने नज़रियों एवं मान्यताओं में संशोधन करने की क्षमता है। अतीत की नफ़रतों और द्वेषों से निपटकर स्मृति समन्वय और एक नये प्रकार के सह-अस्तित्व में योगदान दे सकती है और एक साझा भविष्य की सम्भावना

प्रस्तुत कर सकती है। केवल शासन मात्र का बदलाव अपने आप में एक नया सामाजिक अनुबन्ध नहीं ला सकता। समन्वय और सामाजिक एकीकरण पाने के लिए प्रायः परस्पर विरोधी पीढ़ीगत और सांस्कृतिक स्मृतियों का भी आदर, और/या सामंजस्य, और/या नियन्त्रित किया जाना ज़रूरी है। इसी वजह से इस बात का अध्ययन करना आवश्यक है कि कैसे विभिन्न सजातीय, सामाजिक, राजनीतिक समूहों के लोग या पीढ़ियाँ अपने हिंसा और दमन के अनुभवों को या अप्रजातान्त्रिक शासन के अनुभवों को याद करते हैं या उनका उल्लेख करते हैं ताकि हम परिवर्तनशील प्रक्रियाओं और बदलाव में व्यक्तिगत, सामाजिक और राजनीतिक स्मृतियों के पारस्परिक सम्बन्धों के बारे में अपना ज्ञान बढ़ा सक।

आन्द्रिआस हुइसेन बदलाव की प्रक्रिया में स्मृति की सकारात्मक भूमिका की तरफ़ भी ध्यान आकर्षित करते हुए टिप्पणी करते हैं—'सर्वोत्तम परिदृश्य में देखा जाये तो दुनिया के बहुत-से हिस्सों में स्मृति की संस्कृतियाँ लोकतन्त्रीकरण की प्रक्रियाओं और मानवाधिकारों के संघर्षों तथा नागरिक समाज के सार्वजनिक क्षेत्रों के विस्तार और उसको मज़बूत बनाने में घनिष्ठता से जुड़ी हुई हैं।'[5] लेकिन यह नहीं भूलना चाहिये कि स्मृति सामाजिक और राजनीतिक बदलाव में एक बाधा भी बन सकती है। बहुत अधिक आशावादी दृष्टिकोणों को चुनौती देने के लिए विपरीत तर्क भी उठाये जा चुके हैं। सबसे मौलिक वितर्क यह है कि वह स्मरण करना नहीं, बल्कि असल में भूलना है, स्मृति की स्लेट से सब कुछ मिटा देना है, जिसका परिवर्तन के एक प्रमुख कारक के रूप में अभिवादन किया जाना चाहिये, क्योंकि यह सामाजिक शान्ति और एकीकरण[6] की शुरुआत करता है। जो लोग सामाजिक अलगाव और बहुत अधिक हिंसा के बाद भूलने की प्रक्रिया की वक़ालत करते हैं, वे यह तर्क देते हैं कि स्मृति बदलाव और नवीनीकरण का कारक होने के बजाय वास्तव में बदलाव के लिए बाधा भी बन सकती है, क्योंकि यह अतीत के अत्याचारों का पीछा नहीं छोड़ती और अनिणीत मुद्दों के इर्द-गिर्द घूमती रहती है। अलाइडा आसमान, सुजैन बकले-सिस्टल और जेम्स वेर्च्छ द्वारा लिखे गये अध्याय इन वितर्कों और आशंकाओं को स्पेन, रवांडा और रूस के विभिन्न राजनीतिक प्रसंगों पर विचार-विमर्श करते हुए सम्बोधित करते हमारे लक्ष्य को अधिक स्पष्ट करने के लिए यहाँ दो और पहलुओं को जोड़ना उपयोगी साबित हो सकता है। चौथा प्रस्ताव यह है कि स्मृति और विस्मृति को साफ़-साफ़ अलग करना सम्भव नहीं है। स्मरण करने के प्रत्येक कृत्य में चाहे वह व्यक्तिगत हो या

सामूहिक, विस्मृति के चयनात्मक, आंशिक और अन्यथा पूर्वग्रही रूप अवश्य ही सम्मिलित होते हैं। कभी-कभार विस्मृति का एक छोटा चरण ऐतिहासिक सत्य की खोज की अगवाही कर सकता है; अन्यथा यह सत्य की खोज एक स्पष्टतया सीमित समयावधि के बाद रोक दी जाती है, जैसा दक्षिणी अफ्रीका और रवांडा में हुआ। सामने खड़ी की गयी समस्या स्मृति और विस्मृति के पक्ष में स्पष्ट चयन का रूप नहीं लेती है। इसके बजाय हमारा सामना ऐसे ठोस विकल्पों से होता है कि अन्ततः दर्दनाक या दोषी अतीत की कौन-सी घटनाएँ कब और कैसे याद की जायेगी और उनका व्यक्ति विशेष, समाज और राज्य द्वारा सामना किया जायेगा। चूँकि स्मृति और विस्मृति, दोनों आवश्यक रूप से चयन का विषय हैं, कट्टर विरोधी या परस्पर सन्देहास्पद प्रवृतियों पर काबू पाने की इच्छा की निश्छलता अन्ततः एक वास्तविक समझौते पर निर्भर होती हुई प्रतीत होती है, जिसके अन्तर्गत *सब कुछ* याद नहीं रखा जाता, बल्कि सार्वजनिक रूप से तय किया जाता है कि कौन-से समस्यात्मक पहलुओं को सम्बोधित किये जाने की जरूरत है।

हमारा पाँचवाँ और अन्तिम प्रस्ताव प्रविधि से सम्बन्धित है। स्मृति को बदलाव का कारक मानने से सम्बन्धित हमारे विचार यह सुझाते प्रतीत होते हैं कि स्मृति खुद ही परिवर्तनकारी शक्ति का स्रोत है, लेकिन ऐसा है नहीं। किसी भी तरह के प्रभाव को उत्पन्न करने के लिए स्मरण और विस्मरण को सांस्कृतिक, राजनीतिक, सांस्थानिक और सामाजिक ढाँचे के अन्तर्गत मानवीय कारकों से जोड़ना पड़ता है। यह विमर्श विशेष रूप से इन कारकों और राजनीतिक विकास और बदलाव के प्रबन्धन से सम्बन्धित इनके प्रसंगों पर केन्द्रित है।

बदलाव के सामान्य घटक

स्मृति शोध का तेज़ी-से बढ़ता कार्यक्षेत्र व्यक्तिगत अध्ययनों से भरपूर है जो स्मृतियों के निर्माण और पुनर्निर्माण तथा अतीत को पुनः परिभाषित करने हेतु वर्तमान में हो रहे सामाजिक, राजनीतिक तथा सांस्कृतिक वाद-विवाद पर चर्चा करते हैं। हमारा केन्द्र फिर से और अधिक संकीर्ण हैं; हमारी दिलचस्पी आमतौर पर होने वाले स्मृति के बदलावों में न होकर स्मृति की उस भूमिका में है जो वह अस्थायी सीमित संक्रमण की अवधियों में निभाती है, जिसमें

सरकार और समाज एक विशेष वैधानिक ढाँचे के अन्तर्गत संवैधानिक परिवर्तन से गुज़रते हैं। 'संक्रमण के दौर' की राजनीतिक, वैधानिक, सामाजिक और सांस्कृतिक प्रक्रिया एक नई खोज है, जिसके लिए हमारे पास अभी तक कोई ऐतिहासिक अनुभव का एक विस्तृत लेखा-जोखा नहीं है। परिवर्तन की प्रक्रिया नियन्त्रित रूप में उत्पन्न होने और औपचारिक मापदण्डों से समर्थित होने के बावजूद भी स्वतन्त्र प्रयोग वाला गुण रखती है क्योंकि हम इसके परिणामों का कभी भी पूर्णतया पूर्वानुमान नहीं लगा सकते हैं।

जब हम बदलाव की बात करते हैं तब हम उन कारकों और घटकों की बात कर सकते हैं जो संक्रमण प्रक्रिया पर प्रभाव डालते हैं। हम कुछ महत्त्वपूर्ण एक-दूसरे से जुड़े घटकों की रूप-रेखा तैयार करेंगे जो इस प्रक्रिया को साकार करते हैं।

निश्चित तौर पर *समय* परिवर्तन का प्रथम और मुख्य घटक है। इसकी ख़ासियत स्मृति को विस्मरण की अवस्था में ले जाना है। यह प्रक्रिया चुपचाप एवं स्वतः ही होती है, यदि विस्मरण की ओर होने वाले इस प्रवाह को रोकने के लिए कुछ विशेष व्यवधान नहीं डाले गये हों। जैसा कि पहले भी बताया जा चुका है कि स्मृति का मूल स्वभाव इसकी क्षणिकता है; यह लोप और लुप्त होने की ओर अग्रसर रहती है और स्थिर नहीं रह पाती है। अतः समय, बाह्य कारण से हुए राजनीतिक बदलाव से जुड़ा एक महत्त्वपूर्ण घटक है। संक्रमण के उत्पन्न होने का दायरा सिर्फ़ समय तक ही सीमित होने के बादजूद भी इस विषय में हमारी जानकारी बहुत सीमित है कि यह किस रफ़्तार से राजनीतिक, सांस्कृतिक और व्यक्तिगत स्तर पर विकसित होता है। लेकिन इतना तो तय है कि ये प्रक्रियाएँ एक साथ नहीं होती हैं। इन्सान, इमारत, वस्तुएँ, नैतिक मूल्य, भाव और स्मृतियाँ– ये सभी अलग-अलग समय पर अलग-अलग रफ़्तार से बदलते रहते हैं। उदाहरण के तौर पर, ऐतिहासिक साक्षी दहलीज़ पर खड़ा एक ऐसा शख़्स है, जिसकी स्मृति दो या तीन पीढ़ियों को जोड़ती है। जब ऐतिहासिक साक्षी की गवाही शेष नहीं रहती, तब किसी समुदाय की स्मृति केवल अतीत के मध्यस्थ चित्रण पर निर्भर रह जाती है। दैनिक संवादों पर आधारित स्मृति तथा एक पीढ़ी से दूसरी पीढ़ी में जाने वाली स्मृति का विशुद्ध मध्यस्थता वाली दीर्घकालिक और अनेकों पीढ़ियों तक जाने वाली स्मृति में होने वाला यह सामयिक विस्थापन एक मौलिक रूपान्तरण लाता है जो 'सापेक्ष अतीत' को 'निरपेक्ष अतीत' में बदल देता है।[7]

अभिघात एक विरोधाभासी स्थिति पैदा करता है। इस सन्दर्भ में समय स्मृति लोप के बजाय स्मृति के आविर्भाव और पुनराविर्भाव को प्रेरित करता है। यह स्मृति की उपस्थिति से उसे लोप में ले जाने, और उसे पुनः लौटाने का काम करता है। ऐसे मामलों में हम प्रसुप्ति काल या लेटेंसी पीरियड की बात करते हैं, जिसका शाब्दिक अर्थ है– 'छिपाव'। समय केवल संक्रमण को मापने का ज़रिया नहीं है बल्कि वह आयाम है जिसमें स्मरण की प्रक्रियाएँ पनपती हैं और स्मृतियाँ पुनर्निर्मित या संघटित होती हैं। मसलन, यह माना जाता है कि किसी भी समाज के लिए अपने हिंसक अतीत के मुद्दों को सम्बोधित करने से पहले एक निश्चित समयावधि को पार करना बहुत ही ज़रूरी है। स्मृति का बनना अतीत पर निर्भर होता है, जबकि अभिघात अपनी ही विलम्बितता को जोखिम में डाल देता है। यह समय के प्रवाह को एक प्रकार से बाधित करना तथा अतीत और वर्तमान के बीच की सीमाओं को धुँधला करना ही है। इसीलिए अत्यन्त भावात्मक और भयावह घटनाओं से दूरी बनाते हुए उन्हें अतीत में ले जाने से ही इसका निदान और बहाली सम्भव है।

राजनीतिक शासन में परिवर्तन एक नई नैतिक व्यवस्था की शुरुआत कर स्मृति के एकाएक पुनर्गठन को लागू करता है। इसके सबसे स्पष्ट लक्षण हैं– रास्तों का नाम बदलना, इतिहास की पाठ्य-पुस्तकों और सार्वजनिक स्मरणोत्सवों में इतिहास के साझा अनिवार्य सन्दर्भों का फिर से चुनाव करना। यहाँ तक कि एक राजनीतिक दल के बदलाव से भी एकाएक नैतिक परिवर्तनों को लागू किया जा सकता है। जब बराक ओबामा ने अमरीका के राष्ट्रपति का कार्यभार सँभाला तब अमेरिका ने जॉर्ज डब्ल्यू. बुश के शासनकाल में हुई यातनाओं की जाँच के लिए एक सत्य और सुलह आयोग का गठन किया। इस जाँच-पड़ताल को लागू कर ओबामा ने वर्तमान की निर्विवादित यथास्थिति को सुदूर अतीत को सौंप कर एक महत्त्वपूर्ण विभाजक रेखा खींची।

सामाजिक संरचना भी बदलती है, जो अपने साथ-साथ स्मृतियों को भी बदल देती है; कुछ तेज़ी-से बदलती हैं और कुछ देरी से। मानसिकताएँ, सामाजिक और व्यक्तिगत प्रवृत्तियाँ अत्यन्त स्थायी और टिकाऊ होती हैं; ये राजनीतिक व्यवस्थाओं की तुलना में काफ़ी धीमी गति से बदलती हैं। यदि हम जर्मनी का ही उदहारण लें तो इतिहासकार फ्रिट्ज स्टेर्न जैसे कुछ लोग 'पांच जर्मनियों'[8] में रह चुके हैं। अपने संस्मरण में इन अलग-अलग जर्मनियों को याद करते हुए यद्यपि वे अपने सम्पूर्ण जीवनकाल में उदार लोकतान्त्रिक

मूल्यों स्टेर्न रेखांकित करते हैं कि से जुड़े रहे, लेकिन जिस प्रान्त में वे रहे, वह निरन्तर नाटकीय ढंग से बदलता रहा। तेज़ रफ़्तार की इस ताल पर वैज्ञानिक दृष्टिकोण, जीवन शैलियाँ और फ़ैशन भी बदलता है।

नये सामाजिक विचारों और दृष्टिकोणों की ओर बढ़ने में *पीढ़ीगत बदलाव* भी एक महत्त्वपूर्ण भूमिका निभाता है। एक पीढ़ी से दूसरी पीढ़ी में परिवर्तन होने से हम सार्वजनिक क्षेत्र में न केवल बड़े बदलाव देखते हैं, बल्कि प्रासंगिकता और सन्दर्भ की संरचना में भी बदलाव का अनुभव कर सकते हैं। जैसे ही पुरानी पीढ़ी के अनुभव सामाजिक हाशिये की ओर बढ़ते हैं, और प्रचलन से बाहर होते जाते हैं (ऐतिहासिक साक्षी के अपवाद के अलावा) वैसे ही युवा पीढ़ी साझा अनुभवों की नई सीमाओं को खोजते हुए केन्द्र में आ जाती है। जब वे सत्ता को सँभालते हैं और जन मत का दावा करते हैं, तब सार्वजनिक क्षेत्र में युवा पीढ़ी का यह आगमन अत्याचारों के प्रति उस चुप्पी को तोड़ सकता है जो पुरानी पीढ़ी ने कायम रखी थी। उदाहरण के तौर पर, अलायडा आसमान अपने लेख 'टू रेमेम्बेर ओर टू फ़ॉरगेट—व्हिच वे आउट ऑफ़ अ शेयर्ड हिस्ट्री ऑफ़ वायलेंस?' में टिप्पणी करते हुए कहती हैं कि स्पेन में 1997 के गृहयुद्ध के बाद पहली और दूसरी पीढ़ी ने चुप रहना और भूलना चुना ताकि नये लोकतन्त्र को मज़बूत किया जा सके। यह तीसरी पीढ़ी थी जो स्मृति कार्यकर्त्ता बनी और जिसने विशेषकर सन् 2000 के बाद अतीत के अत्याचारों से पर्दा उठाने में दिलचस्पी दिखायी।

मीडिया कार्यक्रम भी स्मृतियों को बदलने और समाज के रूपान्तरण में मदद करते हैं। जैसा कि अमरीकी टी.वी. सीरीज़ *होलोकॉस्ट* (1978) ने पीड़ित यहूदियों के प्रति जर्मन लोगों के रवैये को बहुत हद तक बदला और यह बदलाव उनकी जकड़ी हुई कल्पनाशक्ति के कपाट खोलकर और उनमें हमदर्दी पैदा करने वाले माध्यमों का उपयोग कर किया गया।[9] इसी तर्ज़ पर, लेकिन अन्य परिस्थितियों के तहत गुंटर ग्रास के उपन्यास *क्रेबवोक* (2002) ने जर्मन परिवारों द्वारा युद्ध के दौरान अनुभव की गयी पलायन और निष्कासन की ऐतिहासिक घटनाओं और इनके एक पीढ़ी से दूसरी पीढ़ी पर पड़ने वाले प्रभाव पर सार्वजनिक विमर्श और भावात्मक दिलचस्पी को हवा दी। मीडिया कार्यक्रम न केवल प्रवृत्तियों और नैतिक मूल्यों का रुख़ पलटने में बल्कि लोकहित में तालमेल बैठाने और सार्वजनिक एकरूप करने में भी महत्त्वपूर्ण भूमिका अदा करते हैं।

स्मृति के प्रारूप और स्थिति में बदलाव

सामूहिक ऐतिहासिक स्मृति को स्मृति की गुणवत्ता भी विमर्श और मीडिया के बदलावों के कारण कई प्रकार से बदल सकती है और विस्थापित भी हो सकती है। हम यह चर्चा कर चुके हैं कि मीडिया कार्यक्रम विस्तृत फैली हुई और बहुआयामी सामूहिक स्मृति को समरूपी स्मृति में परिवर्तित कर सकते हैं। इनमें से अधिकांश परिवर्तन निम्नलिखित हैं :

सबसे प्रमुख बदलाव निस्सन्देह ही *चुप्पी तोड़ कर साहस के साथ बोलना*, एक दबी या भूली-बिसरी स्मृति को एक स्वस्थ और समाज में संचारित साझा स्मृति में बदलना है।[10]

इस पहले परिवर्तन का सीधा सम्बन्ध *काउंटर-मैमरी का नॉर्मेटिव—मैमरी* में बदलने की सम्भावना से है जिसे प्रायः स्वीकृति और औपचारिक रूप से मान्यता प्राप्त है। संक्रमण प्रक्रिया में पीड़ितों की दबी हुई आवाज़ विस्मृति से निकलकर समाज के केन्द्र की तरफ़ बढ़ती हैं। पीड़ितों की व्यक्तिगत स्मृतियाँ राष्ट्र के अतीत का एक नया प्रामाणिक विवरण तैयार करती हैं और राष्ट्र की छवि को एक 'कल्पित समुदाय' की तरह प्रभावशाली ढंग से बदलती हैं।[11]

स्मृतियाँ *हॉट* से *कॉल्ड* की तरफ़ या फिर ठीक इसके विपरीत क्रम में बढ़ सकती हैं। *थर्मोस्टैट* के रूपक ने स्मृति पर चर्चा में अपनी जगह बना ली है, यह *हॉट* और *कोल्ड* मेमरी में अन्तर बतलाता है। चार्ल्स मायर ने भी परमाणु विज्ञान से एक रूपक अलंकार 'आधा-जीवन' (हाफ़-लाइफ़) को स्मृति के अध्ययन में प्रयुक्त किया है।[12] हम यह सवाल पूछ सकते हैं कि क्या है जो स्मृति को कोल्ड होने की बजाय *हॉट* बनाता है? *हॉट समृतियों* को ठण्डा और कोल्ड स्मृतियों को गरम कैसे किया जाता है? किन परिस्थितियों में एक स्मृति समाज के साथ गुंजायमान होती है और कब इसे अतीत में धकेल दिया जाता है या विशेषज्ञों को सौंप दिया जाता है?

स्मृति का इतिहास में बदलना भी कई शर्तों पर निर्भर है। पहली शर्त यह है कि जब किसी घटना का प्रत्यक्ष साक्षी शेष नहीं रहता तब वह पेशेवर इतिहासकारों की एकमात्र सम्पत्ति बन जाती है और धुँधली पड़ जाती है। दूसरी शर्त यह है कि जब वे ऐतिहासिक घटनाएँ अपनी भावनात्मक पकड़ खो देती हैं, जिन्होंने कभी जनमानस को आकर्षित किया था और जिनका स्मारकों व समारोहों में गुणगान किया गया था, तब वे मात्र वैज्ञानिक अनुसन्धान का

विषय बनकर रह जाती हैं। इस बदलाव की तीसरी शर्त यह है कि इतिहासकार राष्ट्रीय मिथकों का विश्लेषण और विखण्डन उन्हें सामूहिक कल्पना की मनगढ़त बात मानकर करें।

स्मृति अल्पकालिक से दीर्घकालिक स्मृति में परिवर्तित होकर भी अपना स्वरूप बदल सकती है। हम इस बदलाव को *साकार संवादी स्मृति (एम्बोडीड कॉम्युनीकेटिव मैमरी)* से संकेतबद्ध सांस्कृतिक स्मृति (कल्चरल मैमरी) के रूप में भी परिभाषित कर सकते हैं।[13] इस विस्थापन के साथ अन्य मापदण्ड जुड़े हुए हैं, जैसे कि एक सीमित भागीदारी में विश्वास रखने वाले स्मृति समुदाय से एक साधारण समुदाय में बदलना जिसमे भागीदारी की भारी गुंजाइश हो। यह परिवर्तन माध्यम में बदलाव करने से भी सम्भव है– जैसे एम्बोडीड से 'प्रोस्थेटिक *मेमरी*'[14] में परिवर्तन लिखित, दृश्य या अंकीय रूप में पुरालेखों में संग्रहित कर और संग्रहालयों में प्रदर्शित कर भी किया जा सकता है।

स्मृति अनौपचारिक *(इनफ़ॉर्मल)* या क्षणिक *(एफ़ेमेरल)* से सार्वजनिक, स्मारकीय *(मोनुमटल)* और समारोह स्मृति *(रिचुअल)* का रूप ले सकती है। इस तरह के बदलाव की विशेषता है कि यह स्थायी होता है और लम्बे समय टिक पाता है। इसका एक उपयुक्त उदाहरण होलोकॉस्ट के वे निजी और अन्तरंग स्मारक हैं जो परिवारों द्वारा जेरूसलम के माउंट ज़िओन पर बनाये गये थे जिन्हें बाद में हटाकर *नेशनल याड वाशेम मेमोरियल* में शामिल कर दिया गया।

स्मृति के स्वरूप में कुछ अन्य बदलाव भी शामिल हैं। उदाहरण के तौर पर यह निजी से सार्वजनिक; *अनौपचारिक से औपचारिक; नोर्मेटिव से काउंटर मेमरी;* स्थानीय से वैश्विक; देशीय से अन्तर्राष्ट्रीय और सार्वभौमिक इत्यादि रूप धारण कर सकती है। ये सभी स्मृति की बदलती गुणवत्ता की अभिव्यक्तियाँ हैं और ये परिवर्तन की बृहत् सामाजिक, राजनीतिक और सांस्कृतिक प्रक्रियाओं की विभिन्न अवस्थाओं का प्रमाण हैं। जब बात स्मृति के रूपान्तरण की आती है, तब हम मीडिया और संस्थाओं की महत्त्वपूर्ण भूमिका पर ज़ोर देना होगा जो जानकारियों को पुरालेखों, संग्रहालयों और पुस्तकालयों में संग्रहित, सुरक्षित रखते हैं एवं उन्हें प्रदर्शित और प्रसारित करते हैं। उदाहरण के तौर पर सत्य आयोग इतिहास का नया चित्रण प्रस्तुत करने के लिए मुख्यतः पुरालेखों की सामग्री पर निर्भर रहते हैं क्योंकि पुरालेखों से ही खोज कर नये साक्ष्य निकाले जाने होते हैं। इतिहास के प्रति नया दृष्टिकोण स्थापित करना उन देशों में बहुत कठिन है जहाँ पुरालेखों को मुहर बन्द कर दिया गया हो या उन देशों

में जहाँ तानाशाही के अन्त के बाद राज्य द्वारा किये गये अत्याचारों के निशानों को मिटा दिया गया हो। एक राष्ट्र के राजनीतिक ढाँचे और उसके समाज में विस्थापन के कारण ऐतिहासिक स्मृतियों में हुए बदलाव केवल सार्वजनिक समारोह, स्मारकों और शैक्षणिक कार्यक्रमों को ही प्रभावित नहीं करते बल्कि पुरालेखों, संग्रहालयों और पुस्तकालयों की विषय वस्तु पर भी प्रभाव डालते हैं; ये संस्थाएँ राष्ट्र के नियन्त्रण से निकलकर सार्वजनिक संस्थाओं के हाथ में चली जाती हैं जिन तक समुदाय की पहुँच होती है और उसी का इन पर हक़ होता है।

सन्दर्भ-सूची

1. आन्द्रिआस हुइसेन (2000), 'प्रेज़ेंट पास्ट्स : मीडिया, पॉलिटिक्स, अम्नेशिया', *पब्लिक कल्चर,* 12(1), 21-38, पृ. 26।
2. चार्ल्स बौडेलेर, 'ल्‌ पैंतर द्‌ ला वी मोडेरन्‌', क्लौद पिशवा (सं.), *औंवर्‌ कोम्म्प्लेत* में (पेरिसः बिब्लिओतेक दे प्लेइआद), अंक 2, 683-724, पृ. 695।
3. उल्फ हानर्त्स द्वारा आयोजित, यह सम्मलेन सांस्कृतिक अध्ययन के अन्तर्राष्ट्रीय शोध केन्द्र, वियना में अक्टूबर 2010 में आयोजित किया गया। इसकी घोषणा : *आईएफकेनाउ,* 2 (2010), 26 में की गयी।
4. डेनियल एल. शाक्टर (2000), 'द सेवेन सिंस ऑफ़ मैमरी : पर्सपेक्टिव्स फ्रॉम फंक्शनल न्यूरोइमेजिंग', एन्देल तल्विंग (सं.), *मैमरी, कॉशसनेस एंड द ब्रेन* में (लन्दन एंड फ़िलाडेल्फ़ियाः साइकोलॉजी प्रेस), 119-37, पृ. 120।
5. हुइसेन (2000), पृ. 36।
6. क्रिश्चियन माईएर (2010), *दास गेबॉट सू फर्गेसन ऊंड डी उनअबवाईसबारकाईट डेस एरिनेर्न्स। फोम अयोफेंटलिशन उमगांग मिट शिलमर फेर्गान्गनहाईट* (म्यूनिख़ः ज़िडलर प्रकाशन)।
7. इस विषय पर अतिरिक्त जानकारी के लिए, राइनहाड्र्स कोज़ेलेक (1985), *फ़्यूचर पास्ट। ऑन द सीमेंटिक्स ऑफ़ हिस्टॉरिकल टाइम,* (अनु.) कीथ ट्राइब (न्यूयॉर्क, एनवाईः कोलम्बिया यूनिवर्सिटी प्रेस)।
8. फ्रित्स स्टेर्न (2007), *फ्युन्फ़ डॉयच्छलेंडर ऊंड आइन लेबन* (म्यूनिख़ः सी एच्‌ बेक)।
9. वुल्फ कानश्टाईनर (2006), 'द रेडिकलाईजेशन ऑफ़ जर्मन कलेक्टिव मैमरी इन दी ऐज ऑफ़ इट्स कमर्शियल रिप्रॉडक्शनः *इन परसूट ऑफ़ जर्मन मैमरी हिस्ट्री, टेलीविज़न एंड पॉलिटिक्स आफ्टर आउश्वित्स में* (एथसः ऑहियो प्रेस), 154-80।

10. चुप्पी तोड़ने के विषय पर देखें, रुथवोडैक और गेरतराऊड आउअ बोरेआ डोल्मो (2009) द्वारा सम्पादित संकलन, *जस्टिस एंड मैमरी। कनफ्रंटींग ट्रॉमैटिक पास्ट्स। एन इंटरनेशनल कमपैरीज़न* (वियना—पाशाज़न प्रकाशन)।
11. देखें बेनेडिक्ट एंडरसन (1983), इमेजिनड कम्युनिटीज़। *रिफ्लेक्शनस ऑन दी ऑरिजिन एंड स्प्रेड ऑफ़ नेशनलिज़्म* (लन्दन और न्यूयॉर्क— वर्सो, संशोधित संस्करण 2006).
12. चार्ल्स माईएर (2011), '*हॉट मैमरी... कॉल्ड मैमरी* : ऑन द पॉलिटिकल हाफ-लाइफ़ ऑफ़ नाज़िज़्म एंड कम्युनिज़्म', http://www.projectsyndicate.org/commentary/maier2/English.
13. यान आसमान (2008), 'कम्युनिकेटिव एंड कल्चरल *मैमरी,* अस्त्रिद एर्ल, अन्सगर न्यूनिंग (सं.), *कल्चरल मैमरी स्टडीज़. एन इंटरनेशनल एंड इन्टरडीसीप्लीनैरी हैंडबुक* में (बर्लिन और न्यूयॉर्कः डे ग्रुयटर), 109-18.
14. एलिसन लैंडबर्ग (2004), *प्रोस्थेटिक मैमरीः द ट्रांसफॉर्मेशन ऑफ़ अमेरिकन रिमेम्ब्रेन्स इन दी ऐज़ ऑफ़ मास कल्चर* (न्यूयॉर्क, एनवाईः कोलम्बिया यूनिवर्सिटी प्रेस)।

अनुवाद : कर्मवीर

पहचान और स्मृति

जिसेला कानेपा

उत्सव और नृत्य अतीत का पुनर्निर्माण करने वाली परम्पराओं के रूप में अधूरी प्रक्रियाएँ होती हैं और रूपान्तरण के लिए उपलब्ध होती हैं। उत्सवों के स्वरूप की वजह से मंचन का नाटकीयकरण, वेशभूषा में फेरबदल, चरित्रों का पुनर्निर्माण और इतिहास की पुनर्व्याख्या सम्भव हो पाते हैं।

कोई भी उत्सव एक बेहद ही जटिल धार्मिक, सामाजिक, आर्थिक और राजनीतिक परिघटना होती है, जिसमें सांस्कृतिक और सौन्दर्यबोध सम्बन्धी अभिव्यक्तियों की एक पूरी शृंखला समाहित होती है। इसम धार्मिक प्रशासकों की भूमिका, झाँकी, भक्ति नृत्य और नाटकीय अभिनय के प्रदर्शन प्रमुख होते हैं। इन उत्सवों में विविधता होती है और इसके अलावा एक ही उत्सव में स्थानीय और क्षेत्रीय भिन्नताएँ होती हैं। इन विविधताओं और भिन्नताओं की वजह इन उत्सवों का नेतृत्व करने वाले कलाकारों का उन्नत सौन्दर्यबोध और उनकी रचनात्मकता मात्र ही नहीं होते, बल्कि वे समाज में उस उत्सव के प्रतीकात्मक और धार्मिक अनुष्ठान सम्बन्धी महत्त्व से भी उत्पन्न होती हैं। इन उत्सवों में रोज़मर्रा की स्थानीय तथा वैश्विक और ऐतिहासिक प्रक्रियाओं की व्याख्या की जाती है, उनमें सामंजस्य किया जाता है और उनके विस्तृत अभिप्राय प्रस्तुत किये जाते हैं।

पेरू में जब भी *उत्सव* की बात होती है तो वास्तव में हम धार्मिक त्योहार की बात कर रहे होते हैं जो असल में देश के कर्मकाण्ड सम्बन्धी जीवन का मात्र एक पहलू हैं। बाक़ी के उत्सव पशुधन और कृषि से सम्बन्धित घटनाओं से जुड़े होते हैं, जैसे बुआई, कटाई, नालों की भराई, मवेशियों को दागना और *पचामामा* (धरती माँ) तथा *आपुस* (पर्वतों में रहने वाले देव) को भेंट चढ़ाना—या फिर वे मनुष्य के जीवनचक्र से जुड़े होते हैं जैसे—बाप्तिस्म, विवाह, अन्तिम

संस्कार, राजनीतिक और धार्मिक कार्यालयों का पदभार सँभालना—दूसरी तरफ़ धार्मिक त्योहारों में वर्जिन मेरी और सन्तों की प्रतिमाओं को सम्मानित किया जाता है, जो स्थानीय समुदायों के रक्षक देवता होते हैं।

ये उत्सव कोलोनियल परिघटनाएँ हैं, जिन्हें इवैनजेलिकल उद्यमों और 17वीं सदी के तोलेदो सुधार के दौरान बनी प्रशासनिक नीतियों से प्रोत्साहन मिला (फुएनज़लिदा 1968)।

गणराज्य के नये राजनीतिक और ऐतिहासिक सन्दर्भों के अनुसार यह महोत्सव विकसित हुआ है और आज संचार के साधनों के वैश्वीकरण, संस्कृति को किसी उत्पाद के रूप में देखे जाने और जन-समारोहों के राजनीतिक अवसर के रूप में पुनर्जन्म के कारण उत्सवों के चरित्र और दायरे में कई परिवर्तन आये हैं।

लातिन अमेरिका और इंडीज़ में उत्सवों के अध्ययन के लिए विभिन्न दृष्टिकोण अपनाये गये हैं। पारम्परिक तौर पर इसे व्यक्ति और समूह को स्थानीय समुदाय में समाहित करने वाले सामाजिक परिप्रेक्ष्य की तरह देखा गया है (वोग 1969)। इसी रूपरेखा को अपनाते हुए इसे सांस्कृतिक और सांगठनिक स्रोतों का एक जटिल ताना-बाना भी माना गया है, जिन्हें ग्रामीण प्रवासी शहरों में व्यवस्थित होने के लिए रणनीति के तौर पर इस्तेमाल करते हैं। अन्य लोगों ने इसे किसानी समाज की चारित्रिक रणनीति के तौर पर देखा है, जिसका लक्ष्य पूँजी और सम्मान के संचय को नियन्त्रित करना होता है (वुल्फ़ 1955)। वहीं दूसरी ओर एक अन्य व्याख्या के अनुसार इसका उपयोग सम्मान संचय और समुदाय में सामाजिक दर्ज़े के भेद और पदानुक्रम को स्थापित करने के लिए कहीं अधिक होता है (कान्सियान 1965)।

ये सभी दृष्टिकोण उत्सव को परम्परा के पुनर्निर्माण के अवसर मानते हैं और इसलिये परिवर्तन और समकालीन प्रक्रियाओं को नज़रअन्दाज़ करते हैं। लेकिन वर्तमान समय में उत्सव को ऐसे अवसर के रूप में कहीं अधिक देखा जा रहा है, जहाँ स्थानीय और वैश्विक परिवर्तन पर चर्चा की जाती है, जिसकी वजह से सामाजिक रिश्तों और सांस्कृतिक अभिप्रायों में सतत् नवीकरण सम्भव हो पाता है (लेएट और लॉग 1987)। इससे स्पष्ट हो जाता है कि क्यों वैश्वीकरण और संस्कृति को उत्पाद के रूप में देखे जाने के बावजूद पेरू से उत्सव ग़ायब नहीं हुए हैं बल्कि बेहद मान्य और जीवन्त बने हुए हैं।

दूसरी तरफ़ नृत्य और नाटकों के प्रदर्शन उत्सव मनाने की प्रमुख अभिव्यक्तियाँ हैं। सामाजिक पहचान और स्मृति के निर्माण में इनकी भूमिका

मूलभूत होती है। हालाँकि कई नृत्यों में मिथकों से लिये पात्रों को प्रदर्शित किया जाता है, लेकिन ज़्यादातर नृत्यों और नाटकों में स्थानीय, क्षेत्रीय या राष्ट्रीय महत्त्व के ऐतिहासिक चरित्रों का मंचन होता है। नृत्य और नाटक प्रदर्शन के माध्यम से स्थानीय और राष्ट्रीय इतिहास की प्रमुख घटनाएँ प्रदर्शित की जाती हैं–उदाहरण के लिए इंका का अन्त या चिले के साथ युद्ध। इसके साथ ही इंका काल से वर्तमान समय के इतिहास से जुड़े विभिन्न ऐतिहासिक चरित्रों को भी पात्र बनाया जाता है, जिन्होंने कलोनियल शासन से लेकर गणतान्त्रिक काल तक का सदियों का सफ़र तय किया है।

इन मायनों में ऐतिहासिक चरित्रों के बार-बार मंचन और नाटकीयकरण के माध्यम से स्मृतियों का निर्माण होता है। इसकी वजह से याद करना एक कभी न ख़त्म होने वाली प्रक्रिया हो जाती है, जिसकी कभी भी पुनर्व्याख्या की जा सकती है। मंचन के दौरान और साथ ही चरित्रों के गठन में इतिहास की लगातार पुनर्व्याख्या होती रहती है; कहने का अभिप्राय है कि अभिनय, पोषाक और मुखौटों में फेर-बदल के माध्यम से पुनर्व्याख्या की जाती है। यही परम्परागत नृत्यों की जीवन्तता और मान्यता तथा समकालीन सामाजिक व्यवस्था में इनकी केन्द्रीय भूमिका का कारण है।

उत्सव और सामाजिक पहचान

जहाँ तक धार्मिक त्योहारों का सवाल है, पेरू में उत्सवों के दो चक्रों के बीच भेद किया जा सकता है– उपासना सम्बन्धी त्योहार, जिसका तात्पर्य ईसा मसीह के जीवन, मृत्यु और पुनर्जन्म से होता है और साथ ही ईसाई सन्तों के त्योहार। यूरोप में जन्मे ये उत्सव सांस्कृतिक संयोजन और विनियोजन की प्रकिया से गुज़रे हैं, जिसके दौरान इन्होंने स्थानीय और क्षेत्रीय विशेषताएँ हासिल की हैं, जिनमें से मूल-निवासियों के और स्पेनी मूल के तत्वों का प्रभाव देखा जा सकता है।

उपासना के चक्रों में ईस्टर, क्रिसमस और राजाओं के आगमन शामिल हैं। ईस्टर से पहले कार्निवाल (उत्सव जुलूस) होता है। शैली और संगीत वाद्यों के सन्दर्भ में बिल्कुल अलग-अलग स्थानीय भिन्नताओं को समाहित किये हुए यह कार्निवाल पूरे पेरू में मनाया जाता है। हालाँकि ईस्टर उपासना-चक्र में ही आता है और इस दौरान ईसा की मृत्यु और पुनर्जन्म को दर्शाया जाता है,

लेकिन कई जगहों पर प्रायश्चित्त के तत्त्व वाले समारोह भी मनाये जाते हैं। पूरे देश में क्रिसमस मनाया जाता है और क्रिसमस कैरोल की प्रस्तुति प्रदर्शन की सबसे व्यापक शैली है। घरों और सार्वजनिक चौराहों पर यीशु के जन्म की घटनाओं की प्रस्तुति करना सर्वाधिक लोकप्रिय परम्परा है। इन जगहों पर क्रिसमस कैरोल का अभिनय करते हुए *पास्तोरास,* चरवाहिनों के समूह घूमते हैं। अपने नृत्य के माध्यम से औपनिवेशिक काल के अश्वेत गुलामों को दर्शाते हुए नर्तकों के समूह यीशु जन्म को दिखाने वाले इन स्थानों पर घूमते हुए उत्सव में अपनी भागीदारी करते हैं। क्रिसमस की छुट्टियों के दौरान यह एक सामान्य दृश्य है। *ला फियेस्ता दे रेयियेस* (राजाओं का उत्सव) क्रिसमस के त्योहार का हिस्सा होता है और राजा मेजी का हेरॉड से मिलना और उनका नवजात शिशु से मिलना दर्शाया जाता है।

सन्तों के चक्र पर आधारित कैलेंडर सबसे ज़्यादा व्यापक है और इसे सबसे ज़्यादा मान्यता प्राप्त है। इसकी वजह शायद स्पेनिश शासनकाल से पहले स्थानीय परम्परा और कृषि उत्पादन के चक्र के लिए इस कैलेंडर की उपयुक्तता है। सन्त अक्सर ईश्वर के माध्यम मात्र के रूप में देखे जाते हैं लेकिन कैथलिक सन्त मिथकों के माध्यम से लोगों के प्रतीक और अभिभावक बन गये हैं (मार्जल 1983)। प्रत्येक जगह के वार्षिक कैलेंडर में कई उत्सव होते हैं, लेकिन उस संरक्षक सन्त का उत्सव सबसे विशेष होता है जो समुदाय के दैवी अभिभावक की भूमिका अदा करता है, उसका उत्सव सबसे विशेष होता है। उसके इर्द-गिर्द महत्त्वपूर्ण स्थानीय और धार्मिक भावना पैदा होती है। इस अभिभावक सन्त की छवि की उत्पत्ति के सम्बन्ध में मौखिक परम्परा मुख्यतः गाँव की स्थापना से जुड़ी होती है या किसी चमत्कार से, जिसमें यह सन्त संरक्षक की भूमिका निभाता है।

कोरोंगो के अभिभावक सन्त, सन्त पीटर आनकास के इलाके में किसी *इयेर्बा सान्ता* वृक्ष के नीचे 29 जून को एक अमेरिकी मूल निवासी को दिखते हैं (मोरोत बेस्ट 1988 : 25)। यह अमेरिकी मूल निवासी उन्हें वहाँ से झाड़ कर हटा देता है और उसके लिए किसी दूसरी जगह चर्च बना देता है। सन्त पीटर वहाँ से भाग जाते हैं और एक बार फिर उसी *इयेर्बा सान्ता वृक्ष* के नीचे मिलते हैं जहाँ कोरोंगो का जन्म हुआ। (मोरोत बेस्ट 1988 : 25)। एक अन्य उदाहरण में कान्देलारिया की वर्जिन पुनो में पैसेफिक युद्ध के दौरान चिले के सैनिकों के प्रवेश से शहर की रक्षा करती है। शहर की बाहरी सीमा पर

इन सैनिकों की मुलाक़ात उससे होती है जो उस समय एक बूढ़ी औरत का रूप धारण कर मेंढकों को बुहार रही होती है। इन सैनिकों के दुर्व्यवहार की वजह से उसने सैनिकों को श्राप दिया कि चिले की सेना का विनाश चेचक से होगा जो इन मेंढकों से फैलेगा।

संरक्षक सन्त की सुरक्षा, सन्त और समुदाय के बीच व्यापक आदान-प्रदान की माँग करता है जिसमें अच्छा स्वास्थ्य, अच्छी फसल और पालतू पशुओं के प्रजनन या काम में सफलता निहित होती है। उत्सव वह उपलक्ष्य होता है जब उस पवित्र सन्त के साथ संवाद स्थापित होता है। चर्च में मांस और प्रतीकों की वेशभूषा के रख-रखाव के अलावा इस आदान-प्रदान में नृत्य एक बेहद महत्त्वपूर्ण भेंट होता है।

संरक्षक सन्त की प्रतिमाएँ बड़ी मात्रा में मूर्ति या चित्र के रूप में मिलती हैं। ये चर्च या गुफाओं में मिलती हैं। ये गुफाएँ तीर्थस्थान का भी काम करती हैं। इन मूर्तियों को उत्सव के दिनों में जुलूस में ले जाया जाता है। लोग इनके छोटे रूप घरों में रखते हैं और इन्ह जुलूस के दिन झाँकी में ले जाते हैं, चाहे छोटे रास्तों पर या क्षेत्रीय तीर्थस्थान पर। धार्मिक संस्कार के सन्दर्भ में ये धार्मिक मूर्तियाँ शक्ति की स्रोत होती हैं। इन मूर्तियों की शक्ति उत्सव के रस्मों और संस्थान में उनकी स्थिति पर आधारित होती है। सामाजिक व्यवहार में यह शक्ति प्रतिष्ठा के रूप में अभिव्यक्त होती है। कहने का तात्पर्य है, व्यक्ति विशेष और समूह द्वारा अपने प्रतिरूप के निर्माण में उपयोग किये जाने वाले प्रतीकात्मक संसाधनों तक उनकी पहुँच के रूप में यह शक्ति अभिव्यक्त होती है। सामाजिक पादानुक्रम में किसी भी समूह की स्थिति उनके द्वारा प्रस्तुत की गयी छवि पर निर्भर करती है। तीर्थयात्राएँ, जैसे कि कुस्को में कोय्यूर रित'ई की तीर्थयात्रा ऐसे अनुष्ठान के रूप में समझी जा सकती हैं। जिसमें पवित्र शक्ति का विसतार ऐसे स्थानीय दायरे में होता है जो संरक्षक सन्त के उत्सव के क्षेत्रीय दायरे से बड़ा होता है।

धार्मिक त्योहार की समय-सारणी भी सामन्य तौर पर एक जैसी ही होती है, जिसमें तीन बड़े उपलक्ष्य होते हैं जो तीन दिनों के उत्सव के कार्यक्रमों के साथ मेल खाते हैं। पहला *विस्पेरा* (पूर्वसंध्या), इस दिन सभी टोलियाँ चर्च में दाख़िल होती हैं, प्रांगण में जाती हैं, देवताओं का अभिवादन कर उनके लिए नृत्य प्रस्तुत करती हैं। इस दिन ही ताबूतों को सजाया जाता है और भोर का आगमन पटाख़ों और शराब के साथ होता है। दूसरे दिन, *दीया सेंत्राल*

(मुख्य दिन), चर्च में मास (प्रार्थना) और झाँकी सबसे महत्त्वपूर्ण कार्यक्रम होते हैं। इसके अलावा, तैयार किये गये नृत्य प्रस्तुत किये जाते हैं और अतिथियों और अधिकारियों का स्वागत किया जाता है। तीसरा दिन विदाई का दिन होता है या *काचारपारिया,* नृत्यों से भरे-पूरे माहौल में प्रतिमा की विदाई की जाती है और ज़िम्मेदारी का 'हस्तान्तरण' होता है।

हालाँकि खुली चुनौती को कोई नहीं मानता है, लेकिन उत्सव में धार्मिक प्रबन्धक की भूमिका और नृत्यों में हिस्सा लेने वाले समूह जैसे विभिन्न पड़ोसी, सामाजिक, सजातीय और पीढ़ीवार समूहों के बीच प्रदर्शन के दौरान एक-दूसरे से बेहतर करने की भावना रहती है।

प्रतिस्पर्धा का यह तर्क उस व्यवस्था को बनाये रखता है, जिसके माध्यम से विभिन्न समूह अपनी प्रतिष्ठा के लिए संघर्ष करते हैं। प्रतिस्पर्धा की यह भावना उत्सव को जीवन्त बनाती है और इससे पैदा होने पाली पहचान को संस्थागत, सशक्त और श्रेणीबद्ध तरीक़े से संगठित करती है।

शायद नृत्य प्रदर्शन इस व्यवस्था का सर्वाधिक आकर्षक पहलू होता है। इस विचार के विपरीत कि पारम्परिक नृत्य शैलियों और संगीत में बदलाव नहीं हो सकता, हम देखते हैं कि नर्तकों की यह चिन्ता लगातार बनी रहती है कि वे किस प्रकार अपनी नृत्य शैली, पोषाक, मुखौटे और संगीत को नया बनायें ताकि वह दूसरे नृत्यों से अलग अपनी पहचान बना सके और अपने दर्शकों के सौन्दर्यबोध तथा उम्मीदों के अनुसार बिम्ब और प्रदर्शन की प्रस्तुति कर सके। एक अच्छे प्रदर्शन की मान्यता किसी भी नृत्य समूह की श्रेष्ठ सामाजिक और सजातीय अवस्था को दर्शाती है। इसके परिणाम स्वरूप उत्सव में हिस्सा ले रहे विभिन्न समूहों के बीच पदानुक्रम स्थापित होता है।

कुछ सन्दर्भों में प्रतिस्पर्धा का यह तर्क कहीं अधिक कर्मकाण्डों पर आधारित हो जाता है। उदाहरण के लिए, यह पाठकारताम्बो के वर्जिन के उत्सव के दौरान *चि'नचूज़* और *कुल्यास* के बीच रस्मी युद्ध *गेरिल्ला* के प्रदर्शन में (कानेपा 1998) या मूल निवासी और स्पेनी लोगों के युद्ध के पश्चात् होने वाले विजय के नृत्य में देखा जा सकता है। (मिल्योनेस 1988, 1992)। मिथकीय या ऐतिहासिक सच्चाइयों के बीच टकराव के प्रदर्शनों में समकालीन समूहों के बीच के भेद और श्रेणीबद्धता स्थापित और प्रदर्शित होती है।

कारगा[1] व्यवस्था में सरपंच या संचालक होते हैं जो सर्वश्रेष्ठ कारगो का दर्ज़ा हासिल करते हैं। इसके अलावा अन्य निम्न दर्ज़े के कारगो भी होते हैं,

जैसे उदाहरण के लिए, पड़ोस के धार्मिक मामलों के प्रबन्धक का कारगो। सरपंच पूरे उत्सव को आयोजित करने और उसका वित्तीय भार वहन करने के लिए ज़िम्मेदार होता है। सरपंच के लिए यह अपनी आर्थिक क्षमता और भीड़ आकृष्ट करने की योग्यता प्रदर्शित करने का मौक़ा होता है। छोटे कारगो छोटी ज़िम्मेदारियाँ उठाते हैं, जैसे पड़ोस या गुट का आयोजन या ऐसे ही अन्य काम जैसे मेहराब या वेदिका का निर्माण, प्रतिमाओं का रख-रखाव, साँड युद्ध (बुल फ़ाइट) जैसे त्योहारों का आयोजन या पटाख़े जलाना आदि। यह ज़िम्मेदारी एक साल की अवधि के लिए उठाई जाती है। उत्सव के अन्त में सरपंच ज़िम्मेदारी का प्रतीक नये सरपंच को ज़िम्मेदारी का भार सौंपने वाले समारोह में थमाता है। इस उपलक्ष्य में कई बार पुजारियों से आशीर्वाद ग्रहण भी शामिल होता है। यह प्रतीक स्थानीय परम्परा के अनुसार कोई ध्वज या जुलूस में लेकर चलने वाला सुसज्जित सलीब होता है।

नृत्य कारगो निर्विवाद रूप से सरपंचशाही का एक बेहद प्रचलित प्रकार है और कई क्षेत्रों में उत्सव के कारगो व्यवस्था के समानान्तर चलता है। कुस्को में *कारगियोक* वे लोग होते हैं जो नृत्य टोलियों को वचन देते हैं: वे संगीतकारों का और अन्य नर्तकों का ख़र्चा उठाते हैं, उनके भोजन और शराबयुक्त पेय का भी ख़र्च वहन करते हैं और अन्ततः नृत्य की पोशाक के नवीनीकरण या उन्हें किराये पर लेने का ख़र्च भी उठाते हैं (कानेपा 1998)।

उत्सव के दौरान समारोह में *कारगियोक* नृत्य टोलियों के साथ सबसे आगे सन्त का एक छोटा चित्र या छोटी प्रतिमा लेकर चलता है। यह प्रतिमा उस सन्त की होती है, जिसका उत्सव होता है। इसे *दिमान्दा* कहा जाता है। उत्सव के अन्त में नये *कारगियोक* को यह दिमान्दा दिया जाता है, जिसका अर्थ है ज़िम्मेदारी का भार उठाना। अपने कार्यकाल के दौरान वह इसे अपने घर में रखता है। *दिमान्दा* कारगो का प्रतीक होता है; यह उपासकों और सन्त के बीच के पारस्परिक आदान-प्रदान का प्रतीक होता है और उसे साकार करता है।

पारस्परिक आदान-प्रदान पर आधारित सरपंच की व्यवस्था दो स्तरों पर काम करती है—सरपंच और उसके सामाजिक परिवेश तथा सरपंच और उसके श्रद्धेय देव के बीच। पारस्परिक आदान-प्रदान की यह व्यवस्था सम्मान संचित करने और सामाजिक सीढ़ी पर ऊँचा पद हासिल करने की व्यवस्था है। सरपंच को चूँकि इस उत्सव में बहुत अधिक निवेश करना होता है, इसलिये ऐसे

लोगों की संख्या और समूह बहुत कम होते हैं जो इन ज़िम्मेदारियों को साझा करना चाहते हैं। इस प्रकार सन्त द्वारा दिये जाने वाले संरक्षण का दायरा बेहद छोटा हो जाता है और इसके फलस्वरूप या प्रतिष्ठा कुछ ही लोगों तक सीमित रह जाती है।

संरक्षक सन्त के उत्सव के मूल तत्त्व नृत्य होते हैं। ये स्थानीय भावनाओं और प्रबल धार्मिक अनुभव के निर्माण में मुख्य भूमिका निभाते हैं। नृत्य वह भेंट है, जिसके माध्यम से आराध्य देव और उपासकों के बीच पारस्परिक सम्बन्ध स्थापित होता है। समाज में नर्तक का स्थान केन्द्रीय हो जाता है और समाज के कुशलक्षेम के लिए इसकी भूमिका मूलभूत। कई स्थानों पर नर्तक बलिदान पर आधारित संवाद स्थापित करते हैं, जिसमें उनके कर्तव्य और अनुभव शामिल होते हैं। नृत्य के लिए अनुशासन और शारीरिक मेहनत की आवश्यकता होती है जो धार्मिक अनुभव को मूलरूप से शारीरिक अनुभव में रूपान्तरित करते हैं। धार्मिक उत्सव के सन्दर्भ में प्रायश्चित्त और कम्युनियन ऐसी वास्तविकताएँ और अनुभव होते हैं जो संवाद से कहीं ज़्यादा शारीरिक प्रथाओं पर आधारित होते हैं। इस सन्दर्भ में यह प्रार्थना या चर्च में दिये जाने वाले धर्मोपदेश से भिन्न होते हैं।

इसके अलावा नृत्य में और भी बहुत सारी चीज़ें शामिल होती हैं, जैसे रिहर्सल और उत्सव के लिए अच्छे-ख़ासे समय और धन का निवेश, साथ ही मुखौटों और पोशाक का इन्तज़ाम करना। इस काम को एक साथ करना, एक कोरियोग्राफ़ी पर साथ नाचना, एक समान पोशाक पहनना और एक समान मुखौटे लगाना सामूहिक भावना के सुदृढ़ीकरण के लिए आवश्यक अनुभव होते हैं। सौन्दर्यबोध से सम्बन्धित विचार, जैसे कि पोशाकों की एकसमानता बनाये रखना और कोरियोग्राफ़ी अपनाना समूह की पहचान के लिए महत्त्वपूर्ण होते हैं। हालाँकि परम्परागत नृत्य अपने सौन्दर्यबोध की गुणवत्ता और सांस्कृतिक महत्त्व की वजह से औरों से बिल्कुल भिन्न होते हैं। इसके अलावा अपने कार्यों को पूरा करने के लिए ये किसी संस्था की तरह काम करते हैं। हालाँकि स्थानीय और क्षेत्रीय भिन्नताओं के बावजूद नृत्य समूह सही मायनों में सामाजिक संस्थाएँ होते हैं। कुस्को में सर्वोच्च स्तर का संस्थानीकरण देखा जा सकता है। *कोम्पारसा* के नाम ये मशहूर वहाँ के नृत्य समूहों में स्थायी सदस्य होते हैं और ये संविधि के नियमों से चलते हैं, जिन्हें अब अधिकाधिक

लिखित दस्तावेज़ के रूप में संचित किया जा रहा है। संस्थानीकरण की वजह से नृत्य समूहों का अस्तित्व मात्र त्योहार के दौरान की गयी कोरियोग्राफ़ी तक सीमित न रहकर कहीं अधिक लम्बे समय तक रहता है। (कानेपा 1998)

पोशाक, मुखौटे और संगीत समृद्ध और विविध होते हैं। ये उत्सव के दौरान नृत्य और नृत्य में दर्शित की विशेषताएँ प्रस्तुत करने का काम करते हैं। इनमें बहुत विविधता होती है और साथ ही एक नृत्य के भी कई प्रकार होते हैं। इन सभी की मूल डिज़ाइन एक-सी होती है, शैली, सज्जा और पोशाकों के रंग में बेहद सूक्ष्म भिन्नता होती है, जिसकी पहचान किसी विदेशी पर्यवेक्षक को नहीं हो सकती, लेकिन स्थानीय तौर पर इनका साफ़ अर्थ और बहुत महत्त्व होता है। एक ही नृत्य को छोटे-छोटे बदलावों के साथ अलग-अलग शैली में प्रस्तुत करने की शुरुआत विभिन्न सामाजिक और स्थानीय समूहों द्वारा की जाती है और यह उनके बीच के फ़र्क़ को दर्शाता है।

नृत्य के चरित्रों में धीरे-धीरे होने वाले बदलाव स्थानीय, सामाजिक और सजातीय समूहों द्वारा अधिक *मेस्तिसो,* आधुनिक और शहरी छवि प्रस्तुत करने और स्थानीय पदानुक्रम में अपने विशेष स्थान को और बनाये रखने के प्रयास से जुड़े हुए हैं। मीडिया और पर्यटन के माध्यम से वैश्वीकरण और सांस्कृतिक अभिव्यक्तियों को उत्पाद के रूप में देखे जाने की प्रक्रियाओं के अन्तर्गत जिन छवियों का प्रचलन आरम्भ हुआ है, नर्तक उन्हें पोशाक, कोरियोग्राफ़ी और संगीत पर निर्णय लेते समय ध्यान में रखते हैं और इन नये और महत्त्वपूर्ण प्रभावों पर चर्चा और उनका मूल्यांकन करते हैं।

नृत्य और स्मृति

यहाँ नृत्य में विविधता होती है, इन नृत्यों के पात्र मिथकीय इतिहास के पौराणिक चरित्रों का चित्रण करते हैं। प्रसिद्ध उदाहरणों में *माचूतुस्क* (केचान क्षेत्र) और *अचाचीकुश्मू* (आयमारान क्षेत्र) शामिल हैं, जिनके चरित्र, *अवकिस* या *वियेखो* होते हैं। वियेखो का अर्थ हुआ, बुजुर्ग व्यक्ति। यह *अवकिस* या *वियेखो* पर्वतों या पूर्वजों की आत्मा का प्रतिनिधित्व करते हैं। ऐसा ही *उआकान* के नृत्य में। *उआकान* एक व्यंग्यात्मक चरित्र है जो सामूहिक और नैतिक मूल्यों का आह्वान करता है। यह मात्र नव वर्ष के दौरान मीतो गाँव में आता है (खुनिन विभाग)। कुछ संस्करणों के अनुसार *उआकान* स्पेन पूर्व

लातिन अमेरिका का *कोन* देवता है। कुस्को में, *सकरा* या खुराफाती शैतान को कारलोस III पुल के निर्माण के लिए ज़िम्मेदार माना जाता है, जिसके फलस्वरूप वर्तमान के पाठकार्ताम्बो गाँव की शुरुआत हुई।

वहीं दूसरी ओर, नृत्य और नृत्य नाटिका का एक पूरा अलग ही समूह है, जिसमें पेरू के इतिहास से जुड़े राष्ट्रीय महत्त्व के चरित्रों और घटनाओं का मंचन होता है। उदाहरण के लिए, पाल्या या इंका की औरतें या उपनिवेश के अश्वेत गुलाम, पैसेफ़िक युद्ध में हिस्सा लेने वाले चिले के सैनिक। इनमें भी स्थानीय और क्षेत्रीय भिन्नताएँ होती हैं। उदाहरण के लिये, लाम्बायेक में क्रिसमस की पूर्वसंध्या (24 दिसम्बर) और मेजी के आगमन (6 जनवरी) के बीच *नेग्रो* या *नेग्रितो* का नृत्य बाल यीशू की भक्ति में किया जाता है। आयाकुचान में *नेग्रितो* के नृत्य का वही नाम है जो लाम्बायेक में है, लेकिन पोशाक और प्रदर्शन की तिथि अलग हैं। मिशेल बिगेनहो (1993) के अनुसार आयाकूचान में पोशाक गुलामी की दशा दर्शाती है जबकि कोरियोग्रफ़ी में नर्तक अँगूर को अपने पैरों तले रौंदते दिखते हैं। औपनिवेशिक काल के दौरान गुलाम यही काम किया करते थे। जहाँ तक *नेग्रितो* नृत्य की बात है, इसका प्रदर्शन धार्मिक त्योहार की तरह स्थानीय वर्जिन मेरी की प्रतिमा की आराधना के लिए किया जाता है। सामान्य तौर पर सितम्बर से दिसम्बर के बीच यह नृत्य आयोजित किया जाता है। खूनिन में नेग्रो और *चाक्रानेग्रो* के विशिष्ट पोशाक और संगीत होते हैं जबकि कुस्को में *कापाक नेग्रो* या *रिच नेग्रे* (धनी अश्वेत) का; और पूनों में मोरेनादा का प्रदर्शन होता है।

अन्य नृत्यों में ऐतिहासिक चरित्रों का सम्बन्ध स्थानीय और क्षेत्रीय घटनाओं से होता है। उदाहरण के लिए, चूकाचू के नृत्य में एंडियन के चपरासियों का चित्रण किया जाता है। जब वे काम की तलाश में कूस्को के घाटी प्रान्त, पाठकार्तामों में अस्थायी प्रवास करते थे, तो उन्हें पीला ज्वर हो जाता था। लाम्बायेक में *मारगारोस* या *इंग्लेसेस* नृत्य अंग्रेज़ी नाविकों पर व्यंग्यात्मक नृत्य है। ये नाविक मालवाहक स्टीमर में इस क्षेत्र में आया करते थे। जहाज़ की जगह दो बैलों की बैलगाड़ी ने ले ली है और नर्तक विदेशी उच्चारण में बात करता हुए इससे उतरते हैं। अपने व्यंग्य को और अधिक प्रभावशाली बनाने के लिए वे नाविकों के लिए *मारगारो* या *मारगारितो* शब्द का प्रयोग करते हैं जो उनके ज़नाना व्यक्तित्व की ओर इशारा करते हैं। *माखन्यो माखेस* घाटी में आने वाले शराब के व्यापारियों को दर्शाता है। ये व्यापारी दक्षिण इंडीज़ के बड़े

क्षेत्र में शराब बेचते थे। *माखेन्यो* के अलावा, *कनास, कांचिस* और *कील्यास* नृत्य इस क्षेत्र के व्यापारियों और खच्चर पर सामान लादने वालों को दर्शाते हैं।

चुन्चूज़ और *पाल्यास* भी ऐसे चरित्र हैं, जो स्मृतियों का आह्वान करते हैं। *चुन्चो* पेरू में बहुत प्रचलित नृत्य है, जिसमें जंगल क्षेत्र के पुराने निवासी *आन्तिसुय्यो* को दर्शाया जाता है। गुआमान पोमा ने *आन्तिसुय्यो* से कई चरित्रों के चित्र बनाये हैं। ये चित्र स्पष्ट रूप से 'चुंचों' का आह्वान करते हैं– सिर पर पंखों से सज्जा और टखनों पर बीजों से बने घुँघरू। इस क्षेत्र में वर्तमान में इस नृत्य के कई नाम हैं। उदाहरण के लिए, मान्तारो घाटी में *शापिस,* अन्चास में *आंती* या *आन्तिहुआनकिल्या* और साक्शा तथा दक्षिण इंडीज़ में *किहापाक चुंचू, वायरी चुंचू* और *चुंचा* हालाँकि ज़्यादातर ये नृत्य विशेषरूप से पुरुष करते हैं, लेकिन कुछ संस्करणों में महिला प्रतिभागी भी होती हैं। उदाहरण के लिए, लीमा के कीपान से *चुंचोस* में और कुसको में *चुंचाचास* के नृत्य में महिलाएँ होती हैं।

सभी भिन्न नृत्य रूपों में वन निवासियों को दर्शाया जाता है, जिन्हें इंडीज़ के पुरुष निवासी जंगली और एकान्त में रहने वाला मानते थे। पेरू के इंडीज़ क्षेत्र में *चुन्चो* का मानवीकरण एक व्यापक रूप से प्रचलित व्यवहार है, जिसमें विदेशी समूहों का चित्रण किया जाता है। पूरे इंडीज़ भूभाग में *चुन्चू* नृत्य की उपस्थिति निस्सन्देह जंगल और पर्वत क्षेत्र के बीच महत्त्वपूर्ण मानव और व्यापार सम्बन्धी आदान-प्रदान की ओर इंगित करती है और साथ ही साथ इस आदान-प्रदान में निहित तनाव की ओर भी, जो स्पेन-पूर्व काल से चला आ रहा है। विभिन्न सजातीय समूहों के बीच अत्यन्त घनिष्ठ सम्बन्ध एक ओर तो साझा पारिस्थितिकी और आर्थिक निर्भरता की ओर इशारा करते हैं और साथ ही एक-दूसरे से अलग रहने की ज़रूरत को भी दर्शाते हैं। मात्र औरतों द्वारा किया जाने वाला *पाल्या* का नृत्य यह पेरू के उत्तरी और मध्य इंडीज़ क्षेत्र विशेषरूप से काखामारका, आंचा, खूनिन और लीमा के विभागों में बेहद प्रचलित है। स्पेन-पूर्व परम्परा के अनुसार, जिसमें *ताकी* संगीत के साथ-साथ नृत्य भी है, *पाल्यास* धार्मिक अवसरों पर संरक्षक सन्त के त्योहार पर और साथ ही क्रिसमस पर अपने कोरियोग्राफ़ी के अनुसार नाचते और गीत प्रस्तुत करते हैं। परम्परा के अनुसार *पाल्यास* के चरित्र कुलीन पुरुषों की बेटियों को दर्शाते हैं जो इंका के साथ जाती थीं। ऐसे कुछ तथ्य हैं जिनसे इस नृत्य के सम्भावित स्पेन पूर्व उद्भव के चिन्ह मिलते हैं। इसके अलावा यह स्पेन पूर्व

काल की चन्द कोरियोग्राफ़ियों में से एक है, जिसमें औरतें होती हैं। पेरू के इंडीज़ क्षेत्र में नृत्यों में पुरुषों का दबदबा आज भी इन नृत्यों की विशेषता है। इसके बावजूद *पाल्यास* का नृत्य आज भी ज़िन्दा है। सम्भवतः इसकी वजह इसके चरित्रों का इंका के साथ सम्बन्ध है। इंका वह एक चरित्र है जो आज भी सामूहिक स्मृति और यूटोपिया में ज़िन्दा है। भौगोलिक क्षेत्र, जिसमें *पाल्यास* के नृत्यों के विभिन्न संस्करण पाये जाते हैं, उन क्षेत्रों से मेल खाते हैं जहाँ इंका के बन्दी बनाये जाने और उसकी मृत्यु का आज भी प्रदर्शन होता है (कानेपा 1998)। इसके अलावा, जिस उत्सव के सन्दर्भ में *चुंचोस* और *पाल्यास* का प्रदर्शन होता है, वह उत्सव इंका की मृत्यु से मेल खाने वाली समय-सारणी के दौरान ही आता है (कानेपा 1993)। *चुंचोस* और *पाल्यास* के नृत्य इंका की मृत्यु के प्रदर्शन चक्र में महत्त्वपूर्ण प्रसंग हैं और इंका की वापसी के प्रतीकों के साथ मेल खाने वाले मसीहायी तत्त्व होते हैं जो आन्देस समाज के प्रायश्चित्त और पुनर्जन्म के मूल्यों को दर्शाते हैं।

ये नृत्य ऐतिहासिक और मिथकीय घटनाओं को याद करने और उनके प्रसारण के माध्यम होते हैं। इन नृत्यों में न केवल पात्र बल्कि पोशाक और कोरियोग्राफ़ी तक राष्ट्रीय और स्थानीय इतिहास की घटनाओं और काल को दर्शाते हैं। नृत्य के तत्वों में लगातार जोड़-तोड़ की वजह से इतिहास की स्थायी तौर पर पुनर्व्याख्या और परिवर्तन सम्भव हो पाते हैं। इस पुनर्व्याख्या से जब वर्तमान के लोग अतीत के माध्यम से अपने आप को अभिव्यक्त करने में सक्षम हो जाते हैं तो वह अतीत सार्थक बना जाता है और इतिहास एक जीवित स्मृति। नृत्यों में चरित्र के निर्माण और प्रदर्शन में नर्तक स्वयं अपनी छवि प्रदर्शित करते हैं। नृत्य के चरित्रों और इन चरित्रों का प्रदर्शन कर रहे लोगों के बीच लगातार एक संवाद स्थापित होता है। इसके फलस्वरूप पोशाक, संगीत और कोरियोग्राफ़ी के चयन और इनमें बदलाव महत्त्वपूर्ण बन जाते हैं। किसी नवीनीकरण के औचित्य पर नर्तकों के बीच होने वाली चर्चा में मात्र किसी अभिव्यक्ति की प्रामाणिकता पर नहीं होती है, बल्कि पूरे समूह की यूटोपियाई कल्पना दाँव पर होती है।

इसका एक उदाहरण *कापाक चुंचू* और *कारा चुंचू* के कास्केआन नृत्यों में *चुंचू* के चरित्र में रूपान्तरण है (कोनेपा 1998)। *चुंचो* जंगली निवासियों को प्रदर्शित करता है और यह पूरे पेरू में प्रचलित है। कुस्को में मूल निवासियों के किसान समूहों में आज भी जो सबसे ज़्यादा परम्परागत संस्करण प्रदर्शित

किया जाता है, वह है *कारा चुंचू* या *'ग़रीब चुन्चो'*। सभी छोटे शहरी केन्द्रों के *मेस्तिसो* समूहों ने नृत्य का आधुनिकीकरण किया है। ऐसा करने के लिए उन्होंने मुखौटे पहनने की शुरुआत की और मुकुट के पंखों में परिवर्तन किया, जिससे यह *कापाक चुंचो* या *'धनी चुंचो'* नामक एक नृत्य का एक संस्करण बन गया। कुस्को के सन्दर्भ में नृत्य के 'आधुनिकीकरण' में प्रबल सजातीय तत्त्व होते हैं। यह मूल आबादी और स्पेनी नस्लों की मिलावट की विचारधारा पर आधारित है, जिसका औचित्य इस क्षेत्र की सांस्कृतिक, राजनीतिक और सामाजिक जीवन में मिलता है, जिसे बदले में उत्सव और नृत्य के सन्दर्भ में पुनजीवित किया जाता है।

औपचारिक और सौन्दर्यबोध सम्बन्धी तत्वों के आधार पर नृत्यों की आपसी भिन्नता का मूल्यांकन किया जाता है। इन भिन्नताओं का आधार सजातीय भेद होता है जो किसी नृत्य को मूल आबादी या मेस्तिसो के नृत्य के तौर पर वगीकृत करता है। *चुंचो* का यह आधुनिकीकरण किसी श्वेत पात्र (गुलाबी मुखौटा, नीली आँख और मूँछ और लम्बे पंख, जो किसी लम्बी काया का आभास देते हैं) को शामिल कर नृत्य के चरित्र का रूपान्तरण करने का प्रयास करते हैं। दूसरे नृत्यों में चमकीले सितारे, सिल्क, चमड़े के जैकेट या ऊँची एड़ी के जूते इसी उद्‌देश्य से शामिल किये गये हैं।

अताहुआलपा की मृत्यु भी इसी प्रकार रंगमंच की एक दुनिया है, जिसमें राष्ट्रीय इतिहास और इसके वीर या संस्थापक चरित्रों को विषय-वस्तु बनाया जाता है। जैसा कि विभिन्न लेखकों ने इंगित किया है (गोंज़ालेस और रिवेरा 1982), समूचे इंडीज़ में इस नाटकीयकरण के कई प्रचलित संस्करण हैं, जिनमें इंका के चरित्र को तुपाक आमारू–॥ और यहाँ तक कि मिथकीय चरित्र, इंकारी, के साथ जोड़ा जाता है।

इंका के विल्काबाबा (1537-1572) के विद्रोह का उल्लेख करने वाली मौखिक परम्परा कहती है कि अन्तिम विद्रोही ने इंका ने इंका क्षेत्र के आन्तिसुय्यो में शरण ली थी। ऐसा माना जाता है कि वह पाइतिती नाम के शहर में छुपा है, जहाँ से वह अपने साम्राज्य लौटेगा और सुव्यवस्था स्थापित कर एक बार फिर शासन की शुरुआत करेगा (ओसिस 1984, सिल्वेरमान– प्राउस्त 1986)। वास्तव में विल्काबाम्बा के अन्तिम इंका विद्रोही, तुपाक आमारू को स्पेन के लोगों ने बन्दी बना लिया था और कुस्को में उसका सर क़लम कर दिया गया था (वाचतेल 1976, फ़्लोरेस गालिन्दो 1986, बुर्गा 1988), लेकिन प्रचलित

परम्परा ने आख़िरी इंका के वास्तविक जीवन के तथ्यों को विकृत कर दिया है— कहा जाता है कि तुपाक अमारू का सिर क़लम कर विद्रोहियों को सबक सिखाने के लिए सार्वजनिक स्थान पर प्रदर्शन में रखा गया था, लेकिन यह सिर धीरे-धीरे इस प्रकार ख़ूबसूरत होने लगा कि तोलेदो का वायसरॉय इसे दफ़नाने के लिए मजबूर हो गया और तबसे इससे जुड़कर शरीर आकार ले रहा है। इंका और साम्राज्य काल की वापसी इस प्रक्रिया की अन्तिम कड़ी मानी जाती है। ऐसा माना जाता है कि जब इस प्रक्रिया का अन्त होगा तो इंका और साथ में साम्राज्य काल की वापसी होगी। इस सन्दर्भ में एनरिके गोंज़ालेस और फ़ेरमिन रिवेरा (1982) ने प्रमाणित किया है कि अताहुआलपा और अन्तिम इंका लगभग एक समय के हैं। इससे स्पष्ट हो जाता है कि क्यों इसके कई प्रदर्शनों में अताहुआलपा का सर क़लम किया जाता है। हालाँकि यह वास्तविक तथ्यों के विपरीत है। जब अताहुआलपा की मृत्यु प्रदर्शित की जाती है तो वास्तव में अन्तिम विद्रोही इंका की मृत्यु को याद किया जाता है ताकि उसी समय इंकारी मिथक को भी इन परम्पराओं में याद किया जा सके।

यह जानना रोचक है कि लोक स्मृतियों में तुपाक अमारू के सर क़लम किये जाने की कहानी को काखामारका में अताहुआलपा से जुड़ी घटनाओं से मिलाकर तथ्यों को विकृत किया गया है। लोक स्मृतियों में ऐतिहासिक पात्र की जगह एक मिथकीय चरित्र की तरह इंका का सिर क़लम किया जाता है। इतिहास के इस विकृतीकरण की व्याख्या महज़ इंकारी मिथक के महत्त्व के माध्यम से नहीं की जा सकती है बल्कि इसका सम्बन्ध इंडीज़ में देवों को शान्त करने वाले कई अनुष्ठानों में बलि दिये पशुओं के सिर की भूमिका से भी जोड़ा जा सकता है। मिथक और अनुष्ठान के बीच का यह संयोग इंका की मृत्यु की अभिव्यक्ति को महत्त्वपूर्ण बना देता है। यह अभिव्यक्ति है, पुनर्जन्म की शक्ति।

पैसेफ़िक युद्ध एक अन्य ऐतिहाससिक घटना है, जिसका नाटकीयकरण ऐन्डीज़ क्षेत्र के उत्सवों में होता है। ऐन्डीज़ के दक्षिण में इसका उल्लेख *आवका चिलेंनो* या *विदेशी सैनिक* के पात्र के माध्यम से सजातीय लक्ष्यार्थ वाले नृत्य में होता है। दूसरी तरफ़ खुनिन में जनरल आन्द्रेस आवेलिनो कासेरास के बटालियन का मंचन होता है, जिसमें राष्ट्र और वीरता का भाव प्रमुख होता है।

जनरल आन्द्रेस आवेलिनो कासेरेस के बटालियन का मंचन आकोय्या (खुनिन) में प्रत्येक वर्ष ईस्टर के त्योहार के दौरान होता है। यह चिले के

विरुद्ध हुई लड़ाई (1879-1884) के दौरान कासेरेस के नेतृत्व में किसानों की सेना के अभियानों का चित्रण करता है। यह चित्रण समय के साथ इस कदर जटिल हो गया है कि अब यह एक ऐसा महत्त्वपूर्ण सार्वजनिक स्थान बन गया है, जहाँ राजनीतिक और सजातीय अभिव्यक्तियाँ चित्रित की जाती हैं। इस चित्रण में सेना के चरित्रों के चित्रण के माध्यम से राष्ट्र और सजातीयता पहचान तथा स्थानीय पहचान के निर्माण में और इन पर आधारित विवादों को स्थापित करने के लिए पराक्रम को केन्द्रीय मुद्दा बनाया जाता है, लेकिन सेना के चरित्रों और इतिहास की घटनाओं मात्र को मुद्दा नहीं बनाया जाता है बल्कि इसकी विषय-वस्तु बहुत बृहत् होती है, इसमें *सेन्द्ररो लुमिनोसो* (पेरू की कम्युनिस्ट पार्टी), तुपाक आमारू क्रान्तिकारी आन्दोलन तथा सशस्त्र आन्तरिक हिंसा (1980-2000) के दौरान सेना और किसान चौकसी, जापानी राजदूत के निवास से बन्धकों को छुड़ाना (1996) आदि मुद्दे भी होते हैं। इसके अलावा अभी हाल की अन्तर्राष्ट्रीय घटनाएँ, जैसे न्यूयॉर्क में ट्विन टॉवर पर 11 सितम्बर 2001 का हमला और अमेरिका द्वारा इराक आक्रमण आदि भी शामिल किये जाते हैं।

हालाँकि ऐतिहासिक घटनाओं और उनके नायकों की स्थानीय स्मृतियाँ ऊपर दिये गये प्रदर्शनों में मुख्य भूमिका में आती हैं, इसके बावजूद स्कूल व्यवस्था के माध्यम द्वारा प्रसारित इतिहास लेखन ने इन्हें निर्णायक तौर पर प्रभावित किया है। इस सन्दर्भ में स्थानीय उत्सवों और लोक अभिव्यक्तियों के निर्माता और प्रोत्साहक के रूप में स्थानीय बुद्धिजीवियों और शिक्षकों की भूमिका को उजागर करना ज़रूरी है और यही वह ऐतिहासिक विवरण है जिसने राष्ट्रीय घटनाओं के पात्रों को वीर नायकों और राष्ट्रीय देशभक्ति की भावनाओं के अवतार के दर्ज़े तक उठा दिया है। राष्ट्र राज्य की आधुनिक परियोजना मनोगत देशभक्ति पर आधारित होती है। यह भावना सामूहिक कल्याण के लिए अपनी जिन्दगी कुर्बान करने में सक्षम होती है। इस प्रकार ऐसे मनोवाद का निर्माण राष्ट्रीय मनोवाद और सेना के पराक्रम के बीच आपसी आदान-प्रदान की माँग करता है। इसलिये लोक कथाओं में भी सैन्य राजनीतिक प्रकृति वाले वीर पात्र होते हैं। दूसरे शब्दों में, उत्सव और लोक कथाओं की अभिव्यक्तियों में वीरता की परिकल्पना और प्रतिनिधित्व सैन्य-राजनीतिक पात्रों के द्वारा और उनके माध्यम से होता है। वहीं दूसरी ओर, इंडीज़ क्षेत्र के नृत्यों में कई सौन्दर्यबोध सम्बन्धी और कोरियोग्राफ़ी की विशिष्टताएँ ऐसे तत्त्व प्रदर्शित करती हैं जिनकी मौजूदगी

की व्याख्या सेना की सेवा में गये नौजवानों द्वारा लाये गये नवपरिवर्तनों के रूप में की जा सकती है। यहाँ पर यह बताना ज़रूरी है कि कई जगहों में नृत्य समूहों के आन्तरिक संगठन और पदानुक्रम की उत्पत्ति ग्रामीण सामन्ती समाज की जगह सेना के प्रशिक्षण के रूप में परिभाषित की जा सकती है। *फ़ोरमैन* और *सैनिक* जैसे शब्दों का प्रयोग नृत्य समूहों के भीतर प्राधिकार का दर्ज़ा इंगित करने के लिए किया जा सकता है। इसे पदानुक्रम के उदाहरण के तौर पर लिया जा सकता है।

व्यापक स्तर पर देखा जाये तो यह कहा जा सकता है कि इंडीज़ उत्सवों और लोक अभिव्यक्तियों में पेरू के नागरिक और देशभक्त के पुरुष संस्करणों का विशेषाधिकार है, जिनके राजनीतिक और नैतिक प्राधिकार अधिकारवादी और सैन्य सिद्धांतों पर आधारित होते हैं। हालाँकि, यह मानना ग़लत होगा कि इन संस्करणों को उत्सव और लोक अभिव्यक्यिों के मंचन में अन्य समूहों द्वारा कोई चुनौती नहीं दी जाती जैसा कि मानुयेल राइज़ (2002) ने दर्शाया है, स्वयं आन्द्रेस आवेलिनो कासेरेस के बटालियन के प्रदर्शन में कई महत्त्वपूर्ण परिवर्तन हुए हैं। इनमें से एक है *राबोनास* के समूह का प्रदर्शन के हिस्से के रूप में शामिल किया जाना—*राबोनास*—किसान औरत जो मिलिशिया के साथ जाती थीं और चिले के ख़िलाफ़ हुए युद्ध में इन्होंने महत्त्वपूर्ण भूमिका निभायी थी। इस परिवर्तन की शुरुआत औरतों ने की थी, जिन्होंने ज़्यादा सटीक इतिहास की जानकारी होने के कारण पाया कि उन्हें बटालियन के प्रतिनिधित्व में अपनी भागीदारी के लिए दबाव बनाना चाहिये। 20वीं सदी के बाद के वर्षों में औरतों का उच्च शिक्षा हासिल करना इसकी वजह है। इस प्रकार उन्होंने न केवल स्थानीय इतिहास में नायक के रूप में अपने प्रतिनिधित्व की शुरुआत की, बल्कि केन्द्रीय इंडीज़ क्षेत्र के सबसे महत्त्वपूर्ण जन हस्तक्षेप के क्षेत्र में अपनी एक जगह बना ली है। सारांश में कहा जा सकता है कि ऐतिहासिक घटनायें और उनके पात्र विभिन्न और नव-निर्मित समूहों द्वारा अपनाये जाने और पुनर्व्याख्या के अधीन होते हैं।

सन्दर्भ-सूची

1. धार्मिक और ग़ैर-धार्मिक उत्सवों में ली जाने वाली जिम्मेदारियों के पद।

अनुवादः लता कुमारी

वह चीनी महिला नाचती है

लॉट्टे मारगॉट

बब्लिंग-वेल रोड। कुली झटके-से रेसकोर्स के सामने बने 'द मैजेस्टिक' के आगे रुकता है। 'द मैजेस्टिक' शंघाई का सबसे बड़ा डांस-हॉल है। तंग सीढ़ियों को देखकर ऐसा नहीं लगता कि ऊपर एक गोलाकार विशाल हॉल होगा, जिसमें हर ओर लड़कियाँ खुलने-बन्द होने वाली छोटी-छोटी कुर्सियों पर बैठी होंगीं, जो बैठने के लिए बहुत छोटी हैं। यहाँ स्लिट-गाउन पहने इतनी सारी चीनी लड़कियाँ हैं कि उन्हें गिन पाना असम्भव है। नृत्य-मंच के चारों ओर मेहमानों की मेज़ें लगी हैं। बैंड गूँजने लगता है और जवान चीनी लड़के कूदकर खड़े हो जाते हैं। हर लड़का एक लड़की को साथ ले लेता है।

वे ख़ुशनुमा अन्दाज़ में नाचते हैं, यूरोप जैसे नहीं और अमरीका जैसे भी नहीं। अधिकतर लड़के विद्याथी हैं और लड़कियाँ बच्चियों जैसी लगती हैं। इनमें से कोई भी 'टैक्सी-गर्ल' बीस-साल से ज़्यादा की नहीं है। यहाँ छात्राएँ भी हैं, और वे भी लड़कों की तरह नाच का मज़ा लेने के लिए एक-एक (टैक्सी-गर्ल) पार्टनर ले लेती हैं। अब सही मायनों में शुरुआत होती है जोश में झूमने और झूलने की, और उन मुस्कुराती हुई चीनी लड़कियों की टाँगों से उनके लम्बे गाउन लहरा रहे हैं। लेकिन एक योरोपवासी को इसे सही ढंग से देखना और समझना चाहिये, क्योंकि यह 'प्यार का बाज़ार' नहीं है। यह हॉल हर समय एक बहुत ही शालीन और सभ्य स्थान होता है। पैरों की थाप और ताल पर झूमने को नर्तक एक कला मानते हैं। वे एक-दूसरे से दूर चले जाते हैं और कलात्मकता से नये दल बनाकर एक-दूसरे को फिर से ढूँढ़ लेते हैं। शुरू से अन्त तक उनके चेहरे के भाव पकड़ में नहीं आते, जैसे कि यह किसी इंग्लिश-कॉलेज-टी के शुरुआती पल हों, जहाँ नृत्य भी होता हो।

चीनी लड़कियाँ नाचने में अत्यन्त रुचि लेती हैं, लेकिन उसी के साथ वे उस संकोच को भी दर्शाती हैं, जिसे पहले के सभी राजघरानों ने महिलाओं के लिए अनिवार्य घोषित कर रखा था।

संगीत के साथ-साथ रौशनी भी बदलती है; जामुनी और जगमगाता हरा रिंग बारी-बारी से लड़कियों के गाउन के लाल और पीले से मेल खाता है। एक ताल इस पूरे डांस-हॉल में फैल जाती है। एक ऐसी ताल, जो अमरीका में रची गयी थी, लेकिन जिसे इन बच्चों ने पूरी कुशलता और विश्वास के साथ अपना लिया है। यह ताल यहाँ की हो गयी है और चीनी बन गयी है, जैसे भारत के बुद्ध एक हज़ार साल पहले हो गये थे। चीनी संगीत और इस सधे हुए ट्रम्पेट वाले जैज़ में ज़मीन-आसमान का अन्तर है। फिर भी ऐसा लगता है कि यह इन जवान बच्चों के अस्तित्व का हिस्सा बन गया हे, इतना प्रतिष्ठित कि जितना 'ब्रॉड-वे के लोग' भी इसे नहीं कर पाये...

सुबह के चार बजे हैं। मैं अपने कमरे की हर खिड़की से एक चीनी लड़की को देखती, शायद दस हूँ या ज़्यादा से ज़्यादा बारह साल की होगी। उसने एक लम्बी काली पतलून और एक छोंटी-सी नीली क़मीज़ पहनी है। वह जिसे भी देखती है उसकी तरफ़ भागती है और अख़बार बेचने की कोशिश करती है। एक भिखारी एक विदेशी को रोकता है और कहता है, "जनाब, मैं भूखों मर रहा हूँ।" भिखारी की आँखों में एक अजीब-सी चमक है। अभी कुछ देर पहले ही उस विदेशी ने एक चमकते हुए काउंटर पर चालीस, पचास, सौ डॉलर फेंके थे, लेकिन भिखारी को पाँच सेंट भी नहीं मिलते।

लोग इनके आदी हो गये हैं, इन भिखारियों की तरफ़ अब मुश्किल से ही देखते हैं। मैं भी इनके पास से यूँ ही गुज़र जाऊँगी। लेकिन...कुछ क़दम चलने के बाद उस चीनी आदमी का कमज़ोर, भूखा चेहरा मेरे आगे आयेगा। हे भगवान, मैं उस विदेशी से बिलकुल भी अलग नहीं हूँ। सोने का समय हो गया।

अनुवाद : गौरव सौनिक

छोटी-छोटी तस्वीरें (1942)

याकोब फिशमन

एक कॉफी हाउस की खिड़की पर एक बहुत ही सन्तुष्ट और शानदार जोड़ा बैठा है। एक बहुत ही शालीन सज्जन और महिला कॉफ़ी पी रहे हैं। एक घूँट और सड़क पर एक नज़र। चिथड़ों में लिपटा हुआ एक फटेहाल चीनी खिड़की के बाहर से उन्हें कुछ बोलता है। वह अपने मुँह से और आँखों से, अपनी भौंहों से और हाथों से उनके सामने गिड़गिड़ाता है थोड़े-से सेंट्स से ज़्यादा और कुछ नहीं। और वह जोड़ा—एक घूँट और एक नज़र... एक घूँट और एक नज़र...

तीनों ही, वह शानदार जोड़ा और वह चीनी भिखारी, साथ में खिड़की छोड़ते हैं। जोड़ा टैक्सी की तरफ़ और चीनी...?

अनुवाद : गौरव सौनिक

एक शादी

याकोब फिशमन

अकड़ी हुई नोकीली मूँछों और सैनिक के जूतों की खटखटाहट के बावजूद भी रॉबर्ट ष्टाईन का चेहरा एक हारे हुए इनसान की तरह था। दीवार पर टँगी तस्वीर की तरह उनकी मूँछ और उनके सैनिक के जूतों की खटखटाहट एक गम्भीर सैनिक की याद दिलाते थे, गुज़रे हुए समय के अवशेष। एक समय था जब इन सबके कुछ मायने थे, लेकिन आज नहीं। इसी कारण से वे कुछ दुःखी लग रहे थे। यह तो स्वाभाविक है, लेकिन युद्ध से एक साल पहले तक भी रॉबर्ट ष्टाईन ने ख़ुद को जर्मनी का एक चिरकालिक नागरिक होने के भुलावे में रखा था और उनके आर्यन् व्यापारी मित्रों ने भी उन्हें यहूदी विरोधवाद के कोई संकेत नहीं दिये थे। अच्छे रिश्ते। इसीलिए जब उन्होंने पुलिस की यह घोषणा पढ़ी कि उन्हें और उनके परिवार को आठ दिनों के अन्दर जर्मनी छोड़ना पड़ेगा, तो वह अपनी आँखों पर विश्वास न कर पाये। उस समय स्पष्टीकरण पाने के लिए वह एक दफ़्तर से दूसरे दफ़्तर चक्कर लगाते रहे जब तक कि उन्हें विश्वास न हो गया कि बस, यह कोई ग़लती नहीं है। यह एक दुःखद अनहोनी थी।

बर्लिन से शंघाई की पूरी यात्रा के दौरान रॉबर्ट ष्टाईन अपने दोनों बच्चों के सामने लज्जित महसूस कर रहे थे। कुर्ट पन्द्रह साल का एक नौजवान और असली जर्मन लड़का था— लम्बा, सुनहरे बालों वाला और स्वाभिमानी। एल्ज़ा अपने भाई से दो साल छोटी थी; वह उसी के समान दिखती थी, लम्बी और सुनहरे बालों वाली भी थी, लेकिन एक फ़र्क था। वह उदास थी और अपनी माँ से चिपकी हुई थी। रॉबर्ट शर्मिन्दा महसूस कर रहे थे किसी ऐसे व्यक्ति की तरह, जिसने अपने मित्र को किसी ऐसे विषय पर राज़ी कर लिया हो जो कि उसके लिए ख़ुशक़िस्मती लाने वाला था, पर अन्त में बदनसीबी

ही लाया। रॉबर्ट को लगा कि दोनों बच्चे अब समझ जायेंगे कि वे यहूदी हैं। वह उसके बारे में सोचना नहीं चाहते थे, लेकिन उनके बिना चाहे भी वह ख़याल आ ही गया।

•••

शुरु में रॉबर्ट ष्टाईन ने सोचा था कि एक बार वे शंघाई पहुँच जायेंगे तो सब ठीक हो जायेगा। उन्होंने अपनी पत्नी ग्रेटे और बच्चों को यकीन दिलाया कि जल्द ही यह बुरा वक़्त टल जायेगा, युद्ध भी जल्द ही समाप्त हो जायेगा, और यह 'सूअरों की मंडली,' जैसा कि वे हिटलर और उसके दल को बुलाते थे, हार जायेगी। फिर सब घर लौट जायेंगे। लेकिन परिस्थितियाँ बदलती रहीं और विपत्तियाँ आती रहीं....क्योंकि बदलाव का असली कारण तो शंघाई में था। शंघाई पर क़ब्ज़ा करने वाले जापानी लोग हाल ही में वहाँ पहुँचे यूरोपी-यहूदियों के लिए एक अलग बस्ती बनाने का इन्तज़ाम कर रहे थे। बदक़िस्मती उनका पीछा कर रही थी।

रॉबर्ट ने भी वही किया जो सबने किया। उन्होंने अपना सामान समेटा और यहूदी बस्ती में चले गये। ग्रेटे और एल्ज़ा भी उनके साथ चल दिये, लेकिन कुर्ट ने इनकार कर दिया। शाहबलूत के पेड़ जैसा एक लड़का, जिसका जर्मन चेहरा ग़ैर-यहूदी और आँख लालची चिड़िया की तरह थीं, उसने अपने माता-पिता से स्पष्ट कह दिया था कि वह नहीं जायेगा। वह किसी बस्ती में बन्द होने वाला नहीं है, लेकिन वह बचेगा कैसे? चिन्ता की बात नहीं है, वह कागज़ात बनवा लेगा। नकली कागज़ात बनवाने को रॉबर्ट शर्मनाक मानते थे, लेकिन वह शर्मसार भी थे कि उनका बेटा उनसे अधिक चतुर निकला।

•••

नये सिरे से शुरुआत करने और एक व्यवसाय में लगने का रॉबर्ट का सपना उस बस्ती में ही चूर हो गया। रॉबर्ट ष्टाईन एक समय में बर्लिन के व्यापारी और जर्मन फ़ौजी, धातु से बना बर्तन लेकर बैरक की रसोई में गये, जहाँ उसे कई खाद्य-पदार्थों के मिश्रण से भरा गया। "छीः," रॉबर्ट ने गुस्से में बुदबुदाया और बर्तन लेकर चले आये। जब ग्रेटे ने ढक्कन खोला और घटिया-सी खिचड़ी देखी, तो उसे चक्कर आ गया, वह गुस्से में बोली, "क्या बकवास है!" *(डॉनर-वेटर)*

कुर्ट हफ़्ते में एक बार शहर से घर आता था और अपने माता-पिता और एल्ज़ा के लिए फल लाता था। उसे ख़ुद पर गर्व था कि वह उस बस्ती में नहीं था, उसकी जेब में पैसे थे, और वह अपने माता-पिता और बहन की सहायता कर रहा था। कुर्ट उन्हें अपनी सफलता के अज़ीबो-ग़रीब क़िस्से सुनाता था। हालाँकि उसके पिताजी उन्हें सुनना नहीं चाहते थे, फिर भी वह एक भूखे आदमी की तरह सेब खाते, कुर्ट की माँ और बहन की तरह। दोपहर के एक और घटिया खाने के बाद थोड़े-से फल खाना अच्छा लगता था, और सेहतमन्द भी था। खाते वक़्त वे कुर्ट के लाये फल की तारीफ़ करते, "बहुत बढ़िया!"

•••

घर के काम में माँ की सहायता करने के बाद एल्ज़ा रोज़ ब्रोयेड-परिवार के यहाँ चली जाती थी, वे उसी गली में रहते थे। एल्ज़ा वहाँ अक्सर देर रात तक रुकती थी, क्योंकि वह उस परिवार को पसन्द करती थी। हालाँकि ब्रोयेड परिवार पोलैंड के यहूदी थे और ब्रोयेड महोदय एक यहूदी धर्मगुरु, एक रब्बी। एल्ज़ा को वहाँ घर जैसा लगता था, जैसे कि वह उसका ही परिवार हो।

उनके घर का माहौल हमेशा जीवन्त होता था, वहाँ आये लोगों से भरा हुआ। उनम से अधिकतर शरणार्थी थे, और बाक़ी येशीवा-शागिर्द[1]। सभी को वहाँ घर जैसा लगता था। श्रीमती ब्रोयेड, माल्केला, सभी से इतनी खुश रहती थीं जैसे कि वह उनकी आभारी हों कि वे वहाँ आये। अगर कोई अपने साथ कुछ काम ले आता तो वह और भी खुश होतीं। उनका दो साल का बेटा मडेल बड़ा ही खुशमिज़ाज बच्चा था जो कभी न रोता था। उल्टे, हमेशा गाता रहता था। वह सबके पास जाता, सबके गले लगता, उनके हाथों और कन्धों पर कूदता। छोटे-से मडेल के कारण एल्ज़ा को ब्रोयेड-परिवार अपने घर जैसा लगता था। उसने उस बच्चे को पहली बार गली में देखा था, तब वह उसे अपने छोटे-छोटे हाथों से पकड़कर रास्ते के दूसरी ओर खींच लाया था। श्रीमती ब्रोयेड खुश थी कि मडेल रॉबर्ट ष्टाईन की सुनहरे बालोंवाली बेटी को पसन्द करता था। इसी वजह से एल्ज़ा ने ब्रोयेड-परिवार के यहाँ जाना शुरू किया था। पहली बार एल्ज़ा वहाँ केवल एक घण्टे के लिए गयी थी, लेकिन अगले दिन वह वहाँ कुछ ज़्यादा रुकी थी। उसे वहाँ अच्छा लगा था। उसका वहाँ से जाने का मन ही नहीं हुआ। उसे न केवल मडेल से बल्कि ब्रोयेड-परिवार और

उनके घर पर मिलने वाले हर एक व्यक्ति से एक जुड़ाव-सा महसूस होता था। लेकिन यह सब उसके पिता को पसन्द न था; वह भला उन पोलिश-यहूदियों के पास रेंगती हुई किसलिये चली जाती थी, वह भी एक रब्बी के पास? उसकी माँ का विस्मयबोधक "क्या बकवास है!" भी किसी काम न आया।

•••

शहर में कुर्ट पूरा दिन भागा-दौड़ी और सौदेबाज़ी में लगा रहता था। जहाँ भी कोई सौदा होना होता, कुर्ट निश्चित करता था कि वह उसमें हिस्सा ले, कमाई का एक हिस्सा प्राप्त करे और ख़र्चे के लिए पैसे निकाले। वह बड़े से बड़े रेस्टोरेंट में खाता, केवल चुनिन्दा डिश ही ऑर्डर करता, उसके मुँह से गरिष्ठ खाने की चिकनाई टपकती थी। अभी कल ही कुर्ट अपने चीनी पड़ोसी की बेटी, लुओ ज़ेन को लेकर एक रेस्टोरेंट में गया था और उसने उसके लिए मेन्यू-कार्ड पर लिखा सबसे महँगा खाना और ड्रिंक ऑर्डर किये, जिनकी उस लड़की ने अपने सपनों में भी कल्पना न की थी। कुर्ट ने अपने प्यार का इज़हार नहीं किया; उसने सुन्दर शब्दों से उसका दिल जीतने की कोशिश नहीं की। वैसे भी, दोनों के बीच क्या बात होती वह चीनी नहीं जानता था, और लड़की को जर्मन का एक शब्द नहीं आता था। लेकिन लुओ को उसका रूप भा गया, शाहबलूत के पेड़ की तरह वह लड़का जो अधिकारपूर्वक अपने आस-पास नज़र घुमा रहा था। वह उसे बच्चों जैसी विश्वासभरी नज़रों से देख रही थी। उसकी आँख उसे ऐसे निहार रही थी, जैसे वे उस विशाल लड़के से लिपटना चाहती हों उसे कुर्ट में इतनी सौम्यता दिखी थी। कुर्ट भी उस पर पैसा ख़र्चने में कोई कमी नहीं रखता था; लुओ को अच्छे कपड़े पहनने चाहिए और अच्छा खाना खाना चाहिये।

लुओ ज़ेन के पिता एक मामूली बढ़ई थे जो कि तड़के सुबह से लेकर देर रात तक गली में काम करते रहते, फट्टे काटते और उन्हें सपाट करते, बिना यह जाने कि उनकी एक जवान बेटी भी है। वह इस बात से बिलकुल अनजान थे कि लुओ ज़ेन एक आकर्षक और सुन्दर लड़की थी, जिसकी शादी उन्हें तय करनी चाहिये थी। दिन भर और देर रात तक वह केवल लकड़ियाँ काटते और उन्हें सपाट करते। लेकिन एक बार इस ग़रीब बढ़ई ने एक 'नोकेन्यो' (एक गोरा आदमी, एक विदेशी) को अपनी बेटी के पास

देखा, जिससे उनका दिमाग़ ख़राब हो गया। विदेशियों के बारे में वे बहुत बुरा सोचते थे। एक पागल आदमी की भाँति वह भागते हुए अपनी पत्नी के पास आये, हालाँकि वह समझ ही नहीं पायी कि वह कहना क्या चाह रहे थे। उसने उनकी तरफ़ ऐसे देखा जैसे कि वह बेवक़ूफ़ हों। फिर उन्होंने ख़ुद ही लुओ ज़ेन का सामना करने की सोची और उससे सच बताने को कहा। तब पहली बार उन्हें पता लगा कि वह और कुर्ट, जो उसी गली में रहता था, एक-दूसरे से प्यार करते थे और कुर्ट एक अच्छा लड़का था। वह उससे प्यार करती थी। बस, इतना ही।

खाने के समय बढ़ई ने अपनी पत्नी से कहा कि अब एक ही रास्ता है, शादी। एक बार वह नोकेन्यो लुओ ज़ेन से शादी कर ले, तो बढ़ई अपने आप ही शान्त हो जायेगा। लुओ ज़ेन ने हँसते-खेलते बड़ी प्यारी तरह से कुर्ट को यह बता दिया, जिसने मुस्कुराते हुए सहमति में अपना सिर हिला दिया और कहा, "अच्छा तो, ठीक है।"

•••

एल्ज़ा जैसे ब्रॉयड-परिवार का एक हिस्सा बन गयी है। अब तो रब्बी मेलेख ब्रॉयड भी उससे ऐसे बात करते हैं कि जैसे वह उनकी बहन हो। छोटा-सा मडेल हँसता है और अपने हाथ उसके बालों में घुसा देता है और माल्केला, श्रीमती ब्रॉयड, भी उसे छोटे पोलिश शहर के अपने घर और माता-पिता के बारे में बहुत कुछ बताती हैं। येशीवा-शागिर्द भी एल्ज़ा से खुल कर बात करते हैं और वो भी यहूदी-भाषा यिद्दिश में वे उसे परिवार की ही एक लड़की की तरह देखते हैं। खायिम्का को उसका साथ पसन्द है, वह उसे हमेशा बिना किसी झिझक के पुकारता है, "एल्ज़ा, एल्ज़ा ..."

खायिम्का येशीवा-शागिर्दों के युवा समूह का एक हिस्सा है। ऐसा दिखता है मानो अभी-अभी किसी ने उसे उसकी माँ के पल्लू से अलग किया है। वह एक सुन्दर युवक है। अच्छे कपड़े पहने, कोट और हैट लगाये खायिम्का चौबीस साल का है। जब वह आस-पास होता है, एल्ज़ा का मुँह शर्म से लाल हो जाता है, क्योंकि उसे लगता है जैसे खायिम्का के मन में कुछ है।

•••

कुर्ट फलों की पेटी और सबके लिए एक-एक ख़ास तोहफ़ा लेकर अपने माता-पिता के घर आया। उसके पास पैसों की कमी न थी। जब उसने देखा की वे तोहफ़े देखकर कितने खुश हुए, उसने उन्हें बताने का फ़ैसला किया कि अब उन्हें उसकी शादी के लिए तैयार हो जाना चाहिए।

"क्या मतलब?'' तीनों चौके।

"एक लड़की है, लुओ ज़ेन उसका नाम है, वह चीनी है और हम शादी करने वाले हैं।''

रॉबर्ट को बहुत गहरे आहत हुए। वह अपनी रज़ामन्दी देने वाले नहीं थे, क्योंकि उन्होंने फ़ैसला कर लिया था कि कुर्ट की शादी एक यूरोपीय लड़की से होगी। रॉबर्ट का दर्द खाँसी में बदल गया। उनका चेहरा ऐसा लाल हो गया जैसे ख़ून में नहाया हो। वह एक शब्द भी न बोल पाये।

"शर्म करो, कुर्ट,'' आरोप लगाते हुए एल्ज़ा ने कहा। "तुम्हें शर्म आनी चाहिए कि तुम एक यहूदी लड़की से शादी नहीं कर रहे। एक ग़ैर-यहूदी लड़की से शादी करना पाप है। तुम कभी जहन्नुम से बाहर नहीं आओगे।"

माता-पिता ने एल्ज़ा को अजीब तरह से देखा, जैसे वह अपने आपे से बाहर हो गयी हो। अचानक वे उसे पहचान ही नहीं पा रहे थे। जैसे ही कुर्ट ज़ोर-से दरवाज़ा बन्द करके कमरे से बाहर गया, उसके पिता चिल्लाये, "शर्म आनी चाहिए!" [फ़ुर्ष्टबार] और उसकी माँ ग्रेटे ने भी कहा, "शर्म आनी चाहिए!''

• • •

मेलेख ब्रॉयड ने माल्केला से बात की, उन्हें बताया कि अच्छा होगा अगर वे एल्ज़ा को उस जर्मन माहौल से निकाल ले आयें और उसकी शादी उन्हीं के किसी एक लड़के से करवा दे। माल्केला को यह विचार अच्छा लगा। उन्हें एल्ज़ा हमेशा जैसे अकेली-सी ही लगती थी।

येशीवा-शागिर्दों में ही कई शागिर्द ऐसे थे जिन्होंने तोराह के अध्ययन के प्रति अपने लगाव के कारण शादी नहीं की थी और अब कुछ उम्रदराज़ हो गये थे। लेकिन खायिम्का छोटे शागिर्दों में से था। वह बस चौबीस साल का था और बाक़ी नौजवानों से कहीं ज़्यादा सुन्दर था। उसे अच्छा पहनना पसन्द था। अगर लड़कियों के पिता को येशीवा-शागिर्दों में से किसी एक को चुनना हो, तो वह किसी छोटी उम्र के लड़के को ही चुनेंगे, ख़ासकर खायिम्का जैसे

किसी लड़के को। उसे पूरा यहूदी-समाज जानता था; माल्केला ने एक बार उससे मज़ाक में पूछा था, "खायिम्का, तुम किस लड़की को चुनोगे?"

"तुम से सच कहूँगा, माल्केला," खायिम्का ने फुसफुसाते हुए जवाब दिया, "उन सब में से एल्ज़ा मुझे सबसे अच्छी लगती है। हाँ माल्केला, एल्ज़ा ने मेरा दिल चुरा लिया है।"

माल्केला ने इसके बारे में बहुत सोचा और फिर बाद में अपने पति से बात की। मेलेख को इस जोड़ी का विचार बहुत अच्छा लगा।

"मुझे लगता है तुम्हें उसके पिता से बात करनी चाहिए।" माल्केला ने खायिम्का से कहा।

"मैं उन्हें नहीं जानता।"

"पर वह तुम्हें जानते हैं।"

"अगर ऐसा है तो तुम्हें एल्ज़ा से बात करनी चाहिये। मुझे ऐसा लगता है।"

माल्केला ने एल्ज़ा को दोनों हाथों से पकड़ा और अपने सीने से लगा लिया। एल्ज़ा को देने के लिए उनके पास एक खुशख़बरी थी।

"क्या है, माल्केला?" एल्ज़ा ने चिन्ता से पूछा।

"क्या तुम खायिम्का को अपने मंगेतर के रूप में चाहोगी?"

एल्ज़ा का चेहरा लाल-पीला हो गया। एक रंग गहरा, एक रंग हल्का। आँखों से आँसू छलकने लगे। अपने सुनहरे बालों वाला सिर माल्केला के कन्धे पर रख कर एल्ज़ा अच्छे-से रोई। एक मिनट में इतनी ख़ुशी।

उसी दिन मेलेख ब्रॉयड एल्ज़ा के माता-पिता से मिलने गये। नेक काम में देरी कैसी? रॉबर्ट तुरन्त ही एल्ज़ा के 'रब्बी' को पहचान गये। उन्होंने कुर्सी नज़दीक खिसकायी और साफ़ आवाज़ में बोले "कृपया बैठिये।"

रब्बी ब्रॉयड रॉबर्ट से धीरे-धीरे बात कर रहे थे ताकि वह उनकी यहूदी भाषा आसानी से समझ पाये। "एक अच्छे यहूदी परिवार का एक बहुत भला लड़का है। हम भी एल्ज़ा को अच्छे से जानते हैं। हम, मुझे और मेरी पत्नी को पूरा विश्वास है कि यह एक अच्छी जोड़ी रहेगी।" उनके लिए, ब्रॉयड के लिए यह पता लगाना मुश्किल था कि क्या रॉबर्ट उनकी यहूदी भाषा समझ पा रह हैं, अच्छे से समझ पा रहे हैं?

"ष्टाईन साहब," मेलेख ब्रॉयड आगे बोले, "एक मज़हबी यहूदी होने के नाते मैं आपको बताना चाहता हूँ कि इस वक़्त यहूदियों की जो भी स्थिति है, उसमें और भी ज़्यादा शादियाँ होनी चाहिए....क्या मैं ग़लत कह रहा हूँ?"

ब्रॉयड और उनकी बातों ने एल्ज़ा के पिता पर एक अच्छा प्रभाव छोड़ा।

"लेकिन ब्रॉयड महोदय," रॉबर्ट ष्टाईन ने पूछा, "यह नौजवान करता क्या है?"

"वह येशीवा में है," ब्रॉयड ने सीधा-सीधा जवाब दिया।

"क्या, एक येशीवा-शागिर्द?"

"हाँ।"

"क्या आपको लगता है, रब्बी साहब कि इसके लिए मेरी एल्ज़ा राज़ी होगी? आप एल्ज़ा को जानते हैं।"

"ज़रूर," ब्रॉयड ने जवाब दिया, "मेरी पत्नी उससे पहले ही बात कर चुकी है।"

"ओह, अच्छा।" रॉबर्ट ने सिर हिलाया, लेकिन वह जल्द ही नर्म पड़ गये। पर फिर उन्हें कहना ही पड़ा, "रब्बी साहब, एक शादी के साथ काफ़ी ख़र्चे जुड़े होते हैं।"

"आप उसकी चिन्ता न करें।" ब्रॉयड ने उन्हें शान्त करते हुए कहा।

असल में रॉबर्ट ने सुन रखा था कि येशीवा-शागिर्द अमीर लोग होते हैं।

"उसका नाम क्या है?"

"खायिम्का, खायिम्का गूटमन। ष्टाईन साहब, आप मेहरबानी करके शाम को मेरे घर आइये और खायिम्का को खुद देखिये। हम इस बारे में और बात करेंगे।"

ब्रॉयड के जाने के बाद रॉबर्ट को लगा जैसे उनके सिर में धुआँ भर गया हो—एल्ज़ा और एक येशीवा-शागिर्द ..

"तुम क्या कहती हो, ग्रेटे?"

"और तुम क्या कहते हो?" उसने बदले में जवाब दिया।

शाम को रॉबर्ट ष्टाईन ब्रॉयड परिवार के यहाँ आये। शंघाई आने के बाद यह पहली बार था कि किसी ने उन्हें आमन्त्रित किया हो। मेज़ सफ़ेद कपड़े से ढकी थी। फल से भरी प्लेट और हर प्रकार के व्यंजन मेज़ पर थे, सब उन्हीं की ख़िदमत में। रॉबर्ट की मूँछ अब कुछ नर्म दिख रहीं थी, कुछ जज़्बाती-सी। उन्हें पहली ही नज़र में खायिम्का भा गया। एक उम्दा लड़का।

"तुम एक रब्बी हो?" रॉबर्ट ष्टाईन ने खायिम्का से पूछा।

"होने वाला है।" ब्रॉयड बीच में ही बोले।

"और एल्ज़ा क्या कहती है? कहाँ है वह? वह तो हमेशा यहीं आपके साथ रहती है।''

एल्ज़ा एक सयानी लड़की की तरह अपने पिता के पास आयी, जिसे पता हो कि उसकी तकदीर का फ़ैसला होने जा रहा है।

"अब्बा,'' एल्ज़ा ने कहा, "आप मंजूरी दे सकते हैं, हाँ, हाँ।''

ब्रॉयड और खायिम्का उसकी रज़ामन्दी सुनकर प्रेम से मुस्कुराये। एल्ज़ा भी मुस्कुरायी, हालाँकि उसका चेहरा सफ़ेद से लाल हो गया था।

एल्ज़ा के पिता, रॉबर्ट ष्टाईन ने खायिम्का से हाथ मिलाया। ऐसा लग रहा था जैसे रॉबर्ट सातवें आसमान पर हो। ब्रॉयड ने गिलासों में व्हिस्की भरी, सबने ज़िंदगी के नाम जाम बनाया और एक-दूसरे की खुशकि़स्मती की दुआ की।

•••

अपने ससुराल वालों की चौखट पर मेजूज़ाह[2] लगाने के अलावा खायिम्का ने सुनिश्चित किया कि एल्ज़ा और उसके माता-पिता को दोपहर में कोशेर[3] और अच्छा खाना मिले। उसने उनके खाने का इन्तज़ाम मज़हबी यहूदियों की रसोई में किया, जहाँ खाना कोशेर भी था और स्वादिष्ट भी। खाना खाने वाले लोग मेज़ पर बैठते थे और बैरे खाने की प्लेट लाते थे।

"क्या बात है! [फ़ाबेलहाफ्ट]" रॉबर्ट और ग्रेटे ने तारीफ़ करते हुए कहा। वे हैरान थे, उनके पास शब्द नहीं थे, वे इतने खुश थे कि उन्हें समझ नहीं आ रहा था कि वे खायिम्का का शुक्रिया अदा करें या बाक़ी लोगों का ताकि किसी को भी बुरा न लगे। रॉबर्ट और ग्रेटे समझ गये कि एल्ज़ा का दूल्हा एक महत्त्वपूर्ण व्यक्ति है और फिर उन्होंने अक्सर सुना था कि येशीवा-शागिर्द अमीर लोग होते हैं।

येशीवा लोगों और रब्बीजनों के बीच रॉबर्ट को अब एक इज़्ज़तदार आदमी की तरह देखा जाता था। सब उन्हें दिल से 'गुड मॉर्निंग' कहते। कुछ तो उन्हें रैव रॉबर्ट भी कहते।

•••

शादी ऐसी हुई जैसी एक समय में छोटे शहरों के अच्छे घर के यहूदियों में हुआ करती थी। सभी रब्बीजनों की बीवियाँ और येशीवा-शागिर्दों की

बीवियाँ ब्रॉयड परिवार के साथ उसम शामिल हुईं। सैकड़ों की तादाद में लोग, शरणार्थी रब्बीजन और बूढ़े और जवान सभी येशीवा-शागिर्द यहूदी प्रार्थना-गृह में शादी के मंडप के आस-पास खड़े थे। दूल्हे ने धार्मिक प्रवचन दिया और एल्ज़ा के पिता ने उसे ऐसे देखा, जैसे कि वह एक जादूगर हो जिसका जादू समझ से बाहर हो। वह ख़ासकर उनके नाच को देखकर अचम्भित हुए, घेरे में घेरा और इतना तेज़ और तूफ़ानी, और सब गा रहे थे। सबने उस जर्मन को एक घेरे में ले लिया और उन्हें नाचने के लिए मजबूर किया आख़िरकार वह दुल्हन के पिता जो थे। भले ही वह एक नौसीखिये की तरह नाचे, लेकिन उनका चेहरा लाल था, और माथे से टपकते हुए पसीने से चमक रहा था।

एल्ज़ा का भाई कुर्ट बिन बुलाये ही आ गया। न ही उसके माता-पिता ने उसे आने को कहा था और न ही एल्ज़ा ने। कुर्ट ने उन सभी को शर्मिन्दा और बेइज़्ज़त किया था। औरों ने उसे शादी के बारे में बताया था, इसीलिये वह अकेला आया था, और जब उसने विस्की का पहला गिलास पिया, तो चिल्ला कर ऐलान किया, "दुल्हन मेरी बहन है।" जब लोगों ने यह सुना, तो किसी ने उसका हाथ पकड़कर उसे एक घेरे में खींच लिया। दुल्हन के भाई को नाचना पड़ेगा, वह वहाँ बुत बनकर खड़ा नहीं रह सकता। कुर्ट एक पियक्कड़ की तरह गोल-गोल घूमता रहा, औरों के पैरों पर चढ़ता रहा जिसकी वजह से उन्होंने उसे घेरे से बाहर फेंक दिया। वह मुश्किल से बाहर तक ही आ पाया, जहाँ उसने उल्टी कर दी।

•••

कुर्ट और लुओ ज़ेन मिलने आये। असल में लुओ ज़ेन ही कुर्ट को लाई थी। वह अपने माता-पिता और पड़ोसियों के सामने अब और शर्मिन्दगी नहीं झेल पा रही थी कि कुर्ट के माता-पिता उसके ख़िलाफ़ हैं। लुओ ज़ेन दरवाज़े पर ही खड़ी रही, कुर्ट के पिता के पास जाने की उसकी हिम्मत न हुई। कुर्ट उसकी तरफ़ से बोला। उन थोड़े बहुत शब्दों से, जिन्हें वह समझ पायी और कुर्ट के चेहरे के हाव-भाव से उसे लगा कि कुर्ट अपने माता-पिता से दया और माफ़ी माँग रहा है। अगर उसने भी माफ़ी माँगी, तो ख़ामोशी से। उसके आँसू उसके लिए बोल रहे थे।

"तुमने मुझसे पूछा क्यों नहीं?" पिता ने ज़ोर देते हुए कहा।

"मेरा क़सूर है, कृपया मुझे माफ़ कर दीजिये।"

"ग्रेटे, तुम्हारा क्या कहना है?"

"लेकिन इसने तो तुम्हें बताया था।" माँ ने बेटे का बचाव करते हुए कहा।

"ठीक है। लुओ ज़ेन को मेज़ पर बुलाओ।"

लेकिन तभी, अचानक कुछ हुआ। रॉबर्ट ने जल्दी से कुर्ट और उस चीनी लड़की को उसी समय कमरे से बाहर जाने को कहा। उसने उन्हें लगभग बाहर ही निकाल दिया।

"लगभग आधे घण्टे में फिर से आना, फिर से आना।"

कुर्ट और लुओ ज़ेन समझ नहीं पाये कि क्या हुआ? वे कमरा छोड़कर इन्तज़ार करने कहीं और चले गये। हुआ यह था कि रॉबर्ट ने खिड़की से खायिम्का और एल्ज़ा को उससे मिलने आते हुए देख लिया था। एल्ज़ा का सिर ढका हुआ था जैसा कि एक शादीशुदा लड़की के लिए मुनासिब था। रॉबर्ट को डर था कि कहीं दोनों जोड़े एक-दूसरे को देख न लें।

"स्वागत है खायिम्का, स्वागत है एल्ज़ा[4]" रॉबर्ट ने कहा।

•••

सन्दर्भ-सूची

1. यहूदी किताब 'तालमूद' ओर 'तोरा' के अध्ययन के लिए यहूदी-संस्थान 'येशीवा' में पढ़ने वाले विद्यार्थी।
2. यहूदी परम्परा में एक चर्मपत्र जिस पर तोराह की यहूदी आयत लिखी होती है। यह एक छोटे सुन्दर बक्से में होता है।
3. यहूदी ढंग से पका हुआ खाना।
4. एक रब्बी, यहूदियों की धार्मिक किताब 'तोराह' का उस्ताद।

अनुवाद : गौरव सौनिक

तीन देशों ने मुझे बाहर थूक दिया (1941)

सिम्खा एल्बर्ग

तीन देशों ने मुझे बाहर थूक दिया,
जैसे एक लाश को
तूफ़ानी समुद्र बाहर थूक देता है।

मेरा घर, पोलैंड,
एक बस्ती में बन्द, दफ़न,
पता नहीं, ज़रूरत के वक़्त कौन 'रखामिम'[1] पढ़ता होगा,
मौत माँगते हुए धीमे-से,
कौन 'शेमा यिसरैल'[2] फुसफुसाता होगा।

मेरी सौतेली माँ लिथुआनिया ने मिचकेविच[3] की बड़ाई की,
जब नीमन नदी पर लाल सूरज का उदय हुआ,
एक भी आँसू उस नदी ने न निगला,
जहाँ लाल झण्डा लहराया।

बर्फ़-भरे एक सफ़ेद दिन,
मैं डर के भाग आया,
और क्योंकि मेरे दिन पर लाल निशान न था,
लिथुआनिया ने मुझे बाहर थूक दिया,
जैसे कि टी.बी. का मरीज़
अपने ख़ून की आख़िरी बूँदें बाहर थूक देता है।

जापान में मैंने समन्दर से स्याही बनायी,
आसमाँ से सफ़ेद काग़ज़ का टुकड़ा,
हवा ने भी आह भरी,
जब मैंने लिखा— मुझे वीज़ा भेजो!

एक नम दिन,
जब जापानी अपनी नाक ढक लेते हैं,
और काठ के क़दम बढ़ाते हैं,
जापान ने मुझे शंघाई में
थूक दिया।

सन्दर्भ-सूची

1. चल बसे लोगों की शान्ति के लिए एक यहूदी दुआ।
2. यहूदियों की सुबह-शाम की इबादत, उनकी मज़हबी किताब 'तौरात' से।
3. उन्नीसवीं सदी के पोलेंड के प्रख्यात कहानीकार, कवि, निबन्धकार और राजनीतिक कार्यकर्ता। इन्हें पोलैंड, लिथुआनिया और बेलारूस में राष्ट्रीय कवि का दर्ज़ा प्राप्त है।

अनुवाद : गौरव सौनिक

एक बड़ी उम्मीद

इल्ज़े आइशिंगर

उत्तमाशा-अन्तरीप के चारों ओर समुन्दर का रंग गहरा गया। जहाज़ी रास्ते एक बार फिर से उद्दीप्त हुए और बुझ गये। हवाई मार्ग दर्प की भाँति डूब गये। द्वीपों के समूह भयभीत से एकत्रित हो गये। समन्दर ने सभी अक्षांश और देशान्तर रेखाओं को जलमग्न कर दिया। उसने संसार के समस्त ज्ञान की खिल्ली उड़ायी, वह प्रकाशमान भूमि से गाढ़े रेशम की तरह चिपट गया और अफ्रीका के दक्षिणी छोर को उसने बस किसी अंदेशे की भाँति झुटपुटे में छोड़ दिया।

अँधेरा उतर आया और धीरे-धीरे उत्तर की ओर बढ़ने लगा। किसी बड़े कारवाँ की तरह वह रेगिस्तान में बढ़ने लगा—विस्तृत और अबाध। एलेन ने अपनी नाविक-टोपी चेहरे से हटा दी और सिर ऊँचा किया। अचानक उसने अपना हाथ भूमध्य सागर पर रख दिया, हाथ गरम और छोटा था। मगर इसका कोई फ़ायदा नहीं हुआ। अँधेरा यूरोप के बन्दरगाहों में पहुँच चुका था।

खिड़कियों की सफ़ेद चौखटों में से भारी परछाइयाँ डूब रही थीं। आँगन में एक फव्वारा गरज रहा था। कहीं किसी हँसी में उतार आ गया। एक मक्खी डोवर से कैले के बीच रेंग रही थी।

एलेन को कँपकँपी छूट रही थी। उसने दीवार पर से नक़्शे को झटके-से खींचा और फ़र्श पर बिछा दिया। और अपने टिकट से उसने सफ़ेद, बीच में चौड़े पाल वाली काग़ज़ की नाव बना ली।

वह जहाज़ हैम्बर्ग से समुद्र की ओर बढ़ रहा था। उस जहाज़ में बच्चे थे। बच्चे, जिनमें कुछ ऐसा था जो ठीक-ठाक नहीं था। जहाज़ पूरी तरह से लदा हुआ था। वह पश्चिमी तट की ओर बढ़ रहा था और अब भी और बच्चों को चढ़ा रहा था। लम्बे ओवरकोट और बहुत छोटे पिट्ठू बस्ते लिए

बच्चे, वे बच्चे जो वहाँ से निकल भागने को मजबूर थे। न उनमें से किसी के भी पास वहाँ रहने की अनुमति थी और न उनमें से किसी के भी पास वहाँ से जाने की अनुमति थी।

ग़लत दादा-दादी या नाना-नानी वाले बच्चे, बिना पासपोर्ट और वीज़ा वाले बच्चे। बच्चे, जिनकी अब कोई भी ज़मानत नहीं ले सकता था। इसलिये वे रात में सफ़र कर रहे थे। किसी को इसके बारे में कोई जानकारी नहीं थी। वे प्रकाश स्तम्भों से बचते हुए निकल रहे थे और बड़े-बड़े समुद्री जहाज़ों से बहुत फ़ासला रख रहे थे। जब उन्हें मछुओं की डोंगियाँ मिलतीं, तब वे डबलरोटी की गुज़ारिश करते। हमदर्दी की गुज़ारिश वे किसी से भी नहीं करते।

महासागर के बीच में उन्होंने अपने सिर जहाज़ के छोर से ऊपर निकाल लिए और गाने लगे। ''गुन-गुन, गुन-गुन गुन, यहाँ-वहाँ करे मधुप गुन-गुन...'' "इट्स अ लॉन्ग वे टू टिप्परेरी...", 'गड्ढे में नन्हा-सा खरगोश—और, और भी कई सारे। चाँद ने समुद्र के ऊपर रूपहली ज़ंजीर लटका दी वहीं क्रिसमस वृक्ष के ऊपर लटकायी जाने वाली ज़ंजीर। वह जानता था कि उनके जहाज़ पर कोई खलासी नहीं है। हवा उनकी मदद के लिए पाल के भीतर बहने लगी। उसके मन में भी उनके लिए संवेदना थी। वह भी उन लोगों में से एक थी जिनकी ज़मानत कोई भी नहीं ले सकता था। एक शार्क उनके बगल में तैर रही थी। उनसे गुज़ारिश करके उसने यह अधिकार पाया था कि वह इनसानों से उनकी रक्षा करे। जब उसे भूख लगती तो वे उसे अपनी डबलरोटी देते और उसे अक्सर ही भूख लगती। उसकी ज़मानत भी कोई नहीं ले सकता था।

उसने बच्चों को बताया कि उसका शिकार करने की कोशिश की गयी थी। और बच्चों ने उसे बताया कि उनका शिकार करने की कोशिश की गयी थी कि वे चोरी-छिपे सफ़र कर रहे थे और यह भी बताया कि यह बहुत ही रोमांचक था। उनके पास न तो पासपोर्ट था और न वीज़ा, पर वे किसी भी क़ीमत पर उस पार पहुँचना चाहते थे।

शार्क ने उन्हें दिलासा दिया, वैसे ही जैसे एक शार्क दिलासा दे सकती है। और वह उनके साथ ही रही।

उनके सामने एक पनडुब्बी प्रकट हो गयी। वे बहुत भयभीत हो गये, पर जब नाविकों ने देखा कि कुछ बच्चों ने नाविक टोपियाँ पहनी हुई है तो उन्होंने उनके लिए सन्तरे फेंके और उनका कुछ भी नहीं बिगाड़ा।

जैसे ही शार्क ने बच्चों को उनके उदास ख़यालों से बाहर निकालने के लिए एक चुटकुला सुनाना चाहा, वैसे ही बहुत भयानक तूफ़ान आ गया। बेचारी शार्क को एक बड़ी-सी लहर ने दूर ले जाकर पटक दिया। चाँद ने गुस्से में रुपहली ज़ंजीर को वापस खींच लिया। काजल-से काले पानी के छींटे उस छोटे से जहाज़ पर पड़ने लगे। बच्चे ज़ोर-ज़ोर-से मदद के लिए पुकारने लगे। किसी ने उनकी ज़मानत नहीं ली थी। उनमें से किसी के भी पास लाइफ़ जैकेट नहीं थी।

उस दहशत में से बड़ी, जगमगाती हुई और पहुँच से बाहर स्वाधीनता की प्रतिमा प्रकट हुई, पहली और आख़िरी बार।

एलेन नींद में चीख़ उठी। वह नक़्शे के ऊपर तिरछी लेटी हुई थी और अमेरिका और यूरोप के बीच बेचैन-सी इधर-उधर लोट रही थी। अपनी फैली हुई बाँहों से वह साइबेरिया और हवाई द्वीप पहुँच चुकी थी। अपनी मुट्ठी में उसने छोटी-सी काग़ज़ की नाव बहुत मज़बूती से पकड़ी हुई थी।

लाल मखमल की गद्दियों वाली सफ़ेद बेंच हैरान-सी गोल-गोल घूमने लगीं। ऊँचे, चमकते दरवाज़े धीरे-से काँपने लगे। रंग-बिरंगे पोस्टर इस दर्द से स्याह पड़ गये।

एलेन रो रही थी। उसके आँसुओं ने प्रशान्त महासागर को भिगो दिया। उसकी नाविक टोपी उसके सिर से नीचे गिर गयी थी और उसने दक्षिणध्रुव महासागर के एक भाग को ढक दिया। वैसे भी यह दुनिया बहुत कठोर है। शुक्र है, वह छोटी काग़ज़ की नाव वहाँ थी।

कांसुलेट जनरल ने अपने काम से ध्यान हटाया।

वह उठा, अपनी पढ़ाई-लिखाई की मेज़ का एक चक्कर लगाया और फिर से बैठ गया। उसकी घड़ी बन्द हो गयी थी और उसे यह नहीं मालूम था कि क्या समय हो रहा है। तक़रीबन आधी रात होगी। बस, इतना ज़रूर था कि आज बीत चुका था और कल अभी हुआ नहीं था।

उसने ओवरकोट पहना और बत्ती बुझा दी। अभी वह हैट पहनने जा ही रहा था कि उसे कुछ सुनायी पड़ा। उसने हैट को हाथ में ही पकड़े रखा। यह किसी बिल्ली के चिल्लाने की आवाज़ थी; असहाय और अनवरत। इस आवाज़ ने उसे क्रोधित कर दिया।

सम्भव है कि यह उसी कमरे से आ रही थी जहाँ दिन भर लोग अस्वीकृत किये जाने के इन्तज़ार में बैठे रहते थे। वे बहुत-बहुत सारे लोग, सफ़ेद, आकांक्षा

भरे चेहरे लिए, जो सब के सब डर की वजह से प्रवास करना चाहते थे और जो सोचते थे कि दुनिया अब भी गोल है। उनको यह समझाना असम्भव था कि नियम एक अपवाद था और अपवाद कोई नियम नहीं। उन्हें कांसुलेट के एक अधिकारी और परमेश्वर के बीच का अन्तर स्पष्ट कराना असम्भव था। वे उम्मीद छोड़ने को तैयार नहीं थे, जिसे नापा-तौला न जा सके, उसे हाथ में लिए नाप-तौल रहे थे और जिसे आँका न जा सके, उसे आँक रहे थे। वे रुकते ही नहीं थे।

कांसुलेट जनरल ने खिड़की से सिर निकाला और नीचे देखा। वहाँ कोई नहीं था। उसने ताला लगाया और चाभी को जेब में डाल लिया। लम्बे-लम्बे डग भरते हुए उसने प्रतीक्षा-कक्ष पार किये। अगर सभी को जोड़ लें तो कक्षों से ज़्यादा प्रतीक्षा-कक्ष हैं। जितनी पूरी की जा सके, उससे ज़्यादा उम्मीद। कुछ ज़्यादा ही उम्मीद। वाक़ई कुछ ज़्यादा ही?

और सही में यह सन्नाटा कितना चुभ रहा था। रात ऐसी मानो उसके स्याह रंग में और स्याही घुली हो। गुनगुनी-सी और किसी मातमी पोशाक की तरह घनी बुनी हुई। उम्मीद करो, मेरे दोस्तो, करो उम्मीद! बीच-बीच में उजले सूत बुनो! दूसरी तरफ़ एक नया नमूना तैयार होना चाहिये।

कांसुलेट जनरल थोड़ा और तेज़ चलने लगा। वह सीधे सामने देख रहा था और उबासी ले रहा था, पर इससे पहले कि वह मुँह पर हाथ रख पाता, वह ज़मीन पर चित पड़ा था। वह किसी अड़चन से जा टकराया था।

कांसुलेट जनरल उछलकर खड़ा हो गया। उसे स्विच तुरन्त नहीं मिला। जब उसने बत्ती जलायी तो एलेन सो ही रही थी। उसका मुँह खुला हुआ था। वह पीठ के बल लेटी हुई थी और उसने मुट्ठियाँ भींची हुई थीं। उसके बाल किसी घोड़े की अयाल के जैसे कटे हुए थे और उसकी टोपी की छोर पर छोटे, सुनहरे अक्षरों में 'प्रशिक्षण-जहाज़ नेल्सन' लिखा हुआ था। वह उत्तमाशा-अन्तरीप और स्वाधीनता की प्रतिमा के बीच लेटी हुई थी और उसे हटा पाना मुश्किल था। बायीं आँख के ऊपर गूमड़ की वजह से बस इतना ही समझ में आ रहा था। कांसुलेट जनरल तेज़ आवाज़ में कुछ अभद्र-सी बात बोलने ही वाला था कि तभी उसने जल्दी-से हाथ रखकर मुँह को बन्द कर लिया। उसने अपने हैट को फ़र्श पर से उठाया और सारी सिलवट मिटाने लगा। और वह बहुत ही हौले-से एलेन की ओर बढ़ा। वह गहरी और तेज़ साँसें भर रही थी मानो हर साँस के साथ उसके हाथ से कुछ बहुत ज़रूरी चीज़ निकल जायेगी।

कांसुलेट जनरल ने दबे पाँव नक़्शे का एक चक्कर लगाया। वह झुका और उसने एलेन को बड़ी सावधानी से उस कठोर दुनिया पर से उठा लिया और मखमल की गद्दियों पर लिटा दिया। उसने उसाँस भरी, उसकी आँख अब भी बन्द थीं और उसने कांसुलेट जनरल के हल्के सिलेटी रंग के ओवरकोट में अपना सिर घुसा दिया; उसका सिर गोल था और कठोर। जब कांसुलेट जनरल के दोनों पाँव सुन्न पड़ गये तो उसने एलेन को बाँहों में उठा लिया, सभी दरवाज़ों को फिर से खोलकर उसे सावधानी से अपने कमरे में ले गया।

एक बज गया। ऐसा समय जब दुनिया की कोई भी घड़ी कुछ और बोलने के लिए तैयार नहीं होती है। ऐसा समय जब या तो बहुत देर हो चुकी होती है या अभी बहुत वक़्त बाक़ी होता है—बारह बजे के बाद का समय। एक कुत्ता भौंका। अगस्त। कहीं किसी छत पर अब भी नाच चल रहा था। कहीं एक निशाचर पक्षी पुकार रहा था।

कांसुलेट जनरल सब्र के साथ इन्तज़ार करने लगा। उसने एलेन को एक आरामकुर्सी में लिटा दिया था। उँगलियों के बीच एक सिगार पकड़े और पाँव फैलाए हुए वह उसके सामने बैठा हुआ था। उसने दृढ़ निश्चय किया था कि वह सब करेगा। अपने पूरे जीवन में उसने ऐसे चैन वाले किसी और अतिथि का सत्कार नहीं किया था।

एलेन का सिर कुर्सी की पीठ से टिका हुआ था। उसके चेहरे पर असीम विश्वास था। फ़र्श पर रखा लैम्प यह उजागर कर रहा था। कांसुलेट जनरल एक के बाद एक सिगार जला रहा था। उसने अलमारी में से चॉकलेट का एक बड़ा टुकड़ा निकाला और उसे एलेन के सामने उस मेज़ पर रख दिया जहाँ उसके सिगार और ऐश-ट्रे रखे रहते थे; इसके अलावा उसने एक लाल क़लम भी तैयार रख दी और साथ ही प्रचार—सामग्री का एक पहाड़। पर इसमें से कुछ भी एलेन को जगाने में कामयाब नहीं हुआ। सिर्फ़ एक बार उसने सिर को दूसरी तरफ़ घुमाया, कांसुलेट जनरल व्याकुल हो तनकर बैठ गया, पर वह तो फिर से सो गयी थी।

दो बज गये। फव्वारा अब भी गरज रहा था। कांसुलेट जनरल थककर चूर था। स्वर्गीय राष्ट्रपति का चित्र चकित होकर नीचे उसकी ओर मुस्कुरा रहा था। कांसुलेट जनरल ने उससे नज़र मिलाने की कोशिश की, लेकिन अब यह उसके लिए सम्भव नहीं था।

जब एलेन जागी तो उसे तुरन्त पता चल गया कि उसका नक़्शा खो गया है। इस बारे में कोई भी शंका नहीं थी कि चॉकलेट का एक टुकड़ा और एक सोता हुआ कांसुलेट जनरल उसे ढाढ़स नहीं बँधा पायेंगे। उसके माथे पर शिकन आ गयी और उसने अपने घुटने मोड़ लिए। फिर वह कुर्सी के हत्थे पर चढ़ गयी और उसने कांसुलेट जनरल के कन्धे झकझोरे।

''आपने नक़्शा कहाँ रख दिया?''

''नक़्शा?' कांसुलेट जनरल ने चकराकर पूछा, अपनी टाई को खींचकर सीधा किया और आँखों पर हाथ फेरा।

'तुम कौन हो?''

''नक़्शा कहाँ है?'' एलेन ने धमकाते हुए फिर से पूछा।

''मुझे नहीं मालूम'', कांसुलेट जनरल ने चिढ़ कर जवाब दिया, "या फिर तुम्हें लगता है कि मैंने उसे छुपाया होगा?''

''हो सकता है।'', एलेन बुदबुदाई।

''तुम मेरे बारे में ऐसा कैसे सोच सकती हो?'' कांसुलेट जनरल ने कहा और अंगड़ाई ली। ''भला कौन इनसान पूरी दुनिया को छुपाना चाहेगा?''

''तब तो आप बड़े लोगों को ठीक से नहीं जानते हैं!'' एलेन ने ऐसे जवाब दिया मानो वह उस पर मेहरबानी कर रही हो। ''क्या आप कांसुलेट जनरल हैं?''

''हाँ, मैं ही हूँ।''

''तब–''एलेन बोली, ''तब–''उसके होंठ काँप रहे थे।

''क्या, तब?''

''तब तो आप ही ने नक़्शा छुपाया है।''

''क्या मतलब है इस बक़वास का?'' कांसुलेट जनरल ने क्रोधित होकर पूछा।

''आप इसकी भरपाई कर सकते हैं।' एलेन अपने स्कूल के बस्ते में कुछ खोजने लगी।' मैं अपनी ड्राइंग-कॉपी साथ लायी हूँ और स्याही वाली क़लम। हो सकता है कि आपकी पढ़ाई-लिखाई की मेज़ पर ताला लगा हो।''

''मैं इसका क्या करूँ?''

''वीज़ा'', एलेन सहमी हुई मुस्कुरायी, 'कृपया मेरे लिए वीज़ा बना दीजिये! मेरी नानी ने बताया था कि यह आप पर निर्भर करता है, आपको

सिर्फ़ दस्तख़त करने की ज़रूरत है। और मेरी नानी बहुत समझदार हैं, आप मेरा यक़ीन मानिये!'

''हाँ'', वह बोला, ''मुझे तुम्हारी बात पर यक़ीन है।''

''ईश्वर का शुक्र है!'' एलेन मुस्कुरायी। ''लेकिन आपने मुझे वीज़ा देने से इंकार क्यों कर दिया था? मेरी माँ अकेले समुन्दर पार नहीं जा सकती है। वह किसके बालों में कँघी करेगी और किसके मोज़े धोयेगी? अगर वह अकेले रहेगी तो देर शाम किसे कहानियाँ सुनायेगी? अगर मैं साथ में नहीं जाऊँगी तो वह किसके लिए सेब छीलेगी? और जब अचानक सब कुछ सहने लायक नहीं रह जायेगा तो वह किसे थप्पड़ मारेगी? मैं अपनी माँ को अकेले नहीं जाने दे सकती हूँ, कांसुलेट जनरल साहब। और मेरी माँ को निष्कासित कर दिया गया है।''

''यह उतना आसान नहीं है'', कांसुलेट जनरल ने उसे समझाने की और समय पाने की कोशिश की।

''और सब इसलिए'', एलेन ने बताया, "क्योंकि कोई भी मेरी ज़मानत नहीं ले रहा। जो मेरी माँ की ज़मानत ले रहा है, वह मेरी ज़मानत नहीं ले रहा। मेरी नानी कह रही थीं, यह रुपये-पैसे का सवाल है। मेरी नानी कह रही थीं, यह एक मज़ाक है। एक गौरैया कम हो या ज़्यादा, क्या फ़र्क पड़ता है? मेरी नानी कह रही थीं, बच्ची यहाँ नहीं रहेगी, बच्ची लापता हो जायेगी, यह सब कांसुलेट जनरल की ग़लती है!''

''यह तुम्हारी नानी कह रहीं थीं?''

''हाँ! कोई मेरी गारंटी नहीं ले सकता! हर फ्रिज के पास भी कोई गारंटी लेने वाला होता है, बस मेरे ही पास कोई नहीं है। मेरी नानी कह रही थीं–हाँ, यह ठीक है कि कोई भी मेरी ज़मानत नहीं ले सकता; जब अभी कोई ज़िन्दा हो, तो कौन उसकी ज़मानत ले सकता है? शार्क और हवा, उनके पास भी कोई नहीं है जो उनकी ज़मानत ले, लेकिन शार्क और हवा, उन्हें वीज़ा की ज़रूरत भी नहीं है!'

''अब हम लोग सुलझे, समझदार लोगों की तरह बात करें?'' कांसुलेट जनरल ने बेसब्री से पूछा।

''हाँ!''–एलेन ने हामी भरी। और वह उसे शार्क की कहानी सुनाने लगी, बिना वीज़ा वाले बच्चों की और उस बड़े तूफ़ान की। बीच में उसने एक गाना भी सुनाया। फिर वह आगे कहानी सुनाने लगी। उस बड़ी आरामकुर्सी में से

उसकी आवाज़ तेज़ और भयभीत सुनायी दे रही थी। वह एक कोने में दबी हुई बैठी थी और उसके जूतों के पैबन्द लगे तले कांसुलेट जनरल की ओर विनती करते हुए एकटक देख रहे थे।

जब उसकी कहानी ख़त्म हुई तो उसने एलेन की ओर चॉकलेट बढ़ाया।

"क्या ऐसा हो सकता है कि तुमने यह सब सपने में देखा हो?" उसने सावधानीपूर्वक पूछा।

"सपने में?" एलेन ज़ोर-से बोल पड़ी, "सवाल ही नहीं उठता! तब तो मैंने यह भी सपने में देखा होगा कि मेरी माँ को निष्कासित कर दिया गया है और मुझे अकेले रहना पड़ेगा, तब मैंने यह भी सपने में देखा होगा कि कोई मेरी ज़मानत नहीं ले रहा, तब तो मैंने सिर्फ़ यही सपना देखा होता कि आपने मेरा नक़्शा छिपा दिया है और मुझे वीज़ा देने से इनकार कर दिया है।"

"सब बच्चे सोते हैं", कांसुलेट जनरल धीरे से बोला, "बस, तुम नहीं।"

"रात में कांसुलेट में कम लोग होते हैं", एलेन ने समझाया, "रात में नम्बर लगाने की ज़रूरत नहीं पड़ती। रात में सब कुछ ज़्यादा जल्दी हो जाता है, क्योंकि तब खुलने का समय नहीं होता है!"

"तरक़ीब अच्छी है!"

"हाँ!" एलेन हँस पड़ी, "हमारी बिल्डिंग वाला मोची, वही जो चेकेस्लोवाकिया से है, जानते हैं उसने कहा था—जाओ, कांसुलेट जनरल के पास जाओ, कांसुलेट जनरल भले आदमी हैं, कांसुलेट जनरल हवा और शार्क की ज़मानत लेते हैं, कांसुलेट जनरल तुम्हारी भी ज़मानत लगे!"

"पर तुम यहाँ अन्दर आई कैसे?" कांसुलेट जनरल ने थोड़ी सख़्ती से पूछा।

"मैंने चौकीदार को एक सेब दिया था।"

"पर हो सकता है, तुमने वाक़ई सपना देखा होगा? अब तुम घर जाओ।"

"घर जाऊँ?", एलेन डटी रही, "घर तो हमेशा से वहीं-बहीं है जहाँ मेरी माँ हैं। और मेरी माँ कल समुन्दर पार करेगी, मेरी माँ परसों वहाँ होगी जहाँ सब कुछ नीला हो जायेगा, उम्मीद-भरा नीला, वहाँ जहाँ हवा सोने के लिए लेटती है और डॉलफिंस स्वाधीनता की प्रतिमा के इर्द-गिर्द छलाँगें नहीं लगाती हैं", कांसुलेट जनरल ने उसे टोका।

'उससे कोई फ़र्क़ नहीं पड़ता।' एलेन ने बाँहों पर सिर टिका दिया।

"मैं थक गयी हूँ, मुझे सो जाना चाहिए था। आख़िर मैं कल समन्दर पार करूँगी।"

उसका विश्वास दृढ़ था। उस ठण्डे कमरे में वह रेगिस्तान की हवा की तरह बह रहा था।

"वीज़ा!"

"तुम्हें बुख़ार है।", कांसुलेट जनरल बोला।

"आप मुझे वीज़ा दीजिये!"

उसने ड्राइंग-कॉपी ठीक उसके चेहरे के सामने रख दी। एक सफ़ेद पन्ना खुला हुआ था, उस पर टेढ़े-मेढ़े बड़े-बड़े अक्षरों में 'वीज़ा' लिखा हुआ था। उसके चारों ओर रंग-बिरंगे फूल बने हुए थे, फूल और पक्षी और उसके दस्तख़त के लिए एक लकीर खिंची हुई थी।

"मैं सब कुछ साथ लेकर आई हूँ, आपको सिर्फ़ दस्तख़त करना है। मेरे प्यारे कांसुलेट जनरल साहब अब आप लिख दीजिये, कृपया करके लिख दीजिये।"

वह उठ खड़ा हुआ और उसने खिड़की बन्द की, "यह उतना आसान नहीं है। जितनी आसानी से तुम्हारे टीचर सज़ा के तौर पर और काम दे देते हैं, यह उतना आसान नहीं है। आओ चलो", वह बोला, "अब चलो! मैं तुम्हें रास्ते में सब समझा दूँगा।"

"नहीं!" एलेन चीखी और आरामकुर्सी पर सिमट गयी। उसके गाल तप रहे थे। "कृपया करके लिख दीजिये, मोची ने कहा था। मोची ने तो कहा था कि जो हवा और शार्क की ज़मानत लेता है, वह मेरी भी ज़मानत लेगा!"

"हाँ", कांसुलेट जनरल ने जवाब दिया, "हाँ, जो हवा और शार्क की ज़मानत लेता है, वह तुम्हारी भी ज़मानत लेगा। लेकिन वह मैं नहीं हूँ।"

"मुझे आपकी किसी भी बात का विश्वास नहीं है।", एलेन फुसफुसायी "और आपने अगर अब दस्तख़त नहीं किया।" वह काँप रही थी। मोची ने झूठ बोला था। मोची ने कहा था—कांसुलेट जनरल, लेकिन अब कांसुलेट जनरल यह किसी और के ऊपर टाल रहा है। और उसकी माँ घर पर बैठी है और अपना सामान नहीं बाँध पा रही क्योंकि उसे डर लग रहा है। और यह आख़िरी रात है।

"अगर अब आपने दस्तख़त नहीं किया—", एलेन किसी भारी-भरकम धमकी की तलाश में थी। उसके दाँत किटकिटा रहे थे। "तब मैं एक डॉलफिन बन जाऊँगी। तब मैं जहाज़ के बगल में तैरूँगी और फिर मैं स्वाधीनता की प्रतिमा के इर्द-गिर्द छलाँग लगाऊँगी, चाहे आप चाहें या न चाहें!"

वह चुप हो गयी। चॉकलेट अब भी मेज़ पर वैसे ही पड़ा था, रंग-बिरंगी प्रचार सामग्री भी वैसे ही पड़ी थी।

''मुझे ज़ोर की ठण्ड लग रही है!'' एलेन बुदबुदायी। उसका मुँह खुला हुआ था। वह अपनी जगह से हिल नहीं रही थी। जब कांसुलेट जनरल उसकी तरफ़ बढ़ा तो उसने उसे पाँव से धकेल दिया। वह उसे उठाना चाहता था, पर वह झट-से हत्थे पर चढ़कर कूद गयी। वह उसके पीछे-पीछे भागा। वह मेज़ के नीचे घुसकर दूसरी ओर निकल गयी, उसने दो कुर्सियाँ उलट दीं और दोनों बाँहों से आतिशदान को ज़ोर-से पकड़ लिया। बीच-बीच में वह यह भी धमकी दे रही थी कि वह डॉलफिन बन जायेगी। उसके चेहरे पर आँसुओं की धार बह रही थी।

जब वह आख़िरकार उसकी पकड़ में आ गयी तो उसे लगा कि वह तप रही है। एलेन उसकी बाँहों में गरम और भारी-सी झूल रही थी। उसने उसे एक कम्बल में लपेटा और वापस आरामकुर्सी में लिटा दिया।

''नक़्शा, मुझे नक़्शा दीजिये!''

वह प्रतीक्षाकक्ष में गया, नक़्शे को फर्श पर से उठाया, उसकी सिलवट मिटायी और अन्दर ले आया और उसको मेज़ पर फैला दिया।

''यह घूम रहा है!'' एलेन बोली।

''हाँ'', वह बेचैनी से मुस्कुराया, "दुनिया घूमती है। क्या तुमने स्कूल में यह नहीं पढ़ा है? दुनिया गोल है।"

''हाँ'', एलेन ने धीमे से जवाब दिया, ''दुनिया गोल है।'' उसने नक़्शे को छुआ।

''अब तुम्हें विश्वास हो गया कि मैंने उसे नहीं छुपाया था?''

''वीज़ा'', एलेन आख़िरी बार बोली, ''आप कृपया कर के उसपर दस्तख़त कर दीजिए!'' उसने सिर उठाया और कोहनियों का सहारा लिया। ''स्याही वाली क़लम उधर है, बस उतना ही काफ़ी है। अगर आप दस्तख़त कर देंगे तो मैं फिर कभी सेब नहीं चुराऊँगी। मैं आपके लिए जो भी कर पाऊँगी, करूँगी! क्या यह सच है कि सीमा पर सन्तरे दिये जाते हैं और राष्ट्रपति का चित्र, क्या यह वाक़ई सच है? और बड़े-बड़े जहाज़ों पर कितनी लाइफ़-बोट होती हैं?''

''हरेक ख़ुद अपने लिए लाइफ़ बोट है'', कांसुलेट जनरल बोला।

''लो, मुझे अभी-अभी कुछ सूझा है!'' उसने ड्राइंग-कॉपी को अपने घुटनों पर रख लिया। ''तुम्हें अपने को ख़ुद वीज़ा देना चाहिये। तुम्हें उस पर ख़ुद दस्तख़त करना चाहिये!''

"यह मैं कैसे कर सकती हूँ?" एलेन ने सशंकित होते हुए पूछा।

"तुम कर सकती हो। असल में हर इनसान अपना ख़ुद का कांसुलेट जनरल है। और वह सुदूर दुनिया वाक़ई दूर है कि नहीं, यह तो हर इनसान पर निर्भर करता है।"

एलेन उसको अचम्भित-सी देखती रही।

"समझ रही हो?", वह बोला, "वे सभी जिन्हें मैंने वीज़ा दिया है, वे सभी निराश होंगे। हवा तो कहीं भी नहीं ठहरती है।"

"कहीं भी नहीं?" एलेन ने अविश्वास के साथ दोहराया।

"जो अपने को ख़ुद वीज़ा नहीं देता है", कांसुलेट जनरल ने जवाब दिया, "वह भले ही पूरी दुनिया का चक्कर लगा आये, पर वह तब भी कहीं नहीं पहुँचता। वह हमेशा क़ैद रहता है। सिर्फ़ वही जो अपने को ख़ुद वीज़ा देता है, आज़ाद होता है।"

"मैं ख़ुद को वीज़ा देना चाहती हूँ", एलेन ने उठने की कोशिश की, "पर यह मैं कैसे करूँ?"

"तुम्हें दस्तख़त करना पड़ेगा", उसने कहा, "और यह दस्तख़त एक वायदा है जो तुम ख़ुद से करोगी—तुम उस वक़्त रोओगी नहीं जब तुम अपनी माँ से विदा लोगी, बजाय इसके तुम अपनी नानी को दिलासा दोगी, क्योंकि उन्हें इसकी ज़रूरत पड़ेगी और तुम किसी भी हालत में सेब नहीं चुराओगी। और चाहे जो भी हो, तुम हमेशा इस बात पर विश्वास करोगी कि कहीं न कहीं सब कुछ नीला हो जायेगा, उम्मीद से भरा नीला, चाहे कुछ भी हो जाये।"

एलेन पूरी सरगर्मी से अपने वीज़ा पर ख़ुद दस्तख़त करने लगी।

सवेरा हो गया। किसी मँझे हुए चोर की तरह वह खिड़कियों से ऊपर आ गया। एक पक्षी ने गाना शुरू कर दिया।

"देख रही हो?", कांसुलेट जनरल बोला, "यह भी कोई शर्त नहीं रखता।"

अब एलेन उसको समझने की स्थिति में नहीं थी।

बाहर सड़क पर दूध की गाड़ियाँ जा रही थीं। एक बार फिर से सब कुछ पृथक् होने लगा। और बड़े-बड़े पार्कों में पतझड़ के पहले फूल रंगीन और निर्लिप्त से कोहरे में से झांक रहे थे।

कांसुलेट जनरल फ़ोन के पास गया। उसने अपनी कनपटियों पर हाथ रखे और बालों को पीछे किया। उसने सिर हिलाया और दो-तीन बार पंजों

के बल उचका, आँखें बन्द कीं और फिर उन्हें झटके-से खोला। उसने रिसीवर उठाया, कोई ग़लत नम्बर मिल गया, रिसीवर को वापस पटक दिया।

खटर-पटर करते कदम आँगन में आगे बढ़ रहे थे। फ़व्वारा अब भी गरज रहा था। कांसुलेट जनरल कुछ लिखना चाह रहा था, लेकिन उसे अपनी डायरी नहीं मिली। वह एलेन की ओर बढ़ा और उसके ओवरकोट की जेब में से उसने स्कूल का पहचान-पत्र निकला। फिर उसने गाड़ी बुलवायी, उल्टी पड़ी कुर्सियों को सीधा किया और कालीन को खींचकर सीधा कर दिया। उत्तमाशा-अन्तरीप के चारों ओर समुन्दर का रंग उजला हो गया। कांसुलेट जनरल ने नक़्शे को मोड़ा, उसके अन्दर चॉकलेट रखा और एलेन के स्कूल बैग को खोला। उसने एक बार फिर ड्राइंग-कॉपी अपनी आँखों के बिलकुल सामने कर ली—तारे, पक्षी और रंग-बिरंगे फूल और उसके नीचे एलेन का बड़ा और टेढ़ा दस्तख़त। उसके पूरे कार्यकाल में पहला असली वीज़ा।

उसने गहरी साँस ली, एलेन के ओवरकोट का बटन बन्द किया और धीरे-से उसके सिर पर टोपी रख दी। उसका चेहरा बौराया और बुझा-बुझा लग रहा था, लेकिन ऊपर फिर से सुनहरा और साफ़-साफ़ प्रशिक्षण-जहाज़ 'नेल्सन' लिखा हुआ था।

कांसुलेट जनरल ने एक बार फिर हल्के-से वीज़ा के ऊपर फूँका मानो उसे उसका अन्तिम रूप दे रहा हो और उसमें प्राण फूँक रहा हो। फिर उसने वीज़ा को स्कूल बैग में डाल दिया, उसे बन्द किया और एलेन के कन्धे से लटका दिया। वह एलेन को अपनी बाँहों में उठाकर सीढ़ी से नीचे ले आया, उसे गाड़ी की पिछली सीट पर आराम से लिटा दिया और ड्राइवर को घर का पता दे दिया। कार कोने पर मुड़ गयी।

अचानक कांसुलेट जनरल ने आँखों के ऊपर हाथ रखा और बड़े-बड़े डग भरता वह तेज़ी से सीढ़ी चढ़ गया।

चाँद फीका पड़ गया।

एलेन ने अपनी माँ के चेहरे की ओर हाथ बढ़ाया। अपनी दोनों बाँहों को उसने काले हैट के नीचे के उस गरम, आँसुओं से उफनते चेहरे की ओर बढ़ाया। उस चेहरे की ओर, जिसने दुनिया को यथार्थ बना दिया था और स्निग्ध; उस चेहरे की ओर जिसकी ओर वह शुरुआत से ही हाथ बढ़ाती आयी है, उसी चेहरे की ओर। एलेन ने एक बार फिर ललककर उस सबसे अहम् चेहरे की ओर हाथ बढ़ाया; हर तरह के राज़ की उस पनाहगार की

ओर, लेकिन उसकी माँ का चेहरा पहुँच से बाहर था, पीछे हट गया था और वैसा ही फीका पड़ गया था, जैसे सुबह के झुटपुटे में चाँद।

एलेन चीख़ पड़ी। उसने कम्बल को एक तरफ़ फेंका, खड़े होने की कोशिश की मगर वह किसी चीज़ का सहारा नहीं ले पायी। अपनी बची-खुची ताक़त को इकट्ठा करके उसने पलंग पर लगे जंगले को नीचे किया। वह पलंग से नीचे जा गिरी। बहुत ही गहरायी में जा गिरी।

किसी ने भी उसे रोकने की कोशिश नहीं की। कहीं भी कोई तारा नहीं था कि वह उसका सहारा लेती। एलेन अपनी सभी गुड़ियों और सभी खिलौने वाले भालुओं की बाँहों में से निकल गयी। जैसे टायर में से गेंद निकल जाती है वैसे ही एलेन आँगन में खेलते उन बच्चों के घेरे से बाहर निकल गयी। ये वही बच्चे थे जो उसे अपने साथ नहीं खेलने देते थे। एलेन अपनी माँ की बाँहों में से निकल गयी।

अर्ध चन्द्रमा ने उसे लपक लिया, सभी हिंडोलों की तरह ही वह भी द्वेषपूर्ण तरीक़े से एक ओर झुक गया और एलेन को ख़ुद से दूर उछाल दिया। इसका कहीं कोई अता-पता भी नहीं कि बादल पंखों से बना ओढ़ना है और आसमान एक नीली छतरी। आसमान खुला हुआ था, बेहद ख़तरनाक तरह से खुला हुआ और एलेन को गिरते हुए यह समझ में आ गया कि कोई ओर-छोर बाक़ी नहीं था। क्या इन लोगों को अभी तक पता नहीं चला? ये बेचारे, बड़े लोग; ये नीचे की ओर गिरने को कूदना और ऊपरी छोर की ओर गिरने को उड़ना कहते हैं। आख़िर इन लोगों को यह कब समझ आयेगा?

एलेन ने गिरते समय उस बड़ी सचित्र-पुस्तक की तस्वीरों को भेद दिया, कलाबाज़ के उस जाल को। उसकी नानी ने उसे उठाया और वापस पलंग में लिटा दिया।

बुख़ार के उतार-चढ़ाव की तरह सूरज और चाँद, दिन और रात भी बग़ैर रुके, तपते हुए आ रहे थे और फिर उतर जा रहे थे।

जब एलेन ने आँखें खोलीं तो उसने कोहनियों के बल उठने की कोशिश की और कहा–

''माँ!''

उसने ज़ोर-से और अच्छे-से पुकारा। फिर वह इन्तज़ार करने लगी।

आतिशदान का पाइप खरखराया और गहरी हरी टाइल्स के पीछे और भी अन्दर छिप गया। इसके अलावा सब कुछ शान्त था। स्लेटी रंग और घना होने लगा।

एलेन ने हल्के-से सिर हिलाया, उसे चक्कर आ गया और वह फिर से अपने तकिये पर गिर पड़ी। खिड़की के ऊपरी छोर से उसे प्रवासी पक्षियों का एक बेड़ा दिखायी पड़ा, जो ऐसे सुव्यवस्थित दिख रहे थे कि मानो किसी तस्वीर में बने हों। लेकिन फिर वे मिट गये। एलेन हल्के-से हँस पड़ी। वाक़ई, मानो किसी तस्वीर में!

"लेकिन आप कुछ ज़्यादा ही मिटा रहे हैं!" वह बूढ़ी टीचर ज़रूर भगवान को चेताती, "ऐसे तो सिर्फ़ एक छेद ही बाक़ी रह जायेगा।"

"लेकिन यही तो मैं चाहता हूँ", भगवान ने फिर जवाब दिया होता, "लीजिये, इसमें से बाहर देखिये।"

"माफ़ कीजियेगा, अब मुझे सब समझ में आ गया।"

एलेन ने आँख बन्द कीं और घबराकर फिर-से खोल दीं। खिड़की को बहुत समय से साफ नहीं किया गया था। ठीक से आर-पार नहीं दिखायी पड़ रहा था। लम्बी, स्लेटी लक़ीर सूखे हुए आँसुओं की मानिन्द खिड़की के काँच पर नीचे की ओर जा रही थीं। एलेन ने अपने पाँव को रजाई के अन्दर खीच लिया। वे बर्फ़ की तरह ठण्डे थे और ऐसा लग रहा था कि वे शरीर का हिस्सा ही नहीं हैं। उसने अँगड़ायी ली। ज़रूर वह लम्बी हो गयी है। वह ज़्यादातर रात भर में ही लम्बी हो जाती है, पर इस वसन्त की सुबह कुछ ऐसा था जो ठीक नहीं था। शायद यह पतझड़ का समय था, और शायद शाम होने वाली थी।

यह तो और भी अच्छा है। एलेन को इससे कोई ऐतराज़ नहीं था, ख़ैर जो भी हो, उसकी माँ सामान लेने गयी हुई थी, कोने वाली सब्ज़ी-फल की दुकान पर।

जानती हैं, मुझे जल्दी करना होगा! एलेन घर पर अकेली है, ऐसे में यह नहीं मालूम रहता कि क्या हो जाए? मुझे एक-दो सेब चाहिए। हम लोग सेब भूनना चाहते हैं, एलेन को यह सबसे ज़्यादा पसन्द है और मैंने उससे वादा किया है कि हम लोग आग भी जलायेंगे, ठण्ड अभी से ही आ गयी है। कितने पैसे हुए? क्या कहा? कितने? नहीं, यह तो बहुत ज़्यादा है। बहुत ही ज़्यादा!

एलेन सीधी बैठ गयी।

यह किसी चीख़ की तरह था। मानो उसने अपने ख़ुद के कानों से इस घुटी-सी आवाज़ को सुना हो—बहुत ही ज़्यादा और सब्ज़ी वाली का चेहरा इस झुटपुटे में से लाल और विकृत-सा धमका रहा था।

"सुनिए!" एलेन बोली और उसने धमकी भरे लहजे में पलंग की छोर पर अपनी टाँगों को हिलाया, "ख़बरदार, अगर आपने बहुत ज़्यादा पैसे माँगे!" सब्ज़ी वाली ने कोई जवाब नहीं दिया। ठण्ड और बढ़ गयी।

"माँ", एलेन ने पुकारा, "माँ, मुझे मोज़े दो!"

कहीं कुछ भी नहीं हिला-डुला।

"उफ़, ज़रूर ये सब कहीं छिप गये हैं।"

फिर से इनका वही घिसापिटा मज़ाक़।

"माँ, मुझे बिस्तर से बाहर निकलना है!" अब ताकीद का पुट थोड़ा ज़्यादा था।

"ठीक है, फिर मैं नंगे पाँव चलूँगी। अगर तुम मुझे मोज़े नहीं दोगी तो फिर मैं नंगे पाँव चलूँगी!"

लेकिन इस धमकी का भी कोई फ़ायदा नहीं हुआ।

एलेन पलंग से नीचे उतरी। उसे कुछ ठीक-ठाक नहीं लग रहा था। वह लड़खड़ाती-सी दरवाज़े की ओर भागी। बगल वाले कमरे में भी कोई नहीं था। पियानो का ढक्कन खुला हुआ था। सोफ़िया मौसी ने ज़रूर अभी थोड़ी देर पहले रियाज़ किया होगा। हो सकता है, वे सिनेमा गयी हों। जबसे इसकी मनाही हो गयी है वे और भी ज़्यादा सिनेमा जाने लगी हैं। एलेन ने अपने गालों को खिड़की के ठण्डे चिकने काँच से सटा दिया। जंक्शन-लाइन के उस पार वाले पुराने घर में बूढ़ी औरत ने बच्चे को खिड़की से सटाया हुआ था। एलेन ने हाथ हिलाया। बच्चे ने भी वापस हाथ हिलाया। बूढ़ी औरत हाथ हिलाने में उसकी मदद कर रही थी। यहाँ तक सब ठीक-ठाक था। समय हासिल करना होगा, ठण्डे दिमाग़ से सोचना होगा।

एलेन ने पूरे घर का एक चक्कर लगाया। अगर माँ को वह सिर्फ़ कमीज़ पहने और नंगे पाँव मिल गयी तो उसकी ख़ैर नहीं!

दीवार उसे किसी दुश्मन की तरह घूर रही थीं। एलेन ने पियानो पर एक सुर बजाया। कुछ गूँज उठा। फिर उसने दूसरा सुर बजाया और फिर तीसरा। उनम से कोई भी वहाँ नहीं रुका। उनमें से कोई भी अगले से नहीं जा मिला। उनमें से किसी से उसे दिलासा नहीं मिला। ऐसा लग रहा था कि वे बेमन से बज रहे थे कि उनकी ख़ामोश हो जाने की इच्छा थी, कि वे उससे कुछ छुपा रहे थे।

अगर मेरी माँ को यह पता चलेगा तो उसके शरीर में जो दिल है, वह टूटकर टुकड़े-टुकड़े हो जायेगा! ऐसा ही तो उस पुरानी कहानी की किताब में लिखा था।

"ठहरो, मैं अभी अपनी माँ को बताती हूँ!"

एलेन ने उस शान्ति को धमकी दी, मगर वह शान्ति शान्त ही रही।

एलेन ने अपना पाँव पटका। उसकी कनपटियों में गर्मी चढ़ रही थी। नीचे सड़क पर एक कुत्ता भौंका, बच्चे चीख़ रहे थे। बहुत नीचे। उसने अपने हाथ गालों पर रखे। न यह कुत्ता था और न ही ये बच्चे थे। यह कुछ और ही था और उसने ऊधम मचा रखा था। एलेन अपनी दोनों मुट्ठियों से पियानो के बटन दबाने लगी, सफ़ेद वाले और काले वाले, वह उन्हें किसी नगाड़े की तरह ज़ोर-ज़ोर से बजाने लगी। उसने सोफ़े की गद्दियाँ फेंक दीं, मेज़ पर से मेज़पोश को खींच कर फेंक दिया और रद्दी काग़ज़ की टोकरी को वैसे ही आईने की ओर दे मारा जैसे डेविड ने गोलिअथ को पत्थर दे मारा था। जिस तरह डेविड गोलिअथ से लड़ा था वैसे ही वह एकाकीपन के डर से लड़ रही थी उस भयावह और नये बोध से, जो किसी बदशक्ल जल-मानव की तरह अपना सिर सपनों के सैलाब से बाहर निकाल रहा था।

कैसे लोग उसे इतनी देर अकेले छोड़ सकते हैं? कैसे उसकी माँ इतनी देर तक दूर रह सकती है? ठण्ड हो रही है, आग जलानी होगी, ठण्ड हो रही है, ठण्ड हो रही है!

एलेन हर कमरे में भागकर गयी। उसने अलमारियों के दरवाज़े खोले, कपड़ों को टटोला, फर्श पर लेट गयी और पलंगों के नीचे झाँका, लेकिन उसकी माँ कहीं भी नहीं थीं।

उसे यह झुठलाना होगा, बिलकुल इसका विपरीत साबित करना होगा, वह यथार्थ के खुले हुए मुँह को बन्द करेगी, उसे अपनी माँ को खोजना होगा! कहीं नहीं, ऐसा हो ही नहीं सकता! कहीं भी नहीं?

एलेन पूरे घर का चक्कर लगाने लगी। उसने सारे दरवाज़े खोल दिये और अपनी माँ के पीछे-पीछे भागने लगी। तो यह बात है, वो लोग पकड़म-पकड़ायी खेल रहे हैं। और उसकी माँ बहुत तेज़ भाग रही है, वह एलेन से तेज़ भाग रही है, वह इतनी तेज़ भाग रही है कि असल में वह एलेन के एकदम पीछे ही होगी, आख़िर यहाँ चक्कर ही तो लगा रहे हैं। अभी वह एलेन से आगे बढ़ जायेगी, उसे उठा लेगी और उसे गोल-गोल घुमाएगी।

एलेन अचानक रुक गयी, झट-से पीछे की ओर घूमी और अपनी बाँहें फैला दीं।' यह माना नहीं जायेगा! वह व्याकुल होकर चीखी। ''यह माना नहीं जायेगा। माँ, यह माना नहीं जायेगा!'' मेज़ पर वीज़ा पड़ा हुआ था—पक्षी और तारे और उसका दस्तख़त।

चौराहे पर अख़बार बेचने वाला लड़का 'सांध्य-समाचार' चिल्ला रहा था। वह गला फाड़-फाड़कर चिल्ला रहा था, ठण्ड से कँपकँपाता और बिना दम लिए। वह ट्राम के पायदान पर कूद-कूदकर चढ़ जाता, बायें हाथ से पैसे लपकता; उसका दम फूल गया और अब वह साथ नहीं दे पाया। वाह, यह क्या धन्धा था, यह दुनिया का सबसे बढ़िया धन्धा था—'सांध्य-समाचार!'

लगता है कि लोग बस नहीं करेंगे। वे तो शायद इसके लिए और भी ज़्यादा पैसे देने को तैयार हों। वे तो ऐसे आतुर थे कि मानो वह उन्हें युद्ध के बारे में समाचार और सिनेमा में दिखायी जाने वाली फ़िल्मों की जानकारी न बेच रहा हो, वे ऐसे आतुर थे कि मानो वह उन्हें साक्षात् जीवन बेच रहा हो।

अख़बार बेचने वाला लड़का चिल्ला रहा था, 'सांध्य-समाचार'!

उसके बिलकुल पीछे कोई फुसफुसाया, ''सांध्य-समाचार!'' फिर से। वह उस बड़े चौराहे के बीचोंबीच पत्थर की द्वीपनुमा पटरी पर अख़बार बेचता था। वहाँ उसके अख़बारों के ढेर से सटा एक अँधा खड़ा था। उसने सिर पर हैट पहना हुआ था और वह किसी भी तरह की भेंट लेने को राज़ी नहीं था। वह सिर्फ़ यूँ ही वहाँ खड़ा था और ऐसा करने से तो उसे कोई भी मना नहीं कर सकता था। बीच-बीच में वह बोल पड़ता—'सांध्य-समाचार।' मगर उसके पास बेचने के लिए कुछ भी नहीं था। वह धीमे-से बोलता और इसके लिए वह पैसे की अपेक्षा नहीं कर रहा था। किसी वैन की तरफ़ वह भी अख़बार बेचने वाले की हर पुकार को वापस कर दे रहा था। ऐसा जान पड़ता था कि उसको नहीं लगता कि यह कोई धन्धा है।

किसी शिकारी पक्षी की तरह लड़के ने अपनी दुकान का चक्कर लगाया। सशंकित निगाहों से उसने अन्धे की ओर देखा। वह ऐसे खड़ा था कि मानो इस बड़े चौराहे के बीचोंबीच वह एकमात्र अन्धा न हो।

लड़का सोचने लगा कि इससे कैसे छुटकारा पाया जाए? यह अन्धा उसका मज़ाक़ उड़ा रहा था, वह उसके ज़ोर-ज़ोर-से पुकारने को धीमी-सी मदद की गुहार में बदल दे रहा था, अन्धे को ऐसा करने का कोई हक़ नहीं था।

''सांध्य-समाचार!''

''सांध्य-समाचार!''

गाड़ियाँ तेज़ी-से भागी जा रही थीं और उनकी हेडलाइट पर नीले काँच लगे हुए थे। उनमें से कोई रुक भी जाती और अख़बार को खिड़की से अन्दर डलवा लेती। जैसे ही उस लड़के को याद आया कि अन्धे को सड़क पार ले जाने में कितना समय लग जायेगा, वैसे ही एलेन सिग्नल को अनदेखा करते हुए चौराहे को पार कर गयी। वह डगमगाते हुए चल रही थी और एकदम सामने की ओर देख रही थी। उसने बगल में अपनी ड्राइंग-कॉपी दबायी हुई थी, अपनी टोपी को उसने नीचे चेहरे की ओर खींच लिया था।

गाड़ियाँ रुक गयीं, ट्रामों ने चरचराते हुए ब्रेक मारी। चौराहे के बीच में खड़े पुलिसकर्मी ने नाराज़गी से बाँह हिलायी।

इस बीच एलेन पत्थर के उस द्वीप पर पहुँच चुकी थी। वाहन चालकों की क्रुद्ध चीख़ समन्दर के पानी की तरह उसके पास से बह गयीं। ''अरे सुनिये''— अख़बार बेचने वाले लड़के ने अन्धे से कहा, ''ये लीजिये, यह आपको अच्छे से उस पार पहुँचा देगी!'' अन्धा तनकर खड़ा हो गया और अँधेरे में टटोलने लगा। एलेन को उसके हाथ अपने कन्धे पर महसूस हुए। जब पुलिसकर्मी अख़बार बेचने वाले के पास पहुँचा तो वह उस अन्धे के साथ भीड़-भड़क्के में लापता हो चुकी थी, एक अंधकारमय, भयभीत शहर में डूब चुकी थी।

''मैं आपको कहाँ ले चलूँ?''

''मुझे चौराहे के पार ले चलो।''

''पर हम लोग तो उसे पार कर चुके हैं!''

''क्या यह सम्भव है?'' अन्धे ने पूछा, ''यह बड़ा चौराहा नहीं है क्या?''

''शायद आपका मतलब किसी दूसरे चौराहे से है'', एलेन ने सावधानीपूर्वक कहा।

''कोई दूसरा?'' अन्धे ने दोहराया। ''मुझे ऐसा नहीं लगता, पर हो सकता है तुम्हारा मतलब किसी दूसरे चौराहे से हो?''

''नहीं'', एलेन ने गुस्से से जवाब दिया। वह ठहर गयी और डरी हुई उसकी ओर देखने लगी।

''बस कुछ दूर और!'' अन्धा बोला।

''पर मुझे कांसुलेट जनरल के पास जाना है।'', एलेन ने जवाब दिया और उसकी बाँह फिर से थाम ली, ''और कांसुलेट जनरल दूसरी ओर रहते हैं।''

''कौन-से कांसुलेट जनरल?''

‘‘वही समन्दर की विशाल जलराशि के कांसुलेट जनरल। वही जो हवा और शार्क के कांसुलेट जनरल हैं!’’

‘‘अच्छा’’।

अन्धे ने कहा, ‘‘वो वाले! तब तो तुम बग़ैर किसी चिन्ता के मेरे साथ चल सकती हो!’’

वे लोग एक लम्बी, अँधियारी गली में आ पहुँचे थे। यहाँ से हल्की चढ़ायी शुरू हो रही थी। दाहिनी ओर शान्त से घर थे, अपने सन्देश को छिपाकर रखने वाले विदेशी दूतावास। वे एक दीवार के किनारे-किनारे चल रहे थे। अन्धे की छड़ी गूँजती और एकसार आवाज़ करती ज़मीन पर पड़ रही थी। पत्ते झड़ रहे थे मानो वे उनके अग्रदूत हों जो ख़ामोश हों। अन्धा और तेज़ चलने लगा। छोटे-छोटे, तेज़ कदमों से एलेन भी उसके बगल में चल रही थी।

‘‘तुम्हें कांसुलेट जनरल के पास क्या करना है?’’ अन्धे ने पूछा।

‘‘मुझे यह पूछना है कि मेरे वीज़ा के क्या मायने हैं?’’

‘‘कैसा वीज़ा?’’

‘‘मैंने उस पर ख़ुद दस्तख़त किया है।’’ एलेन ने हिचकिचाते हुए समझाया, ‘‘उसके चारों तरफ़ फूल हैं।’’

‘‘ओह!’’

अन्धे ने सिर हिलाते हुए कहा, ‘‘तब तो यह सही वाला है।’’

‘‘और अब मैं इसकी पुष्टि करवाना चाहती हूँ।’’

‘‘क्या तुमने इस पर ख़ुद दस्तख़त नहीं किया है?’’

‘‘हाँ।’’

‘‘तब कांसुलेट जनरल को इसमें क्या पुष्टि करनी है?’’

‘‘यह मुझे नहीं मालूम’’, एलेन ने जवाब दिया, ‘‘पर मैं अपनी माँ के पास जाना चाहती हूँ।’’

‘‘और तुम्हारी माँ हैं कहाँ?’’

‘‘उस पार। उस विशाल जलराशि के पार।’’

‘‘क्या तुम उस पार पैदल जाना चाहती हो?’’ अन्धे ने पूछा।

‘‘सुनिये!’’ एलेन गुस्से से काँप रही थी, ‘‘आप मज़ाक उड़ा रहे हैं।’’

अख़बार बेचने वाले लड़के की ही तरह उसे भी अचानक लगा कि अन्धा दरअसल अन्धा नहीं था, मानो उसकी सूनी आँखें दीवार के उस पार चमक

रही थीं। ड्राइंग-कॉपी को अपनी बगल में दबाये वह मुड़ी और वापस गली के अन्दर दौड़ गयी।

''मुझे अकेले मत छोड़ जाओ!'' अन्धे ने पुकारा। ''मुझे अकेले मत छोड़ जाओ!'' वह अपनी छड़ी पकड़े गली के बीचो-बीच खड़ा था। सर्द आसमान की पृष्ठभूमि में उसकी गम्भीर और असहाय आकृति खिंची हुई थी।

''मुझे आपकी बात समझ में नहीं आ रही।'' जब एलेन वापस उसके पास पहुँची तो उसने हाँफते हुए पुकारा, ''मेरी माँ उस पार है और मैं उसके पास जाना चाहती हूँ। मुझे कुछ भी नहीं रोक सकता!''

''युद्ध है'', अँधा बोला, ''और यात्रियों को ले जाने वाले जहाज़ हर दिन कम होते जा रहे हैं।''

''कम होते जा रहे हैं'', एलेन हकलाते हुए निराश स्वर में बोली और उसकी बाँह और ज़ोर-से पकड़ ली, ''लेकिन मेरे लिए अभी एक और जहाज़ जायेगा'' वह गिड़गिड़ाते हुए नम, अंधियारी हवा की ओर टकटकी लगाए हुए थी। ''मेरे लिए एक और जहाज़ जायेगा!''

जहाँ पर गली ख़त्म हो रही थी, वहाँ आसमान था। दूतावास के प्रहरियों की चौकियों की दो मीनारें प्रकट हो गयीं।

''बहुत बहुत धन्यवाद।'' अन्धे ने शिष्टतापूर्वक कहा, एलेन से हाथ मिलाया और गिरजे की सीढ़ियों पर बैठ गया। अपने हैट को उसने घुटनों के बीच रखा और अपने कोट की जेब से ज़ंग लगा माउथ ऑर्गन निकालकर ऐसे बजाने लगा कि मानो कुछ हुआ ही न हो। गिरजादार बरसों से उसे यह करने दे रहा था क्योंकि अन्धा बड़े धीमे और अनाड़ीपन से बाजा बजाता था, जो सुनने में ऐसा लगता था कि बस हवा में टहनियाँ चरचरा रही हों।

''अब मैं कांसुलेट कैसे जाऊँ?'' एलेन ने आवाज़ दी, ''मैं यहाँ से कैसे जल्दी से जल्दी कांसुलेट जनरल के पास जाऊँ?''

लेकिन अन्धे ने अब उस पर कोई ध्यान नहीं दिया। उसने सिर को खम्भे से टिका दिया और मग्न होकर अपने ज़ंग लगे माउथऑर्गन को बजाता रहा और आगे कोई जवाब नहीं दिया। अब बारिश भी होने लगी थी।

''सुनिये!'' एलेन बोली और उसने उसके ओवरकोट को खींचा। उसने टीन के उस टुकड़े को उसके हाथों से झपट लिया और वापस उसके घुटनों पर रख दिया। वह उसके बगल में ठण्डी सीढ़ियों पर बैठ गयी, उससे ज़ोर-ज़ोर से आग्रहपूर्ण पूछने लगी।

''आपका क्या मतलब था, मैं कांसुलेट जनरल के पास कैसे जाऊँ, आपका क्या मतलब था? अगर मेरे लिए कोई भी जहाज़ नहीं चल रहा है तो कौन मुझे उस जलराशि के पार ले जायेगा? आख़िर कौन मुझे उस पार ले जायेगा?''

वह गुस्से से सुबक रही थी और अपनी मुट्ठी से अन्धे पर वार कर रही थी, लेकिन वह टस से मस नहीं हुआ। वह उतना ही स्थिर था जितना ये ऊपर की ओर जाने वाली सीढ़ियाँ।

हिचकिचाते हुए एलेन ने उस जनविहीन गिरजे में प्रवेश किया। आख़िरी पल तक वह यही सोच रही थी कि क्या वापस लौट जाना ज़्यादा बेहतर नहीं होगा। उसे अपनी तुच्छता का अहसास हो रहा था और उसे अपने ख़ुद के क़दमों से घृणा हो रही थी जो इस जगह की शान्ति को चूर-चूर कर रहे थे। उसने झटके-से अपने सिर से टोपी उतारी और फिर से पहन ली, ड्राइंग-कॉपी को उसने पहले से भी ज़्यादा ज़ोर-से पकड़ लिया। वह पृष्ठ-वेदियों में सन्तों के चित्रों को विस्मित-सी परखने लगी। इन सबमें से किसके पास वह अन्धे की शिकायत करने का साहस कर सकती है?

भूरी-काली, गहरी आँखें, दुबले-पतले हाथ में सलीब उठाये, फ्रांसिस ज़ेवियर एक प्रज्ज्वलित से शिखर पर खड़े इन्तज़ार कर रहे हैं और वहाँ मोक्ष की विनती करते, फ़ीके पड़े चेहरे आगे की ओर बढ़े आ रहे हैं। एलेन रुक गयी और उसने सिर ऊँचा किया, मगर उसने महसूस किया कि वे सन्त उससे बहुत दूर कहीं और देख रहे थे। उनकी नज़रों को उसने अपनी ओर घुमाने की निष्फल कोशिश की। उस पुराने चित्रकार ने ठीक चित्र बनाया था। ''मुझे नहीं पता कि मैं आख़िर आपके पास क्यों आयी हूँ'', वह बोली, लेकिन यह बोलना उसको भारी लग रहा था। वह उन लोगों को कभी नहीं समझ पायी थी जिन्हें गिरजे में जाने से प्रसन्नता मिलती थी और जो गिरजे में जाने का ऐसे गुणगान करते थे, जैसे किसी आनन्द का। नहीं, यह कोई आनन्द नहीं था बल्कि यह तो पीड़ा थी, ऐसी पीड़ा जो साथ में और भी पीड़ा लाती थी। यह वैसे ही था कि जैसे कोई किसी दूसरे की ओर एक उँगली बढ़ा रहा हो जबकि उस दूसरे को एक पूरे हाथ से भी ज़्यादा की ज़रूरत हो। और प्रार्थना करना? एलेन ने तो इसे छोड़ ही दिया होता। एक साल पहले उसने सिर के बल पानी में छलाँग लगाना सीखा था और यह भी कुछ वैसा ही था। पहले एक ऊँचे से फट्टे पर चढ़कर नीचे गहरायी में छलाँग लगाने की तैयारी करो। और उसके बाद यह फ़ैसला भी लो कि कूदना है, और शायद यह भी मुमकिन है कि फ्रांसिस ज़ेवियर इस ओर देखे भी नहीं और स्वयं को भूल जाओ।

लेकिन अब फ़ैसला हो जाना चाहिये। एलेन को अब भी नहीं मालूम था कि वह गुज़ारिश करने के लिए इन सन्त के पास ही क्यों आयी थी, जिनके बारे में उस पुरानी किताब में लिखा था कि हालाँकि उन्होंने कई देशों का सफ़र किया था लेकिन जिस देश की उन्हें सबसे ज़्यादा अभिलाषा थी, उसी की वजह से उनकी मौत हो गयी।

उसने जी लगाकर उन्हें सब कुछ समझाने की कोशिश की। ''मेरी माँ उस पार है, लेकिन वह मेरी ज़मानत नहीं ले सकती, कोई भी मेरी ज़मानत नहीं ले रहा।'' क्या आप किसी को एलेन हिचकिचाई–''मेरा मतलब है क्या आप किसी के मन में यह बात नहीं डाल सकते हैं कि वह मेरी ज़मानत ले? जब मैं आज़ाद हो जाऊँगी तब भी मैं आपको निराश नहीं करूँगी!''

सन्त उलझन में पड़े हुए लग रहे थे। एलेन समझ गयी कि उसने ठीक से नहीं समझाया था कि वह चाहती क्या है? बड़ी कठिनाई से उसने उसे दरकिनार किया जो उसे ख़ुद से अलग कर रहा था।

''इसका मतलब है कि मैं आपको किसी भी हालत में निराश नहीं करूँगी, चाहे मुझे यहाँ ही क्यों न रहना पड़े और चाहे मैं अपने आँसुओं में ही क्यों न डूबकर मर जाऊँ!'' सन्त अब भी उलझन में ही पड़े हुए लग रहे थे, उसे और आगे बढ़ना पड़ा।

''इसका मतलब है कि मैं आँसुओं में डूबकर नहीं मरूँगी। मैं हमेशा कोशिश करूँगी कि आपको कोई उलाहना न दूँ, तब भी नहीं जब मैं आज़ाद नहीं हो पाऊँगी।''

फ्रांसिस ज़ेवियर की एक और मूक हैरानी और आख़िरी किवाड़ खुल गया।

''इसका मतलब है, मेरा मतलब है– मुझे नहीं मालूम कि मेरे आज़ाद हो जाने के लिए क्या आवश्यक है?''

एलेन की आँख भर आयीं, लेकिन उसने महसूस किया कि इस बातचीत में आँसुओं की कोई जगह नहीं।

''मैं आपसे गुज़ारिश कर रही हूँ–चाहे जो भी हो जाये, आप मेरी मदद कीजियेगा कि मैं इस पर विश्वास कर सकूँ कि कहीं कुछ उम्मीद-भरा नीला हो जायेगा। आप मेरी मदद कीजियेगा कि मैं उस पार जा सकूँ, भले ही मुझे यहीं क्यों न रहना पड़े!''

सन्त के साथ वार्तालाप ख़त्म हुआ। सभी किवाड़ खुले हुए थे।

अनुवाद : नमिता खरे

लावारिस बच्चे

अनीस किदवई

मैं पहले कह चुकी हूँ कि अक्टूबर में कई अस्पतालों का गश्त करके बच्चों की सूची मैंने बनायी थी और ज़मीला बेगम ने अपना मकान उनकी रिहायश के लिए देने का वायदा भी किया था, मगर अकेले बिना किसी सुरक्षा के बच्चे वहाँ कैसे रहते?

इसमें कोई शक़ नहीं कि ज़िले के बड़े अफ़सरों से हम जिस वक़्त भी कहते, वे फ़ौरन सुरक्षा गार्ड मुहैया कर देते। मगर दो-चार दिन के बाद जब बच्चे मार दिये जाते तो सिर्फ़ अपनी बेबसी और रंज-अफ़सोस का इज़हार करके ख़ामोश हो रहते। किसी को मुजरिम क़रार देना भी उनकी शराफ़त गवारा न करती, सज़ा देना तो बड़ी चीज़ है। बहरहाल, ज़ाकिर साहब ने यह मुश्किल आसान कर दी और मैं नवम्बर में इरविन अस्पताल इस इरादे से गयी कि जो बच्चे अच्छे हो चुके हैं, उन्हें जामिया ने आऊँ।

ऊपर की मंज़िल का विशाल कमरा उस समय ख़ाली था और तमाम बच्चे बरामदे में धूप ताप रहे थे। कुछ बच्चों के सिर में ज़ख़्म थे, कुछ की टाँग टूटी हुई थी। एक लड़की का हाथ बाजू से कटकर लटक गया था। एक सात साल के लड़के का सारा पेट फटा हुआ था, खाल जुड़ चुकी थी और टाँके काटे जा चुके थे। एक नौ माह का नन्हा-सा बच्चा ज़ख़्मी सिर और हाथ लिए अपनी छोटी-सी मसहरी पर कराह रहा था, मगर एक तेज़, ज़हीन लड़की उन सबको लिए हुए धूप में बैठी खुश-खुश खेल रही थी।

मैंने पूछा, "तुम तो अच्छी हो। क्या तुम्हें भी चोट आई थी।"

हँसकर बोली, "नहीं, मैं तो अपनी बुआ के साथ आयी थी। खिलाई[1] होती है न, उसको मैं 'बुआ' कहती थी, वह यहाँ मर गयी। मेरे माँ-बाप इटावा में हैं।"

मैंने पूछा, "और इन सब बच्चों के?"

वैसे ही ख़ुश होकर बोली, "इन सबके! यह देखो, यह रशीद है न, इसके तो सब मर गये और वह जो जैनब है, उसके भी सब लोग मर गये और नाबू की अम्मा का गला काट दिया गया।"

लड़की हँस रही थी और लगातार बोलती जा रही थी। उसकी उम्र मुश्किल से पाँच साल की होगी। मौत उसके नज़दीक एक खेल था—कोई दिलचस्प चीज़! सब मर गये, मार डाले गये, अम्मा का गला कट गया। कितनी मामूली बात! अजीब-सी, ऐसा तमाशा, ऐसी कहानी, जो उसने कहीं पहले न सुनी थी।

मैं उससे बातें कर रही थी और एक लड़का मुझसे कह रहा था कि मेरा बाप है, दो भाई मर गये। मेरा अब्बा लखनऊ में है। मैं तो अपने भाई के साथ आया था। उन दोनों को स्टेशन पर मारा डाला, मुझे लखनऊ भेज दो। लड़का होशियार था, उसने अपना पूरा पता बता दिया। किसी बच्चे की उम्र आठ साल से ज़्यादा न थी। मगर ये सब उस समय एक घर, एक ख़ानदान के बच्चों की तरह आपस में घुल-मिल कर रह रहे थे। सबने एक-दूसरे की राम-कहानी सुनायी।

उन तमाम बच्चों में सिर्फ़ दो इस काबिल थे कि मैं उन्हें ले जाऊँ। नर्स ने कहा कि आज देर हो चुकी है। आप मेहरबानी करके कल दस बजे आ जाइए और डॉक्टर से इजाज़त लेकर इन्हें ले जाइये।

सामने ही दूसरा कमरा था जहाँ ज़ख़्मी औरतें और लड़कियाँ थीं। नर्स मुझे वहाँ भी ले गयी। सबसे पहले मैंने एक अठारह साल की लड़की देखी, जिसकी एक टाँग ग़ायब थी। दूसरी चारपाई पर 13-14 साल की एक सांवले रंग की लड़की कराह रही थी। उसके जिस्म पर बेशुमार ज़ख़्म थे। दो माह हो चुके थे, मगर अब तक उसकी तक़लीफ़ में कोई कमी नहीं आयी थी। एक ख़ूबसूरत लड़की भी थी। वह मेरठ से अपने कैंसर के फोड़े का इलाज कराने आयी थी, मगर उसे नहीं मालूम था कि तीन माह बाद अब उसके रिश्तेदार ज़िन्दा भी होंगे। वह उन सबको रो रही थी और सबसे ज़्यादा ख़ौफ़नाक रोगी जवान औरत थी, जिसका एक हाथ कलाई से और दूसरा बाँह से कटा हुआ था। उसकी बारह साल की लड़की पास ही दूसरे पलंग पर तख़्तियों और पट्टियों से जकड़ी हुई 'हाय-हाय' कर रही थी और वह ख़ुद उन हाथों महरूम हो चुकी थी। नर्स उसका सिर सहलाती, थपकियाँ देती, पानी पिलाती। वे बेबसी के आँसू शायद मैं ज़िन्दगी भर न भूल सकूँगी।

मैं अपनी नोटबुक देखती हूँ तो उस पर आज भी केला, गजक और रेवड़ियाँ लिखी हुई हैं। ये तीन चीजें मुझे महरौली वाली रशीदा याद दिला देती है। रशीदा ज़्यादा से ज़्यादा सोलह साल की होगी। उसने बताया कि जब धार[2] चढ़ी तो मर्द लड़ने-मरने मे लग गये और औरतों ने कुरान सीने से लगाकर कुएँ में छलाँग लगा दी। कुछ भाग निकलीं, उन्हीं में रशीदा भी थी, लेकिन वह भागने से भी बच न सकी। तलवारों ने उसके जिस्म का हर अंग घायल कर दिया। उसने कहा, "माँ, तुम मुझे अपनी बेटी बना लो। मेरा अब कोई नहीं रह गया है।" और फिर बहुत दिनों तक वह मुझे 'माँ' कहकर पुकारती और कई-कई दिन मेरा इन्तज़ार करती रही। एक दिन मैंने कहा, रशीदा! कुछ खाने को जी चाहता है?" कहने लगी, "हाँ, कल जब तुम आना तो मेरे लिए केला, गजक और रेवड़ी लेती आना।" लेकिन मैं सुबह सवेरे जो कैंप जाती तो शाम तक घर पलटने की नौबत न आती थी। नयी दिल्ली में न गजक मिली, न रेवड़ी। नौकरों की शहर जाते हुए जान निकलती थी। अफ़सोस! मैं उसकी इच्छा पूरी न कर सकी। ये तीन शब्द मुझे उसकी याद दिलाकर शर्मिन्दा करते हैं, मगर यह भद्दी-सी नोटबुक मैंने इसीलिए सँभालकर रख ली है कि अपनी उस ग़लती और अलात को याद करती रहूँ। उस दिन मैं रशीदा को देख ही रही थी कि एक औरत ने मुझे पुकारा। उसने बताया, "मेरा नाम भूरी है, मेरे भैया को बुला दो।" वह इस अन्दाज़ से कह रही थी जैसे दिल्ली से उसके भैया को हर कोई जानता हो। उन सबको दिलासा देकर और फिर आने का वायदा करके मैं लेडी हार्डिंग अस्पताल गयी।

फ़रीदाबाद ख़त्म हो चुका था और उन दिनों वहाँ के मशहूर देहाती शायर और पुराने कांग्रेसी सैयद मुत्तलवी[3] दिल्ली में ठहरे हुए थे। बेशुमार मरीज़ उन्होंने शहर के विभिन्न अस्पतालों में और ज़्यादातर लेडी हार्डिंग अस्पताल में दाख़िल कराये थे और उनसे ज़्यादा तादाद लापता थी। मुझसे उन्होंने कहा कि ज़रा हमारे फ़रीदाबाद की औरतों का पता लगााइये। इर्विन अस्पताल के साथ सिवा और सब जगह मरीज़ों का क्या हश्र किया जाता है, पता नहीं। लेडी हार्डिंग अस्पताल में हमने जो ज़ख़्मी दाख़िल कराये, उनका कुछ हाल मालूम नहीं होता।

पुराने क़िले मे मिस ख़्वाजा के साथ जब मैंने जाकर देखा था, तो फ़रीदाबाद के बहुत-से बच्चे और औरतें वहाँ थीं। उनके नाम भी मेरे पास लिखे हुए थे। मैंने सैयद मुत्तलवी को सुनाये तो कहने लगे कि इनमें एक

औरत तो वही है जिसकी मैं बहुत दिनों से तलाश कर रहा हूँ। मेहरबानी से आप ख़ुद जाकर ले आइये। मगर आज जो मैं लेने गयी तो औरत अपने तीन बच्चों के साथ जा चुकी थी। अस्पताल वालों ने बताया कि उसके अज़ीज़ ले गये हैं। कौन ले गया, किस दिन ले गया—यह कुछ न मालूम हो सका, न वह कैम्प ही में पहुँची।

अब भी वहाँ कई मरीज़ थे और बहुत-से बच्चे। एक प्यारी छोटी-सी छह साल की बच्ची थी, जिसकी खोपड़ी पर तलवार का ज़ख़्म था जो किसी तरह अच्छा होने में न आता था। वह बेचारी अपने बाप का नाम भी न बता सकी। बहुत पूछा। यही कहती रही, ''पहाड़गंज में सब उनको 'मुंशीजी' कहते थे।'' चार बच्चे और उनकी माँ बरामदे में लेटे हुए उस दिन का इन्तज़ार कर रहे थे जब उनके अज़ीज़ आकर उनको ले जायेंगे। कहाँ, यह उन्हें ख़ुद मालूम न था। महरौली के किसी देहात में उनका घर था। छोटे ज़मींदार का खुशहाल घर और बहुत सारे खेत, मगर अब उनके ज़ख़्म अच्छे होने वाले थे और फिर उम्मीदों ने उनके चेहरे पर मुस्कुराहट पैदा कर दी थी।

दूसरी तरफ़ बरामदे में मसहरी के अन्दर छिपी हुई एक नौजवान औरत पड़ी थी, जिसके दोनों हाथ और पैर तख़्तियों और पट्टियों से जकड़े हुए थे। सीने पर भी गहरे घाव थे और वह आहिस्ता-आहिस्ता सिर्फ़ बोल सकती थी। बहुत ज़्यादा ख़ून निकल जाने के कारण उसकी दृष्टि बुरी तरह कमज़ोर हो चुकी थी। उसने अपने कई भाइयों, भावजों, नौजवान भतीजों और कमसिन[4] भतीजियों की फ़ेहरिस्त मुझे लिखायी और कहा कि उन सबसे कहना कि पहाड़गंज की बिल्क़ीस लेडी हार्डिंग अस्पताल में है। पाकिस्तान जाते हुए उसको भी लेते जायें। फ़ैज़ाबाद की अधेड़, नूरन अपना ज़ख़्मी हाथ जोड़े खड़ी थी कि किसी तरह मुझे फ़ैज़ाबाद पहुँचा दो, वहाँ मेरा भाई है। शौहर और बच्चे तो खो चुकी, भाई के पास चली जाऊँ, वहीं ज़िन्दगी कट जायेगी।

मरीज़ों को देखती हुई जब मैं पिछले बरामदे में पहुँची, तो एक हिन्दू बहन ने चुपके-से मुझे बुलाया और एक ख़ूबसूरत लड़की के पास ले जाकर खड़ा कर दिया। उन्होंने बताया यह लड़की फ़रीदा तलत मुसलमान है। किसी अच्छे घराने की है, इसके बाप वग़ैरह पता नहीं कहाँ हैं? ज़ख़्मी नहीं है, बीमार थी। फ़साद से पहले दाख़िल हुई थी। अस्पताल वालों के पास उसका पता भी है। बेचारी बहुत रोती है, मगर शायद उन्होंने अब तक इसके माँ-बाप को ख़बर नहीं की है। आप इसकी ख़बर लीजिये। कमरे के एक सिरे पर नन्हे बच्चे

को गोद में लिए एक नौजवान औरत फूट-फूटकर रो रही थी। पास ही पलंग पर उसकी तीन साल की बच्ची चीख़ रही थी। वह नन्ही-सी जान 'शेर दिल सूरमाओं' की बर्बरता का इस बुरी तरह शिकार हुई थी कि ख़याल से रोंगटे खड़े होते हैं। भाला उसके गुप्तांग से गुज़रकर पेट तक पहुँच गया और इतने गहरे ज़ख़्म में जब गज़ों लम्बी दवा में डूबी हुई बत्ती जाती थी तो बच्ची की तड़प और माँ के आँसू देखना किसी महसूस करने वाले ज़िन्दा इनसान के बस की बात न थी। औरत कह रही थी, "उन्होंने सबको मार डाला। मेरी बच्ची को भाले पर उठा लिया, मगर मुझे छोड़ गये यह सब देखने के लिये! अब क्या करूँगी? कहाँ जाऊँगी?" वह मुजस्सम दर्दनाक सवाल बनकर मुझसे पूछती और मैं लरज[5] उठती।

ये सारे हृदय-विदारक दृश्य देखकर जब मैं वापसी के लिए मुड़ी तो एक बंगाली बहन अपने कमरे में ले गयी। वह माँ थी और माँओं की बेक़रारी देखकर उसका दिल तड़प रहा था। बड़े रंजीदा अन्दाज़ में उसने अस्पताल के हालात मुझे बताये और कहा कि एक तीन बरस की लड़की और भी है। वह अब तन्दुरुस्त है। हल्का-सा ज़ख़्म था जो चन्द दिल में अच्छा हो गया। इसका कोई नहीं है। यों ही सारे अस्पताल में फिरती रहती है। किसी मुसलमान की बच्ची है। अपने साथ ले जाइये।

बच्ची लाई गयी। मैंने पूछा, "तेरा नाम क्या है?"

"सीता और हसीना।"

बाप का नाम पूछा, एक हिन्दू एक मुसलमान। इसी तरह माँ का नाम भी। बंगाली बहन ने कहा वह जो भी कहे, है मुसलमान। क्योंकि यह दोनों हाथ फैलाकर बताती है— "मेरा बाप कहता था अल्लाह भला करे। हो न हो किसी मुसलमान फ़क़ीर की लड़की है। नर्सें कह रही थीं यह हिन्दू है।" मैं ज़रा मुश्किल में पड़ गयी। बस एक ही हल समझ में आया कि उसको गाँधीजी के पास ले जाऊँ। लिखा-पढ़ी करके मैं बच्चों को लेकर चली आयी और सीधे बापू के यहाँ गयी। फ़ौरन मुलाक़ात की दरख़्वास्त की और ख़ुशक़िस्मती से उन्होंने फौरन बुला लिया। बापू बैठे चरखा कात रहे थे। हमेशा की तरह मुस्कराते हुए पूछा, "यह लड़की कहाँ से लाई?" मैंने कहा, "बापू, यह लड़की तो हिन्दू-मुसलमानों में झगड़ा करा देगी। अपने और अपने माँ-बाप के दो-दो नाम बताती है। कितना ही पूछो, भेद नहीं खुलता। अब आप ही बताइए मैं इसका क्या करूँ?" हँसे, और बच्ची से मुख़ातिब होकर नाम पूछा। उसने बड़े

इत्मीनान से बताया ''हसीना और सीता।'' कहने लगे ''अच्छा, अभी इसको अपने पास रखो। फिर कस्तूरबा ट्रस्ट का जो स्कूल महरौली में है वहाँ छोड़ देना। लड़की फिर कई दिन साथ रही और हफ़्ता-डेढ़ हफ़्ता बाद महरौली भेज दी गयी। शहर के सारे अस्पताल मैंने देख डाले। बच्चों की सूची थी, मगर बच्चे न थे। वे क्या हुए, कहाँ गये, यह भेद न खुला। शायद अच्छे होकर जिधर सींग समाये, उधर चल खड़े हुए या मिशनवालियों के हत्थे चढ़ गये। जो भी हुआ हो, मगर मुझे रह-रहकर अपने ऊपर गुस्सा आ रहा था कि आते ही मेरा ध्यान इस तरफ़ क्यों न गया? क्यों मैंने फ़िक्र न की? अब क्या हो सकता है? वक़्त हाथ से निकल चुका था। दो-एक कालड़ा अस्पताल में मिले जो कैम्प ही में अपने माँ-बाप के पास पहुँच गये। मैं सेहत पाने वाले बच्चों को ला-लाकर जामिया (ओखला) छोड़ती गयी। वे एक-एक करके अच्छे हो रहे थे। उनके कटे हुए पेट, फटे हुए सिर, लटकी हुई टाँगे जुड़ गयीं और लँगड़ाते हुए कमज़ोर बच्चे जामिया पहुँचाते गये। वहाँ जामिया का एक पुराना नौकर ख़ुदा बख़्श उनकी टाँगों पर मालिश करता, मास्टर उन्हें नहलाते और जैसे-जैसे रिश्तेदार मिलते जाते, उनके हवाले कर देते। बच्चे भी सब दिल्ली के नहीं थे, कोई कलकत्ता का कोई लखनऊ का। एक लड़की मेरठ की, दूसरी आगरा की। मगर ख़ुदा की ताक़त बहुत बड़ी है। उसने सबको तितर-बितर किया, फिर इकट्ठा किया और फिर बिखेर दिया।

लेकिन इर्विन अस्पताल के बच्चे जब वहाँ से चलते तो माँ से ज़्यादा मेहरबान नर्सों से लिपटकर रोते। चार माह बाद अस्पताल के स्टाफ़ से जुदा होते वक़्त उन्हें ऐसा लगता, जैसे घरवालों से बिछुड़ रहे हों। यह विशाल कमरा उनका घर था। छोटी-छोटी मसहरियाँ, ज़मीन पर बिछे हुए गद्दे और बरामदे में पड़े हुए छोटे बेंच और चौकियाँ—इन सबसे उनको गहरी मुहब्बत पैदा हो गयी थी। कुछ जानवर थे, जिन्होंने उनको ज़ख़्मी किया, कुछ इनसान थे, जिन्होंने उनकी जान बचायी और आराम पहुँचाया। दुनिया अभी इनसानों से ख़ाली नहीं हुई थी।

मेरठ वाली लड़की को उसके बताये हुए पते पर मैं सर मुहम्मद यामीन ख़ाँ की मदद से घर पहुँचाने में क़ामयाब हो गयी। ख़ाँ साहब अपने साथ ले जाकर उसे उसके मामू या चाचा को सौंप आये।

और वह कटे पेटवाला बच्चा मिस्टर फ़िरोज़ गाँधी की मेहरबानी से अपनी सादाकार बिरादरी में लखनऊ पहुँच गया। उसने फ़िरोज़ साहब को

ख़ूब सताया। रास्तेभर हैरान किया। पहले यों यही सवाल किया कि तुम हिन्दू हो या मुसलमान? फिर कहने लगा, मुझको हिन्दू बहुत ख़राब लगते हैं। तुम मुझे कहाँ ले जाकर छोड़गे? प्यास लगी तो किसी स्टेशन पर उतरा और फौरन पलट आया। फ़िरोज़ साहब को हुक्म दिया कि जाओ, तुम मेरे लिए पानी लाओ। यहाँ सिख बहुत हैं, मुझे मार देंगे। मैं तो नहीं उतरने का। रास्ते भर वह हिन्दू-सिख की बात करता रहा। मगर फ़िरोज़ साहब उसे हिफ़ाज़त के साथ पहुँचा आये और उसका बाप जो तीन बेटों को ढूँढ़ने के लिए जान पर खेलकर दिल्ली रवाना हो चुका था, पता नहीं उसे देखकर कितना ख़ुश हुआ होगा? नाउम्मीदी में उम्मीद। तीन में से बचकर एक तो आ ही गया।

वह तेज़-तर्रार लड़की ज़रीना सबसे पहले मेरे साथ आयी। बातें करती हुई खुश-खुश नीचे उतर रही थी कि एक अधेड़ उम्र के सिख रास्ते में मिल गये। लड़की मेरा हाथ छोड़ झट उनसे लिपट गयी। सरदारजी ने उसे प्यार किया और पूछा, "कहाँ जा रही हो?" मैंने उन्हें बताया कि अब यह अच्छी हो गयी है। जामिया ले जा रही हूँ। वहाँ पढ़ेगी और जब इसके रिश्तेदार मिल जायेंगे, चली जायेगी। बहुत ख़ुश हुए। बच्ची को फिर लिपटाया और मिठाई दी और ऊपर चले गये। मैंने पूछा, यह कौन हैं? मगर लड़की को ख़ुद नहीं मालूम था। वह तो सिर्फ़ 'बाबा' था, सब बच्चों का बाबा। लोगों ने बताया कि यह रहमदिल इनसान यहाँ आया करता है और सारे बच्चे इससे लिपट जाते हैं। सबसे प्यार करके और मिठाई देकर हँस-बोलकर वापस चला जाता है। इनसानियत का सच्चा नुमाइन्दा इस दर्द और दुख की दुनिया में कौम और मज़हब का कोई फ़र्क़ किये बिना मुहब्बत और प्यार बाँटने आता था। ऐ काश, हम सब इतने ही बड़े दिल वाले होते! अफ़सोस है, उसका नाम भी मालूम न हो सका।

एक रोज़ कैंप का ग़त करते हुए मुझे सिद्दीकन नाम की वह लड़की मिली, जिसकी एक टांग कटी हुई थी। उसकी ननद और उसका पति उसे गोद में उठाकर इधर से उधर ले जाते थे। नयी ब्याही हुई 'बरस पन्द्रह या कि सोलह का सिन'[6] मगर जवानी की रातें ख़्वाब बन गयी थीं और मुरादों के दिन अतीत की कहानी। हालाँकि उस वक़्त वह अपने रिश्तेदारों में ख़ुश थी। ग़रीब लड़की को मालूम नहीं कि वह कब तक ख़ुश रह सकेगी? क्या मुहब्बत और हमदर्दी ज़्यादा दिल बाक़ी रहेगी? उसका नौजवान शौहर कब तक इस मज़बूत और अपाहिज औरत को बरदाश्त करेगा? क्या उसकी क़िस्मत

में सड़कों पर घिसट-घिसटकर भीख माँगना है? ऐसे बहुत-से सवाल दिमाग़ में आए, मगर भविष्य के बारे में कौन कुछ यक़ीन से कह सकता है? मुझे तो वर्तमान देखना था। कुछ ही दिन बीतेंगे कि इस अतीत पर भी परदा पड़ जायेगा और फिर वह प्यारा बच्चा जिसे 'बाबू' कहते थे, अच्छा होकर मेरे साथ जामिया आया। रास्ते भर वह अपने नौ माह के भाई कल्लू को याद करता रहा, जिसे एहतियात के तौर पर हमने कुछ दिन के लिए अभी अस्पताल में छोड़ दिया था। दोनों की शक्ल अलग थी। बाबू गेहुएँ रंग का बहुत तन्दुरुस्त, ज़हीन और बातूनी बच्चा था और कल्लू काला-कलूटा, सूखा, बदसूरत। किसी को मालूम नहीं था कि वे दोनों एक माँ-बाप के बच्चे हैं, एक घर के हैं या पराये? मिलिटरी वालों ने दो बच्चे ज़ख्मी उठाकर ट्रक में डाले और अस्पताल में उतार दिये। बाबू ने उसको 'भैया' कहना शुरू किया और लोग 'भाई' कहने लगे। मैं जब जामिया जाती तो लिपट जाता। मिठाई के लिए लड़ता। सेब लेकर जाऊँ तो रूठ जाता कि मैं नहीं बोलूँगा, मिठाई क्यों नहीं लाई हैं? एक रोज जीप पर गयी तो उसे बहुत गुस्सा आया कि लाल मोटर पर क्यों नहीं आयी? यह बुरी है। मैं इस पर नहीं जाऊँगा। मैंने कहा, तुम्हें ले कौन जा रहा है? मैं इस पर नहीं जाऊँगा। मैंने कहा, तुम्हें ले कौन जा रहा है? मैं तुमको लेने थोड़े ही आई हूँ? बस, गुस्से में नोचने लगा कि बाज़ार चल, मिठाई लूँगा।

इक़राम साहब ने कहा, "साहब, बाबू बहुत गुस्सेवर है। यह कहता है मैं तुम्हें मार दूँगा। तुम्हारा ख़ून कर दूँगा। इक़राम[7] तुम मर जाते तो मेरी ज़िन्दगी हो जाती। तुम मरते क्यों नहीं हो? मैं भी मर जाऊँगा वग़ैरह-वग़ैरह। ख़ून और मरने की बातें बहुत करता है।"

एक रोज इक़राम साहब ने मुझे फ़ोन किया कि बच्चों के लिए कुछ चीज़ें ख़रीदनी हैं। अगर आप आ सकें तो चली आइये, वरना जामा मस्जिद तक जाने के लिए गाड़ी भेज दीजिये। मैंने सोचा, अच्छा है, आज बाबू को तफरीह करा दूँगी। ख़ुद ही चली गयी। बाबू ख़ुशी-ख़ुशी सवार हुआ, मगर थोड़ी देर बाद जैसे उसके कोई भूली हुई बात याद आ गयी, जैसे कोई नींद में बोल रहा हो, ख़्वाब में बातें कर रहा हो। गर्दन पर हाथ रखकर उसने कहना शुरू किया, "मेरे अब्बा के यहाँ से ख़ून बह रहा था। उस जगह गर्दन से और वह कहते थे, हाय! मेरी औरत को मार डाला। और भैया को भी मार डाला। और फिर

मुझे उन्होंने उठाया, यूँ ज़ोर से ऊपर फेंक दिया, ऐसे। मैं टीन पर बैठा रोता रहा। फिर फौज़ी आया और मोटर में बैठ गया। फिर घर में रहने लगा।''

मैंने पूछा, ''किस घर में?'' बराबर दूसरी तरफ़ नींद की-सी हालत में देखते हुए जवाब दिया, ''इसी घर में जहाँ मिस साहब हैं, कल्लू है।'' एक़दम वह चौंक पड़ा। उसने मोटर पर हाथ फेरा और फिर बोलना शुरू कर दिया।

अपने अब्बा के साथ मैं भी मोटर पर जाता था जामा मस्जिद। मिठाई और गुब्बारा और चीज़ें लेता था। एक़दम उसे गुस्सा आ गया। उसने कहा, मैं मार डालूँगा इक़राम को। चार बरस का तोतला बच्चा 'इतराम' (इक़राम) से इतना ख़फ़ा क्यों था? मरने की आरज़ू उसे किसलिये थी? वह क्यों 'ख़ून-ख़ून' चिल्ला रहा था? मैं लरज गयी। रशीद और बाबू ने मुझे वह अंजाम[8] दिखा दिया जिसकी तरफ़ मेरा दिमाग़ अभी गया भी न था?

हमारे पूर्वज न खूनी थी, न डाकू, न चोर। उन्होंने कब हमारे अन्दर इन गुनाहों के बीज बोये थे? और फिर भी हम सब इतने पापी निकले। लेकिन ये बच्चे, जो चार साल की उम्र में 'ख़ून-ख़ून' पुकारते हैं, जो मौत का मज़ाक़ उड़ाते और उसके आने की दुआएँ माँगते हैं। ये बच्चे जो इस नन्ही-सी उम्र में पूछते हैं, तुम हिन्दू हो या मुसलमान? जो कहते हैं, सिख मिले तो उसकी बोटी-बोटी काटें और डरते हैं कि हिन्दू हमें मारेंगे। हमारी गर्दन काट देंगे।

आख़िर ये कैसे होंगे? ये ख़ूनी दिमाग़, ये पत्थर दिल, ये मुहब्बत से अपरिचित बच्चे-ये कहाँ जायेंगे? ये हिन्दुस्तान को आख़िर ज़िल्लत[9] के गड्ढे में गिरायेंगे? सोचते-सोचते काँप उठी और मुझे अपने से कहीं ज़्यादा अक्लमन्द जामिया के दोनों लड़के शम्स और क़ैसर नज़र आये। उन्होंने ख़तरे की बू सूँघ ली थी। उनकी आँखों ने भयानक भविष्य की झलक देख ली थी और वे रचनात्मक काम के इरादे से कैम्प छोड़कर शहर का रुख कर चुके थे, लेकिन मैं माँ होकर न समझ सकी कि यह नस्ल तो ख़ैर डूबी ही है, वर्तमान तो बुरा है ही भविष्य भी तबाह हो रहा है। आनेवाली नस्ल इससे भी कई गुना बढ़-बढ़कर अन्धी होगी और अगर अभी से सँभलने की कोशिश न की गयी, उससे भी गहरे कुएँ में डूबेगी।

जब इनसान नहीं, तो हिन्दू मत और इस्लाम कैसा? आदमी ही के लिए तो धर्म, मज़हब, उसूल और क़ानून सब कुछ है। वह नहीं तो कुछ भी नहीं। हिन्दुस्तान भी गया और हिन्दू-मुसलमान दोनों ख़त्म हो गये।

उन तमाम औरतों के सामने जो ज़रूरतमन्द थीं, लावारिस थीं, अनाथ बच्चों की ख़बरगीरी के लिए नौकरी पेश की। डॉक्टर साहब जायज़ तनख़्वाह पर किसी होशियार औरत को रखना चाहते थे, मगर मुसलमान औरतों को क्या हो गया था कि ख़ैरात लेने में सबसे आगे और काम के नाम से कोसों दूर भागतीं। कोई कहती, हम अपने तीन बच्चों को रो रहे हैं, कलेजा तो छलनी पड़ा है। अल्लाह मियाँ न जाने कहाँ सो रहे हैं? मौत भी नहीं भेजते। यहाँ जीने की हसरत किसे है जो नौकरी करें? एक कहती, हमें तो बस पाकिस्तान पहुँचा दो। और दूसरी मुँह बनाकर जवाब देती, यह गूह-मूत हमसे न होगा।

गरज यह कि हर तरफ़ से मायूस होकर मैंने इक़राम साहब से कहा कि अब 'माँ' का काम भी आप ही को करना होगा। और मैंने देखा कि वह 'घरवाली' बनकर काफ़ी ख़ुश थे। साफ़-सुथरा मकान, सलीक़े से बराबर बिस्तर लगे, हर चीज़ एहतियात से रखी हुई। बच्चे बरामदे में खेलते रहते। कभी-कभी फ़ोन से मुझे 'इत्तिला[10] देते कि बच्चे जूते पहनने बाज़ार जा रहे हैं या आपको बुला रहे हैं। वह इत्मीनान से घर के इन्तज़ाम में व्यस्त थे।

एक रोज़ जो मैं लेडी हार्डिंग अस्पताल गयी तो सक़ीना अच्छी हो चुकी थी। मेरे साथ कैम्प आयी तो यहाँ उसका कोई रिश्तेदार न मिला। पता चला, सब पाकिस्तान चले गये। रिश्तेदारों में बाप, भाई, बहन के अलावा चार लड़कियाँ और उसका पति भी था। तीन दिन वह तलाश करती रही और रोती रही, तब मैंने कहा कि सक़ीना, चलो तुमको ओखला छोड़ आऊँ। बच्चों में तुम्हारा जी बहल जायेगा। और इन बे माँ-बाप के बच्चों की ख़िदमत करोगी तो अल्लाह ताला भी तुम पर फ़ज़ल[11] रखेगा। शायद तुम्हारे बिछड़े भी जीते-जागते फिर जाएं। वह नेक औरत फ़ौरन तैयार हो गयी।

चार माह तक वह उन बच्चों की माँ की तरह ख़बरगीरी करती रही। इस अर्से में रेडियो और ख़तों के ज़रिये सक़ीना के अज़ीज़ों का पता भी चल गया। उसकी चारों लड़कियाँ नाना के साथ कराची में थीं और शौहर आगरा में। पति जल्दी ही आ गया, मगर अब सक़ीना से ये बच्चे न छोड़े जाते थे। अभी आमद-रफ़्त[12] भी आसान न थी, इसलिये सक़ीना ने जाने से इनकार कर दिया। दुबारा और तीसरी बार जब शौहर आया तो उसे ले गया। दोनों मियां-बीबी अपनी बच्चियों को लेने कराची गये। बच्चे और वह एक-दूसरे से जुदा होते वक़्त दुखी थे। मगर मज़बूरी थी, वह कैसे रुकती? ख़ुदा करे जहाँ हो, ख़ुश हो। बड़े मौक़े पर उसने हमारी मदद की और अब अकेले इक़राम साहब उनके माँ-बाप रह गये थे।

इधर धड़ाधड़ बच्चों के रिश्तेदार मिलते चले जा रहे थे। ज़रीना ख़ुशी-ख़ुशी अपने मामू के साथ सिधारी।

सबसे आख़िर में जो बच्चा अस्पताल से आया, उसकी पूरी टाँग पर प्लास्टर चढ़ा हुआ था और उस लकड़ी जैसे टाँग को सीधा करना सिर्फ़ ख़ुदा बख़्श का काम था। जब वह चलने-फिरने लगा तो जूते पहनने जामा मस्जिद गया। जूतों की दुकान पर सारे बच्चे जूते देख रहे थे और ठीक उसी वक़्त उसका बाप आ गया। सारा ख़ानदान, घर-बार सब कुछ ख़त्म हो चुका है। मगर ज़िन्दगी का नन्हा-सा सहारा यह बच्चा बाक़ी था। बेटे को देखकर बाप की जो हालत हुई, वह बयान नहीं की जा सकती।

एक रोज़ कस्साबपुरा से गुज़रते हुए मुझे किसी ने आवाज़ दी। देखती हूँ तो वही लड़का पुकार रहा था। वह बहुत ख़ुश था, अपने घर में था। सारे बच्चे जा चुके थे, मगर एक लड़की अभी बाक़ी थी। उसका कटा हुआ बाज़ू अभी तक ठीक न हुआ था। वह अकेलेपन से परेशान थी और मुझसे अक़्सर पूछती, कब ले चलोगी? एक दिन उसने मैले गन्दे-से ताश की एक गड्डी मेरे हाथ में दी और अजीब हसरत, मायूसी और शौक़ के लहज़े में बोली कि यह मेरी तरफ़ से रशीद को दे देना।

दो मासूम दिल एक-दूसरे के लिए तड़प रहे थे और नन्ही लड़की अपनी मुहब्बत ज़ाहिर करने के लिए बेताब थी। यह ताश नहीं मालूम उसने कहाँ पायेंगे? वह रशीद के साथ खेला करती थी। जब वही नहीं तो उन्हें लेकर वह क्या करे? अपना मुहब्बत भरा तोहफ़ा, दिलचस्पी का सिर्फ़ एक ही सामान, अपनी सारी पूँजी वह रशीद को भेज रहीं थी। उस भोले-भाले स्वभाव की इस अदा ने मेरा दिल मोह लिया। उपहार पहुँच गया।

जो बच्चे बड़े थे, वे दरियागंज के 'बच्चों के घर'[13] में छोड़ दिये गये। कम उम्र के बच्चे जामिया में रहे।

सन्दर्भ-सूची

1. आया।
2. दिल्ली सूबे में धावा या हमला होने को 'धार चढ़ाना' बोलते हैं।
3. सैयद मुत्तलवी फ़रीदाबादी बहुत मुस्तैद सरफ़रोश सोशलिस्ट थे। हरियाणवी भाषा के बड़े अच्छे शायर थे। अपने भाषण और कविता से श्रोताओं में आग लगा दिया करते थे। अबू नईम फ़रीदाबादी बच्चों के लोकप्रिय कहानीकार थे। फ़रीदाबाद मुसलमानों

से ख़ाली हो चुका था। सैयद मुत्तलवी दिल्ली में कहीं ठहरे हुए थे, मीलों दौड़-धूपकर अपने वतन के बिखरे दाने समेट रहे थे। कई माह बाद जब मायूस हो गये तो शायद पाकिस्तान सिधार गये, क्योंकि अब यहाँ उनका क्या रह गया था?

4. छोटी उम्र के।
5. सिर से पाँव तक काँपना।
6. पन्द्रह या सोलह वर्ष की।
7. यह बच्चा पहले जामिया में फिर 'बच्चें का घर' दरियागंज।
8. अन्त।
9. अपमान।
10. सूचना।
11. कृपा।
12. आना-जाना।
13. 'बच्चों का घर' शायद कोई पुराना यतीमख़ाना सुन्नी वक्फ़ बोर्ड की तरफ़ से था। कुछ वर्षों से डॉ. ज़ाकिर हुसैन उस बोर्ड के मेम्बर हो गये थे और अनाथालय को सही अर्थों में 'बच्चों का घर' बनाने का श्रेय उन्हीं का जाता है।

अनुवाद : नूर नवी अब्बासी

एक अनोखी रात

मुरीद बरघूती

उसकी उँगली दरवाज़े की घण्टी को बस छूनेवाली है
दरवाज़ा, बहुत ही आहिस्ता-आहिस्ता,
खुलता है।
अन्दर आता है।
अपने कमरे में जाता है।
है तो, यहाँ :
उसकी तस्वीर, उसके नन्हे-से पलंग के बराबर
उसका स्कूल का बस्ता, अँधेरे में,
जागता हुआ।
अपने आप को सोते हुए देखता है
दो ख़्वाबों के दरमियां, दो झण्डों के।
वो सभी दरवाज़ों को खटखटाता है
—खटखटाने वाला था, पर नहीं।
सब उठ जाते हैं—
"लौट आया!"
"ख़ुदा क़सम, लौट आया!" चिल्लाते हैं
पर उनके शोर से कोई आवाज़ नहीं मिलती।
बाँहें फैलाते हैं मोहम्मद को समेटने के लिए
पर उनके हाथ उसके कन्धों तक पहुँचे नहीं।

उन सब से पूछना होता है
क्या हाल है आप सबका

इन गोलन्दाज़ी की रातों में।
पर उसे अपनी आवाज़ नहीं खोजे मिलती।
वो भी कुछ कहते हैं
पर आवाज़ नहीं निकलती.
वो क़रीब आता है, वो क़रीब आते हैं.
वो उनमें से गुज़र जाता है, वो उसमें से गुज़र जाते हैं,
साये ही रहते हैं
और कभी नहीं मिलते।
उससे पूछना चाहते थे कि क्या खाना खाया,
ज़्यादा ठण्ड तो नहीं है, वहाँ माटी के तले?
क्या डॉक्टर वो गोली और वो ख़ौफ़
उसके दिल से निकाल पाये?
अभी भी क्या डर लग रहा है?
क्या उसने वो दो गणित के सवाल पूरे किये
ताकि टीचर अगले दिन गुस्सा न करें?
उसने क्या....?

वो भी बस यही कहना चाहता था :
मैं आया हूँ जानने के लिए कि
आप सब ठीक हैं?
उसने कहा :
बाबा तो बदस्तूर अपने B.P. की दवाई लेना भूल जायेंगे
आया हूँ, हमेशा की तरह, उन्हें याद दिलाने।
उसने कहा :
मेरी तकिया यहाँ नहीं, वहाँ है।
उन्होंने कहा।
उसने कहा।
बिना आवाज़ के।

दरवाज़े की घण्टी कभी बजी ही नहीं।
मेहमान अपने नन्हे-से बिस्तर में कभी था ही नहीं।

उन्होंने उसे कभी देखा ही नहीं।
अगले दिन पड़ोसी खुसफुसाये
सब एक फ़रेब था।
उसका स्कूल का बस्ता यहाँ है,
गोलियों से छिदा हुआ
और उसकी दाग़दार कॉपियाँ, ये रहीं।
जो मातमपुर्सी करने आये थे
उन्होंने उसकी माँ को कभी छोड़ा ही नहीं।
इसके अलावा, क्या एक मुर्दाह बच्चा
कभी अपने परिवार के पास
लौटकर आ सकता है,
ऐसे इत्मीनान से लेते हुए,
गोलन्दाज़ी की ऐसी लम्बी रात में?

मायने

एक शायर चाय की दुकान पर बैठा लिख रहा है
बुढ़िया सोचिती है कि लिख रहा है चिट्ठी माँ को
जवां लड़की सोचती है कि लिख रहा है ख़त महबूबा को
बच्चा सोचता है कि बना रहा है चित्र
व्यापारी सोचता है कि जाँच रहा है सौदा
मुसाफ़िर सोचता है कि लिख रहा है पोस्टकार्ड
कर्मचारी सोचता है कि गण रहा है क़र्ज़े
ख़ुफ़िया पुलिसवाला उसकी ओर, आहिस्ता-आहिस्ता, बढ़ता है।

अनुवाद : आयेशा किदवई

पग-पग अगिया के पार

मारियस आरी लब्लाँ

मेमने की खाल से तना वह ढोल झनझनाकर बज उठा।

और उस ज्वलन्त अग्निपथ को काटने की रस्म प्रारम्भ हुई– सर्वप्रथम एक ऊँचा-तगड़ा मालाबारी आगे बढ़ा। फ़क़ीर के समान सूखा हुआ, उसकी कटि के इर्द-गिर्द एक सुर्ख़ लाल लँगोट बँधी थी। उसकी पसलियाँ जो प्रत्येक धड़कन के साथ फड़क उठती थीं, गिनी जा सकती थीं। उसने न आव देखा न ताव, हल्के साये-से कंकाल की तरह अँगारों की उस कालीन पर चल पड़ा।

इसके पश्चात्, एक विशालकाय बनिया आगे आया, मोटा-ताज़ा, गोल पेंदी के गुड्डे के समान जिसकी तोंद धूप में गरी के तेल-सी चमचमा रही थी। पेट फुलाये यह महाशय दौड़े और उनका गलफुल्ला चेहरा यों हाँफे जा रहा था कि बस अब अगिया बुताकर ही दम लगे। इस पर भीड़ खिलखिलाकर हँस पड़ी। *फ़िलाओ* के पेड़ों पर से कुछ लोग पटाख़े उछाल रहे थे, ठीक उनकी नाभि पर आ कर फट रहे थे; इतने पर भी महात्मा-जी तनिक-भी डिगे नहीं, और किसी मस्तमौला शूकर जैसे, तन्दूर की तपतपाहट से छूटते ही दूधिया कीचड़ की नाद में लोट-पोट हो गये, तब कहीं जाकर उनके तलवे ठण्डे पड़े।

इनके पीछे-पीछे एक मालाबारी आया, जिसे नगर में 'बाग़ानों का बादशाह' कहते थे, उसकी ज़मीन की जुताई ही यूँ सुन्दर पंक्तियों में होती थी–जूड़े में बँधे उसके बाल ऐसे चमक रहे थे मानो उन पर लाख की परत चढ़ी हो, अपने दोनों हाथों से सिर पर वह एक नन्हे शिशु को लिये था, जिसके नेत्र भय से विस्फारित थे–यह वो मरणासन्न बच्चा था जिसे इसी वर्ष मालाबार के देवता ने मौत के मुख से बचाया था। इसके पिता अगिया में ऐसे आगे बढ़ रहे थे मानो गंगा की पवित्र जलराशि में–मीठी मुस्कान लिए उनका स्वरूप

गद्‌गद था। जन-समूह इस कृतज्ञता की मूरत के समक्ष ऐसे शान्त था मानो उसकी आत्मा तक पहुँच चुका हो।

पीछे-पीछे और भी पदयात्री आगे बढ़े, अपने शीश पर केला–पुष्प के गुलदान और डाब की पूरी डालें टिकाये। पहले उनके पाँव का इन्तज़ार रहता, फिर उनके चेहरों का–क़दम गिन-गिनकर वे पाँव एक अद्‌भुत आत्मविश्वास के साथ बढ़ते गये। उपवास से कान्तिहीन उनके मुख पर दर्द की एक सिलवट भी न पड़ी।

मालाबार के ढोल की विजयी धुन झमझमाकर गर्व से बज उठी।

इस नस्ल का गर्व, जिसको सभी ने सन्देह की नज़र से देखा था और जिनकी दुर्बलता व अनायास कराहने की आदत पर सभी ताने कसते रहे, गर्व से उस तपती धूप में इन गोरों, चीनियों, अरबियों, नीग्रो लोगों के समक्ष यह प्रमाणित करने का कि इस मालाबारी को जिन्हें बिन ज़िगर का माना जाता है, किसी भी दर्द से लेशमात्र भी डर नहीं।

अनुवाद : नेहा जैन

बचपन की भूख

आक्सेल गोवें

सोमवार, 3 सितम्बर।

मैं नहीं खाऊँगा!

हालाँकि मैं यह कई बार अपने पिताजी को बता चुका हूँ कि उन लोगों के स्कूल की कैंटीन सुबाया के लिए ठीक नहीं है। मैं घर पर जलकुम्भी का सूप पसन्द करूँगा, बनिस्पत उस चावल, मांस, मछलियों के अम्बार के स्कूल का वह खाना, जिसका नाम ले-लेकर यहाँ के भुक्खड़ों ने सुबह से मेरे कानों में शोर मचा रखा है। पापा के गुस्से और उनकी तमाम धमकियों के बावजूद इन लोगों के खाने का एक निवाला भी मेरे हलक से नहीं उतरेगा–

> ''कान खोल के सुन लो मेरी बात!'' दस दिन से वह मुझे सुनाये जा रहे हैं। ''तुम ग्यारह बजे कैंटीन में मौजूद रहोगे और तुम अपनी थाली के आगे बैठोगे। और फिर... चूँकि तुमने फ़ैसला कर लिया है, तुम्हारा पेट भूख से बिलबिलायेगा, लेकिन किसी भी सूरत में मुझे यह सुनने में नहीं आना चाहिए कि तुम अपनी भूख शान्त करने के लिए गन्ना या अमरूद चुराने गये थे!'

यह बुज़ुर्ग तमिल इरादे का मज़बूत है, गंगा तट के पत्थरों की तरह मज़बूत, लेकिन मैं भी उनका ही बेटा हूँ। चाहे मुझे भूख से तड़पना पड़े, लेकिन उनका भोजन कभी नहीं! मेरे पिताजी अभी भी पर्याप्त पैसे कमा लेते हैं, ताकि घर के चूल्हे पर हाँडी चढ़ती रहे। स्कूल के आख़िरी साल में जाकर मैं उस प्लेट में नहीं खाने वाला, जो कि, हाय!, पता नहीं कैसे धोयी जाती है; और फिर इन पेटू लोगों के साथ खाना, जो सिर्फ़ कैंटीन में भुक्खड़ों की तरह खाने के लिए ही स्कूल आते हैं।

अगर मम्मी मौजूद होती तो फिर किसी भी सूरत में चाहे जो हो जाये, उन्होंने ऐसा नहीं होने दिया होता; और पहले तो हम धरती के छोर पर बसे इस नामुराद देश में होते ही नहीं—मैं इन गोरों के बीच में अकेला काला नहीं होता; जैसा कि लोग कहते हैं, दूध में गिरी काली मक्खी की तरह चलो, मान लिया कि मैं मक्खी हूँ और वे दूध! लेकिन कैसा दूध, और क्या इनकी औक़ात?

और अब स्कूल से मेरा क्या लेना-देना? पन्द्रह साल की उम्र हो चुकी मेरी, क्या बन पाया हूँ मैं यहाँ और किसी और स्कूल में भी क्या बन जाता? गंवार ही होता मैं, इन बच्चों के झुण्ड में जो पहली दफ़ा छूटे भगोड़े मेमने की तरह इधर-उधर कूदते फिरते हैं? अगर लाइब्रेरी ही, लेकिन इन कुछ तालाबन्द बदहाल किताबों को क्या लाइब्रेरी कहा जा सकता है, जिन्हें मैं आठ दिनों में ही पढ़ जाऊँ, बशर्ते कि डायरेक्टर मैडम किताब देने को तैयार हो। डायरेक्टर मैडम! उस औरत को तो दफ़ा हो जाना चाहिए! ऐसी डायरेक्टर जो नये सेशन के पहले दिन गायब है। यह स्कूल भी कमाल है।

मेरे सामने एक बड़ा सर है, जो खा रहा है। वह खा नहीं रहा, वह खाना ठूँस रहा है। बड़े कटहल जैसा उसका बड़ा सर ज़बरदस्त है, जो खाने को कम-से-कम दो टुकड़ों में तोड़कर ठूँस रहा है; वह इधर-उधर सर मारता है हर जगह हाथ मारता है; चावल का एक बड़ा ढेला! बेलचा भर मटर! फिर से चावल! उसमें से आधा चावल थाली से बाहर आने को हैं, और लार से सना बड़े मटर का सालन बाहर टपक रहा है। घिनौना है यह सब!

सिर्फ मांस ही है जिसे 'कटहल' हाथ नहीं लगा रहा। ज़ाहिर तौर पर उसने इसे अन्त के लिए बचा रखा है... अमीर लोगों के बच्चों के ठीक उलट। वह मांस को शुरुआत में ही खाने लगते हैं, चूँकि उन्हें पता है कि उन्हें और मांस मिलेगा, दुबारा मिलेगा और जितना चाहे उतना मिलेगा, बशर्ते कि वह नहीं खाने के बहाने न बनाये : "मुझे भूख नहीं लगी है", "मुझे यह पसन्द नहीं", जैसा मैंने एक बच्चे को करते देखा था!... मैं सोचता हूँ, जैसा भी हो, क्या 'कटहल' मुझे इन अमीर बच्चों से बेहतर नहीं लगता? बहरहाल, अमीरों का एक भी बच्चा यहाँ नहीं पढता—वैसे भी ऐसे उजाड़ में वह क्या करने आने लगा?

महक से समझ में आ रहा है कि यह करी गोमांस की है। मैंने कभी भी गोमांस के किसी पकवान की महक नहीं ली है, लेकिन मैं इस महक को पहचानता हूँ। यह और क्या ही हो सकता है?

गोमांस—हमारे यहाँ कोई इसे हाथ भी नहीं लगाता। हमारा धर्म साफ़ तौर पर इसकी मनाही करता है। पापा का बहुत दिल दुखेगा, अगर उन्हें पता चले कि यह हम पर थोपा जाता है। और फिर क्यूँ न पता चले उनको? और क्यूँ न मैं उनको यह ख़बर दूँ, और आज शाम ही क्यूँ ना बताऊँ? देखता हूँ कि क्या फिर वह मुझे इस सूअरों के बाड़े में सड़ने के लिए छोड़ते हैं?

ओह, यह करी! किसी भी क़ीमत पर मैं यह नहीं खाऊँगा। न चटनी के साथ, न ही चटनी-चावल के साथ! किसी भी चीज़ के साथ नहीं। भले ही वह कोई और मांस क्यूँ न हो, कोई और खाना क्यूँ न हो दुनिया का बेहतरीन मसाला ही क्यूँ न हो! फिर भी मैं नहीं खाऊँगा! मैं घर का खाना खाऊँगा, घर पर खाऊँगा या फिर मैं नहीं खाऊँगा, चाहे जो हो जाये।

काँटे की चम्मच की नोक से मैं सावधानी से गोमांस के टुकड़े को उठाता हूँ, वह टुकड़ा जो मोटी गोरी वेट्रेस ने मेरी प्लेट में अधिकारपूर्वक उड़ेल दिया है। पता नहीं मेरे हाव-भाव की सतर्कता उसके प्रति सम्मान की वजह से है, जैसा हमसे करने को कहा जाता है, या फिर यह डर की वजह से है। हम यह अच्छी तरह जानते हैं कि गाय पवित्र है, लेकिन उसे खाने की इस हद तक मनाही है कि इस करी को देखकर डर के अलावे शायद ही कोई ख़याल मेरे दिमाग़ में आता हो!

—"ओये मालबारी![1] तू नहीं खा रहा?"

'कटहल' अच्छी तरह जानता है कि हम हिन्दू गोमांस नहीं खाते। वह यह भी अच्छी तरह देख रहा है कि मैंने अपने खाने को छुआ तक नहीं है। मैं सर उठाकर जानने की कोशिश कर रहा हूँ कि उसकी ख़ाली खोपड़ी में क्या ख़याल छुपाये नहीं छुप रहा!

लेकिन यह उसकी आवाज़ नहीं थी। दो गुलाबी फूले हुए गाल हैं जो किसी दूसरी टेबल से इधर उठ आये हैं। 'गुलाबी गाल' के बायें हाथ में उसकी खाने की प्लेट है, गन्दगी से सने उसके ऊनी स्वेटर से सटी हुई। उसने अपनी प्लेट भी ख़त्म नहीं की है और अभी से अपना दायाँ हाथ मेरी प्लेट पर जमा दिया है। 'कटहल' ने भी फुर्ती-से ऐसा ही किया है। लगता नहीं कि दोनों में से किसी का पीछे हटने का इरादा है। अरे! अरे! अरे! जल्द ही हाथापाई होने वाली है। ये दोनों बदमाश एक-दूसरे का भर्ता बना देंगे, सिर्फ़ मांस के दो-तीन टुकड़ों के लिए, और वह भी गोमांस के टुकड़े!

और मैं—मेरा इस प्लेट से कोई लेना-देना, नहीं, ऐसा दिखाने की कोशिश में मैं लगा हूँ। मेरा इस झगड़े से कोई लेना-देना नहीं है मेरे कान बन्द हैं, और इस खाने से भी मेरा कोई वास्ता नहीं। यह मेरे लिए तो नहीं ही बना है।

पृष्ठ सं. 18-20

बुधवार, 5 सितम्बर

मालबारी का खाना मैं खाऊँगा!

'गुलाबी गाल' ने आज जल्द ही अपना दावा पेश कर दिया है, मेरी बला से। चूँकि मुझे इससे कोई फ़र्क़ नहीं पड़ता, लेकिन फिर 'गुलाबी गाल' ने तुरन्त बात आगे बढ़ायी— "जहाँ तक मालबारी की बात है, इसकी तो शामत आने वाली है, और वह भी यही कहीं नज़दीक!"

उसके यह बोलते ही मुझे शक हुआ कि वह फिर अपनी वही घिनौनी हरकत करेगा, वही घटिया हरकत जो, बेशक, उसने अब शुरू ही कर दी है— 'गुलाबी गाल' बेंच पर खड़ा हो गया है और वहाँ कैंटीन के सभी लोगों के सामने, उसने अपना पिछवाडा मेरे सामने कर दिया है, और अपनी उँगलियों से अपने पिछवाड़े की ओर इशारा करते हुए कह रहा है,

"यहाँ, इसकी शामत यहाँ आयेगी!"

फिर वह अपनी उँगलियों को सूँघने का नाटक करता हुआ, मज़े लेता हुआ कहता है :

—बदबू आती है इससे, करी की बदबू आती है इससे, मसाले की बदबू आती है इससे, मालाबार की बदबू आती है इससे!

लोग ठहाका लगाकर हँसने लगे हैं और उनके शोर के बीच मेरे काले गाल गुस्से से लाल हुए जा रहे हैं। शर्म,—वही वाहियात शर्म—यह शर्म मुझ पर हावी हो रही है और फिर गुस्सा हौले-हौले गुस्सा चढ़ना शुरू होता है और इस नामुराद शर्म को डुबो देता है।

आमतौर पर मैं उन लोगों में से हूँ, गुस्सा जिन पर पूरी तरह छा जाता है, एक झटके में ही छा जाता है। गुस्सा मुझ पर धीरे-धीरे नहीं चढ़ता, बल्कि ज्वार-भाटे की तरह एक बार में सवार हो जाता है। मेरा गुस्सा चारकोल की तरह धीमे-धीमे नहीं सुलगता, बल्कि पेट्रोल के आग की तरह धधक उठता है। गुस्सा मेरे अन्दर कुछ समय में नहीं पनपता बल्कि कुछ मिनट या कुछ सेकंड मात्र में भड़क उठता है; इसकी कोई बराबरी नहीं है— यह तूफ़ान है, यह

सुनामी है। मुझे लगता है कि यह तोड़-फोड़ कर सकता है, बर्बाद कर सकता है, उखाड़ सकता है और कभी-कभार ख़ुद मुझे भी नुकसान पहुँचा सकता है।

लेकिन शायद, कई पीढ़ियों से सहते आने की वजह से– शायद इतना सब और इतना ज़्यादा सहते आने की वजह से– जब मेरे चमड़े के रंग की बात होती है, मेरे नस्ल की बात होती है, तब सबसे पहले मुझे शर्म का अहसास होता है। गुस्सा तो उसके बाद ही महसूस होता है, और अक्सर, इससे पहले कि गुस्सा फट पड़े, जिस व्यक्ति ने हमारा अपमान किया होता है, वह शान्ति से अपनी राह पकड़ चुका होता है। भले ही मेरा दिल नफ़रत से भर जाता हो, लेकिन फिर शान्त हो ही जाता है। और अगर अपमान करने वाला दुबारा नज़र भी आ जाये, तो मैं यही सोचता हूँ कि वह भाड़ में जाये।

अक्सर ऐसा ही होता है, लेकिन आज वह हरामज़ादा सामने है। बस कुछ दूरी पर ही वह खाना ठूँस रहा है, हँस रहा है, मज़ाक़ कर रहा है और मैं गुस्से में मेरा हाथ टेबल पर पड़े एक चम्मच को थाम चुका है। वह अपना हाथ मेरी प्लेट की ओर बढ़ा रहा है... फिर हमला खुद-ब-खुद हो गया।

नहीं सुबाया, खुद-ब-खुद नहीं हुआ। यह तुमने अपनी पूरी ताक़त और पूरे गुस्से के साथ यह चोट की थी। लेकिन तुमने गुस्से और ताक़त 'के साथ' किया ऐसा, कैसे कह सकते हो तुम? यह गुस्सा तुम ख़ुद हो, यह ताक़त तुम ही हो, सुबाया कारूपुये, यह केवल तुम हो तुम, जिसका चेहरा और शरीर काले हैं; तुम, जो घटिया मसाले खाते हो; तुम, जो इतनी प्यारी, छोटी बकरियों की बलि देते हो; तुम, जो अनेकों हाथों वाले भगवानों को पूजते हो; यह तुम ही हो तुम, मालबार लँगोटी,[2] जिसने चम्मच का हैंडल उसकी हथेली में दे मारा है। बेशक तुम ही हो जिसने यह किया है! और वह चाहे जितना दर्द से तड़पता रहे हराम का पिल्ला!

पृष्ठ सं. 48

"बाया! बाया! तुम्हारे पिताजी पहुँच चुके हैं! तुम्हारे पिताजी यहाँ है। वह डायरेक्टर मैडम से बात कर रहे हैं। जल्दी आओ, बाया! सब लोग आओ!"

यह पहली बार है कि मुझे इस कैंटीन में 'मालाबार' नाम से नहीं पुकारा गया उस नाम से जो ये गोरे हमारा अपमान करने के लिए इस्तेमाल करते हैं; उससे भी अच्छा हुआ कि मुझे मेरे पहले नाम के बजाय घर के नाम से बुलाया जा रहा है। बेशक किसी ने पापा को नया सेशन शुरू होने के दिन

यह नाम बोलते सुना होगा, जब मैं अपने पिताजी के साथ इस नामुराद स्कूल में एडमिशन के लिए आया था। सच में पापा यहाँ पहुँचे हुए हैं।

‘हम उन्हें ऐसा करने की छूट नहीं दे सकते’, उन्होंने कल शाम बोला था.

मैंने मौक़े का फ़ायदा उठाते हुए कहा था–

‘‘आप डायरेक्टर मैडम से बात करने आयेंगे?’’

‘‘देखते हैं, देखते हैं, लेकिन तुम कल तुम ऐसे स्कूल जाओगे जैसे कुछ हुआ ही नहीं और कैंटीन में भी जाओगे! और तुम खाओगे! कल गोमांस नहीं होगा–वह हर दिन गोमांस नहीं दे सकते। तुम गोमांस को कभी हाथ नहीं लगाओगे. सुना तुमने। और ‘वह महिला’, वह जो चाहे तुम्हे बोले, तुम उफ़ भी नहीं करोगे! तुम कोई अपशब्द नहीं बोलोगे, कुछ भी बुरा नहीं बुदबुदाओगे। ऐसी कोई भी अभद्रता नहीं करोगे, जो मैं जानता हूँ कि तुम कर सकते हो! मेरी बात समझ रहे हो तुम?’’

लेकिन तुम अब आ चुके हो, पापा! मैं तुमसे खुश हूँ, पापा। मुझे डर था कि तुम मुझे लाचार छोड़ दोगे, कि तुम मुझे अकेला छोड़ दोगे इस शैतान औरत के आगे यह घटिया मोटी औरत! यह बदमाश मोटी औरत!

पृष्ठ सं. 70-73

ब्रेड का मामला ख़त्म हुआ–जल्द ही, केवल बहुत थोड़े टुकड़े और कच्चा आटा बचे हैं जिसे आरी ने अपनी जीभ के सहारे और ज़ोर-से हँसते हुए प्लेट की तह से साफ़ कर दिया है। ब्रेड का मामला पूरी तरह से ख़त्म होने के बाद दूसरे व्यंजन पर हमारा ध्यान गया। यह एक तरह का ग्रो मोर्न[3] है जो नारंगी बालों से बना है, जिसकी चोटी पर कुछ अजीब-सी चीज़ के टुकड़े बिखरे पड़े हैं। ऐसी चीज़, जो कि एक छोटी ककड़ी के जैसी दिखती है। अजीब है, सच में अजीब है! लेकिन, अजीब हो या नहीं, आरी हड़बड़ाकर ख़ुद को वह खाना परोस लेता है, वह भी अपने हिस्से से तिगुना और जल्द से जल्द एक बड़े चम्मच से उसे मुँह में डालता है, फिर उतनी ही हड़बड़ी में उसे बाहर थूक देता है–

‘‘अच्छा नहीं है’’, वह मुँह बनाते हुए कहता है।

रेमो को भी वह बुरा लगता है। मानो के हिसाब से यह ‘‘बेस्वाद और नीरस है, बेशक फ्रांस का खाना है यह, इसके अलावे ब्रेड...’’

मैं बहुत थोड़ा-सा ही अपने लिए परोसता हूँ। मानो सही कह रहा है, यह न अच्छा है, न बुरा है– यह बिलकुल बेस्वाद है। मैंने जोरे[4] खाना कभी नहीं खाया है, लेकिन जिन लोगों ने भी इसे चखा है, उनका कहना है कि यह बहुत बेस्वाद होता है। उनमे मसाले बिलकुल भी नहीं होते! उसमे न करी, न केसर होता है, न तो लहसुन ही, और यहाँ तक कि नमक भी नहीं होता। जहाँ तक मिर्ची की बात है, वह तो उनके बस की ही नहीं। मिर्ची से तो वे लोग बहुत डरते हैं, जैसे कि वह मिर्ची नहीं बड़ी लूलू या बुढ़िया काल हो, या फिर 'बड़ा शैतान'[5] हो जिसे कई-कई रात से अपने हिस्से का ताज़ा गोश्त नहीं मिला हो।

डायरेक्टर मैडम अन्दर आती हैं। उनकी ड्रेस वाक़ई प्यारी है। बहुत ही प्यारी, और मैडम, जिनके चेहरे पर एक बड़ी मुस्कान है, वह भी बुरी नहीं हैं। लेकिन वह मुस्कान खट्टी हो गयी और उनके होंठ बन्द हो गये, जब उन्होंने देखा कि उनका पीली रस्सी जैसा खाना हमें मंजूर नहीं है!

''लेकिन गाजर के इस पकवान से तुम लोगों को क्या परेशानी है?'', उन्होंने इतनी भारी-भरकम तरीक़े से बोला कि हम सब डर से काँपने लगे! और जो हंगामा उन्होंने खड़ा किया था, जब हम सबने उनके ठन्डे बीफ़स्टेक खाने से मना कर दिया था–जबकि बाक़ी लोगों के सामने धर्म की दिक़्क़त भी नहीं थी। मानो ने तो अपना हिस्सा खाने की कोशिश भी की थी, लेकिन उससे उभरते ख़ून को देखकर उसका दिल बैठ गया और तोड़ा गया टुकड़ा अपनी जगह पर वापस रख दिया गया।

फिर, डायरेक्टर मैडम का गुस्सा! वह यहाँ हमें सिर्फ़ पढना और गिनना सिखाने नहीं आयी हैं, लेकिन सबसे ज़रूरी हम जीना सिखाने के लिए, और सबसे पहले तो खाना सिखाने के लिए आयी हैं। हम यह पता होना ही चाहिए कि स्टार्टर क्या होता है, मांस क्या होता है और सब्ज़ी क्या होती है! हमारी तरह वह भी सब कुछ एक साथ अपनी प्लेट में डाल लेती थीं और अस्त-व्यस्त तरीक़े से खाती थी, जल्दी-जल्दी और ठूँस-ठूँसकर खाती थी बिना सोचे-समझे। उन्हें इसकी क़ीमत चुकानी पड़ी। उन्हें फ्रांस में जंगली समझा गया, जहाँ लोगों ने उनका मज़ाक उडाया।

"और फिर, अगर तुम लोग जानना चाहते हो, मेरा भी इस करी वाले ग़रीबों के खाने से पाला पड़ा है– रूज़ाई[6]-सॉसेज, धुएँ से पकाया बैंगन, यहाँ तक कि मछली का सूप भी!"

आरी इस भाषण से केवल कुछेक चीज़ ही समझ पाया, लेकिन 'रुजाई-सॉसेज' का नाम सुनते ही उसकी आँखें देगची की तरह खुल गयीं। इस पकवान का नाम सुनते ही प्लेट तक उसकी लार टपकने लगी। मछली का सूप! कौन उसका दीवाना नहीं, कड़वे करेले के साथ या उसके बिना भी? इस पकवान का सिर्फ़ नाम लेने से उसे वाक़ई तक़लीफ़ होने लगी। वह बेचारगी से सिसकने लगा—

"मुझे भूख लगी है!"

मुझे डर है कि कहीं डायरेक्टर मैडम न सुन लें, कहीं यह आग में घी का काम न करे और वह हम सब की खाट खड़ी न कर दे। लेकिन वह बोलना जारी रखती हैं—

"मैंने ख़ुद बहुत झेला है। मैं अपने देश के लोगों को बौद्धिक, मानसिक और नैतिक दरिद्रता में सड़ने के लिए नहीं छोड़ सकती!"

यह सब कहने से उनका क्या मतलब है? जो भी हो, एक बात तो पक्की है, वह 'योरोपियन' नहीं हैं, जैसा हम एक पल के लिए लगा था। लेकिन फिर जोरे लोगों के जैसा यह बोलने का लहज़ा कहाँ से आया होगा?

पृष्ठ सं. 74-75

मंगलवार, 2 अक्टूबर

डायरेक्टर मैडम-रामो का कहना है कि वह शादीशुदा नहीं हैं क्योंकि उनकी उँगलियों में जो अँगूठियाँ हैं। वे सिर्फ़ शौक़ के लिए पहनी हुई हैं। डायरेक्टर मैडम ने हम खाने का तरीका सिखाने का फ़ैसला लिया है—तुम सब जंगली जानवर हो, सूअर हो। तुम लोगों को सिर्फ़ खाना ठूँसने, अन्दर धकेलना आता है, सिर्फ़ मुँह में घुसेड़ना जानते हो तुम, आओ, देखो कि 'दुनिया' कैसे खाना खाती है?

यिवोन ने उनकी डेस्क पर छुरी-काँटा प्लेट रख दिया है। वह वहाँ बैठी है और हम सब उनके चारों ओर गोलाकार में मौजूद हैं। दरअसल, हम दो अर्ध-गोलाकार पंक्तियों में खड़े हैं—एक लड़कियों की, दाहिने तरफ़ और दूसरी लड़कों की बायीं तरफ़, बीच में एक बड़ी, ख़ाली जगह है। 'गुलाबी गाल' भीड़-भड़क्के का फ़ायदा उठाकर रामो के बालों को ख़राब कर देता है, राम्रो बुदबुदाकर उसे स्कूल छूटने के समय पत्थरों से मारने की धमकी देता है। डायरेक्टर मैडम शायद यह नहीं सुन पायी या शायद वह नज़रअन्दाज़ कर

रही हैं, वह समझा रही हैं—"काँटे के चम्मच को इस तरह पकड़ते हैं और चाकू को ऐसे..."

अगर हम गन्दे तरीक़े से खाते हों तो भी, कम-से-कम हम में से अधिकतर लोगों को उनकी हिदायतों से चिढ़ हो रही है। अगर भूख से हमारी हालत न ख़राब हो रही होती तो हम शायद सुन भी लेते। सच में हमारे दिमाग़ में सिर्फ एक ख़याल है कि वो जल्द से जल्द ख़त्म करे। बेशक अपनी बुद्धि, अपनी क्षमताओं, अपनी डिग्रियों, अपने डिप्लोमाओं के बावजूद वह यह नहीं समझ सकती है। उनके लिए शिष्टाचार और अच्छा व्यवहार ही सबसे ज़रूरी है। चाकू और काँटे का चम्मच हाथ में लेकर वह बहुत ही करीने से खा रही है। वह खा रही है, लेकिन ऐसे जैसे कि खाने की इच्छा न हो, क्योंकि एक सभ्य इनसान को हमेशा अपना खाना सलीक़े से खाना चाहिए—

"यिवोन, मेरा नैपकिन कहाँ है! तुम भूल गयीं? कल ये ग़लती नहीं होनी चाहिये, ठीक है? और चूँकि हर बुराई में कुछ न कुछ अच्छाई छुपी होती है, इसलिए मैं तुम लोगों को अब यह दिखाने जा रही हूँ कि बिना नैपकिन के कैसे काम चलाते हैं?"

और छोटी ऊँगली उठाकर उन्होंने अपने होंठ ब्रेड के अन्दरूनी हिस्से से पोंछ लिये। अपनी दबी हुई भयानक भूख के बावजूद हम बेशक हँस पड़े, लेकिन चोरी-छुपे, चूँकि अगर उन्होंने हमें देख लिया तो हम खाने से हाथ धो बैठेंगे! उस ब्रेड रूपी नैपकिन को उन्होंने खाया भी नहीं। उन्होंने उसे प्लेट के एक कोने में रख दिया, जिसे देखकर हम में से कइयों को तक़लीफ़ हुई!

"चलो, अब अपनी-अपनी जगह पर बैठो और खाओ! और कृपया ऐसे खाओ जैसे खाना चाहिये!"

पृष्ठ सं. 91-92

शनिवार, 13 अक्टूबर

डायरेक्टर मैडम के बेहद बेस्वाद खाने के ख़िलाफ़ हम एक हथियार मिल गया है— वह है, मिर्च। चाहे आलू का दलिया हो, चाहे उबले हुए हरे बीन हो, पानी में उबला मांस हो—कच्चा वाला नहीं, जिसे कोई नहीं खा सकता— मिर्ची की वजह से यह सब बेस्वाद खाना भी गले के नीचे उतरकर पेट तक पहुँच जाता है, बिना उसे कोई विशेष नुकसान पहुँचाये। मैं दरअसल मज़ाक़ कर रहा हूँ, यह खाना भला क्या ही नुक़सान पहुँचायेगा : ज़ोरे लोगों को मसालों

का कुछ पता नहीं होता, वो कोई मसाला नहीं पहचानते—बकरी और मेमने के मसाले, फूलों के मसाले, चेरी के मसाले, नीले मसाले और सफ़ेद मसाले, मोटे मसाले और छोटे मसाले—इसी वजह से तो वे बीमार पड़ते हैं। इसीलिए अक्सर वे ड्रम की तरह मोटे हो जाते हैं, सीतनिद्रा में जाने से पहले किसी साही की तरह उनके शरीर में चर्बी आ जाती है, वे प्लास्टिक के खिलौने की तरह गुलाबी हो जाते हैं।

वैसे मैं फिर से बढ़ा-चढ़ाकर बात कर रहा हूँ। दरअसल, डायरेक्टर मैडम के खाने से मेरी कोई ज़्यादा शिकायत नहीं हैं। अगर यह नज़रअन्दाज़ कर दिया जाये कि उसमे न नमक होता है, न मसाले, कि सब्ज़ियाँ लगभग हमेशा सिर्फ़ उबाली हुई होती हैं, अगर बिलकुल कच्ची न हो तो, कि मांस में से अक्सर ख़ून निकलता होता है।

इसके अलावा हमें दिये जा रहे खाने की बुराई करने की कोई वजह नहीं है। शायद इसके अलावा भी, कि हमें चावल कभी नहीं दिया जाता, और कि ब्रेड के बावजूद, लेकिन कम-से-कम ब्रेड तो है!—हमारा पेट आवाज़ निकालकर शिकायत करना नहीं भूलता क्योंकि बिना चावल के पूरी तरह से भरा पेट भी अगर वह झूठ न बोल रहा हो, तो वह ख़ाली मटके की तरह शोर करने लगता है। ऐसा शोर, जो सर में जोर-जोर से गूँजता रहता है।

जब यिवोन और डायरेक्टर मैडम अपने होंठ साफ़ कर रहे थे, मिर्ची की तीन शीशियाँ डाइनिंग हॉल में घूम रही थीं। तीन बेहद लाल मसाले, जिनमे काफी लहसुन और अदरक है। भरी-पूरी तीन शीशियाँ, जो अकेले ही पूरी दुनिया के बेस्वाद खाना खाने वाले सभी लोगों के दाँत खट्टे करने के लिए काफी होंगे, उनके कोमल जुबानों और कमज़ोर जीभों को पूरी तरह से जलाने के लिए सक्षम होंगे; वे इन बेस्वाद भोजन के चाहने वालों की अक़्ल ठिकाने लगा देंगे।

इन तीनों में से एक शीशी मेरी है। भले ही इस पर केवल मेरा ही हक हो, भले ही यह पूरे जिले का राशन न हो, फिर भी दूसरों को थोड़ा देने में मुझे कोई परेशानी नहीं। लेकिन सावधान— मेरी शीशी में कोई लार से सना हुआ चम्मच नहीं जाना चाहिए! बिलकुल साफ़-सुथरा चाकू इस्तेमाल हो सकता है, बहुत से बहुत, काँटे या चम्मच का हैंडल उसमे डाला जा सकता है...

पृष्ठ सं. 94-95

ठीक है, मैडम! रुकिये मत! मेरी पीठ काफ़ी बड़ी है और मेरे कन्धे भी बहुत झुके हुए नहीं हैं! मुझे चोट पहुँचाइये, अगर आप चोट पहुँचा सकती हैं। लेकिन मैं आपको बताये देता हूँ, चाहे फ़िलहाल ये बात सिर्फ़ मेरे मन में ही क्यूँ ना हो, कि आप जैसे कीड़ों के मज़े के दिन हमेशा नहीं रहेंगे, और भले ही मेरा सर आज झुका हुआ हो, लेकिन आप लोग मेरा सर बहुत दिनों तक झुका कर नहीं रख पायेंगे।

हालाँकि मैंने कहा था– "मुझे चोट पहुँचाओ!", लेकिन तुम सब मुझे क्या चोट पहुँचा सकते हो! मुझे कोई फ़र्क़ नहीं पड़ता, बिलकुल भी नहीं पड़ता, कि मेरे पीठ पीछे तुम सब क्या बेहूदा बात भौंकते हो। हज़ारों हज़ार साल से हम तमिल लोग हमेशा ऐसे ही खाते आये हैं। इसमें क्या असभ्यता है, क्या बुराई है? तुम कहते हो कि हम "हाथ से खाते हैं, हाथ से खाते हैं" सबसे पहले तो हम हाथ से नहीं खाते हैं, बल्कि उँगलियों से खाते हैं। दरअसल, उँगलियों के छोर से खाते हैं, क्योंकि दादी के घर पर अगर उँगली के छोर से ज़्यादा हिस्सा गन्दा कर लो तो बहुत ज़्यादा डाँट पड़ती है। और अगर पूरी उँगली गन्दी कर लो, तो फिर जल्द से जल्द उठ जाना चाहिये, जाकर हाथ साफ़ कर लेने चाहिये और अगले खाने तक अपने भूख की जुगाली करते रहो। अगर खाने से हथेली छू गयी है तो फिर तो पिताजी अपनी बेल्ट उतार लेते हैं क्योंकि गम्भीर हाव-भाव के साथ दादी जल्द ही पिताजी को टोकती हैं–

"तुमने इस बच्चे को बहकने की छूट दे रखी है!"

और जो लोग ये दावा करते हैं कि हम हाथ से खाते हैं या कि हम फूहड़ता से खाते हैं, उन्होंने कभी भी दादी की कोमल उँगलियाँ नहीं देखी दो सुन्दर सोने की अँगूठियों वाली, उन लोगों ने दादी को अपनी ऊँगली के छोर से चावल का छोटा गोला बनाते नहीं देखा, जो अँगूठे के सहारे मुँह के अन्दर पहुँच जाता है। इसलिये, डायरेक्टर मैडम और आपकी बेकार बक-बक! ऐसा मत समझना कि तुम्हारी थूक मुझे गन्दा कर सकती है या फिर मुझे छू भी सकती है। वह मेरे ऊपर से फिसल जाती है, जैसे पानी सोंज[7] के पत्तों के उपर से।

सन्दर्भ-सूची

1. आमतौर पर अपमानसूचक नाम, जो रेयूनियो द्वीप के हिन्दुओं को दिया जाता है। इनमें से अधिकतर मालाबार तट के मूल निवासी हैं।
2. रेयुनियो में किसी ज़माने में दक्षिण भारतीय मूल के लोग यह कपड़ा पहनते थे। *Malabar-langouti* एक अपमानजनक शब्द है, जो पुरानेसमय में भारतीय मूल के लोगों द्वारा इस्तेमाल किया जाता था।
3. Le Gras Marne : 2992 मीटर ऊँचाई की एक ज्वालामुखी पर्वत चोटी जो रेयूनियो में स्थित है।
4. फ्रांसीसी खाना; रेयूनियो में फ्रांस से आने वाले लोगों या चीज़ों को यही नाम दिया जाता है।
5. *Grand Loulou, Grand Mère Kal, Grand Diable :* रेयूनियनों के लोक कथाओं में यह डरावने पात्र आमतौर पर पाये जाते हैं (अनु.)।
6. *Rougail :* आमतौर पर टमाटर, अदरक, प्याज और मिर्च से तैयार होने वाला एक व्यंजन (हालाँकि इसे बनाने के अन्य तरीक़े भी हैं), जो कि रैयुनिओ, मेडागास्कर और मॉरिशस में कई पक़वानों के साथ अनिवार्य रूप से तैयार किया जाता है।
7. उत्तर भारत में इस पौधे को अरबी के नाम से जानते हैं, इसके पत्ते चिकने होते हैं जिन पर पानी फिसल जाता है।

अनुवाद : किशोर गौरव

द्रौपदी का आँचल

आनन्दा देवी

अपने नियम के अनुसार मैं रात के दूसरे पहर उठ गयी। मुँह में एक कड़वाहट-सी थी और गला सूख रहा था। चौके में एक गिलास पानी लेने गयी। मेरी चेतना अब भी दवाइयों के कारण धुँधलाई-सी थी, पर एक विचार बेहद स्पष्ट रूप से मन में कौंध गया और जी-जान से मैंने उसे जकड़ लिया– 'कल सवेरे फ़ातमा से मिलने जाना है।'

मन-ही-मन यह ख़याल दोहराते हुए मैं रसोई में एक पीढ़े पर बैठ गयी, किसी जनी-पहचानी-सी धुन की तरह उसका रस लेते हुए, जब तक एक शोर और पैरों तले धरती खिसकने की अनुभूति ने मुझे इस बेहोशी से नोच लिया– बल खाकर मैं सीधे फ़र्श पर गिर पड़ी, अपने कूल्हों पर चोट का एहसास हुआ।

देव मेरे पास आ पहुँचा था और मुझे उठाना चाह रहा था, पर यकायक उससे एक घिन आने लगी। मैंने उसे झटक दिया और स्वयं उठी। वह समझ गया मेरे मूक वचन और बिना कुछ कहे वापस सोने चला गया। मैं बैठक की खुली, चौकोर खिड़की के सामने बैठ गयी और भोर की प्रतीक्षा करने लगी।

ठीक इसी तरह, खिड़की के सामने बैठकर मैंने विंह को इस संसार में लिवाने वाली पीड़ा के बढ़ने की राह देखी थी। एक हल्के-से दर्द के कारण मैं उठी थी और आश्वस्त न होने के कारण देव को जगाये बिना, दबे पाँव आकर घड़ी देख रही थी। प्रसव पीड़ा तब इतनी मन्द-मन्द फड़क रही थी कि मुझे डर था कि मुझसे कोई भूल तो नहीं हो गयी। तब घड़ी से नज़र हटाकर मैं भोर की आवाज़ सुनने लगी थी, भली-भाँति समझकर कि समय आने पर मुझे आप ही ज्ञात हो जायेगा।

उस समय भी घुप अँधेरा था। उसके बाद एक सपनीली पारदर्शिता अँधियारे को चीरती हुई उभर आयी। मद्धम गति से हल्का होता आकाश हमारे समक्ष

नील रंग की सभी परिभाषाएँ प्रकट कर रहा था और जब इनमें से सबसे रेशमी, दीर्घगामी नीलिमा मानो पर्वतों के पार से इधर भटक आयी—परिन्दों का एक असीम क्रन्दन कर्पूर-वृक्षों के बीच फूटने लगा। उनका यह मोहक संगीत जो भोर के आनन्द में मद था और यह रौशनी जो अपनी सम्पूर्ण भव्यता में नवजाग्रत हो रही थी, उस पल मेरे लिए उपहार बन गये जब मन में बढ़ता धीर विश्वास एक और आगमन का सन्देसा लेकर आ पहुँचा।

विन्ह, विन्ह, तुम भोर के उनींदे स्वप्नों का रंग हो, सघन तनों से रिसती गमक है तुममें, सभी सूर्यों की लालिमा के छींट बिखेरती चिड़ियों की चहक से उदित हो तुम। इस पल मेरे समक्ष नीले से चौकोर में अँगड़ाई भरती सुबह के अंक में हो तुम। इस नव-निर्मित बाग़ में चढ़ती ख़ुशबुओं का ज्वार, धीरे-से खिलती कलियों का स्नेह, जिनकी रग-रग इस धरा से एक होकर उर्वरता का अमर गीत गाती हैं।...

जब आसमाँ पूरी तरह धवल हो जाता है, और जीवन की ध्वनियाँ हर कोने में जाग उठती हैं—

ग्वाले की घण्टियाँ, आँगन की ईंटों पर कूची की सरसराहट, दिन का प्रथम भोजन थामे पात्रों की खनक।

अन्ततः मैं उठ खड़ी हुई, क्योंकि फ़ातमा से मिलने का समय हो गया था।

रात के दौरान मेरे मन में यह बात घर कर गयी थी कि एक वही थी जो मुझे समझ सकेगी। मुझे ज्ञात था कि देव की माँ ने उसमें त्याग की एक ऐसी परिकल्पना रची थी जो वे सब मिलकर मुझ पर थोपेंगे— जब तक कि मैं उसे स्वीकार न कर लूँ— जैसे मैंने सदा इस जीवन में सब कुछ स्वीकारा हैं—बिन संघर्ष, बिन बग़ावत, बिन विद्रोह के। और फिर यदि बग़ावत करें भी तो किसके ख़िलाफ़? मेरा जीवन हमेशा से ही मेरी नन्ही आकांक्षाओं, छोटी-सी आशाओं से तुष्ट रहा है, अत्यन्त बारीक़ी मेरी इन्द्रियों को परिवार की कोठरी के मापदण्ड में गढ़ा गया है। मैं सदा ही स्वयं को सँभालने के लिए मार्गदर्शकों की विद्या पर निर्भर रही कि कहीं मुँह के बल गिरी तो कुचल न दी जाऊँ। फ़ातमा एक तरह से इन्हीं में से एक मार्गदर्शक रही है।

फ़ातमा, जिसने हमारी पहली मुलाक़ात से मुझे अपनी ओर किसी चुम्बक जैसे खींच लिया था, उसमें कुछ जादू-सा था। बिन माँ-बाप के वह अकेली थी। क़रीबियों के नाम पर केवल ममेरे भाई थे, जिन्होंने उसे एक छत देने का रहम किया था। सभी लोग उसे तिरछी निगाहों से निहारते, क्योंकि सम्पन्न

फ़ैज़ल घराने की एकमात्र 'ग़रीब रिश्तेदार' थी, इसके बावजूद उसने अपने भीतर आशा का एक कोमल अंकुर सजीव रखा था। सदा मुस्कुराते उसके मुख पर वो मिठास चमकती थी, जिसने उन सभी आँसुओं पर फ़तह कर ली थी जो इसने इस जन्म में बहाये थे या जो उसे बहाने होंगे। फ़ातमा में प्रसन्न रहने की एक अद्‍भुत क्षमता थी। (...) पृष्ठ 99, 100।

इस समय मुझे उसम सन्तुलन का सत् नज़र आ रहा था जो मेरे बिखरे हुए विचारों को एक जगह पर ले आयेगा। फ़ातमा वह तराज़ू थी जो सहजता से अपने दुःख का बोझ उतारकर दूसरों का चढ़ा लेती और मात्र अपनी मुस्कान से उन दुःखों को तार-तार कर देती। फ़ातमा वसन्ती का दर्पण थी क्योंकि उसके भी एक करिश्माई व्यक्तित्व वाले पिता रहे थे, जिन्होंने अपनी क्षमतानुसार उस पर सब न्यौछावर कर दिया होता। एक प्रेमपूर्ण परिवार था और हर सुख-सुविधा और इसके बाद भी उसे केवल शंका और तिरस्कार की दृष्टि से देखा जाता। (...)

मेरे लिए मित्रता की शक्ल-सूरत का वर्णन करना केवल फ़ातमा का नाम लेकर ही सम्भव है। मैंने टैक्सी बुलायी, मुझे देव को सफ़ाई देने की ज़रूरत महसूस नहीं हुई। क्लिनिक में बोले वक्तव्य ने मुझे एक अनिश्चित-सी आज़ादी दे दी थी। [पृष्ठ 101]

चूँकि फातमा अकेली नहीं रह सकती थी (परिवार की इज़्ज़त का सवाल था), फ़ैज़ल ने तहख़ाने में उसके लिए एक कोठरीनुमा जगह का बन्दोबस्त करवा दिया और बाहर की ओर एक गुसलख़ाने का।

फ़ातमा एक पाताली जीव बन गयी। यदि काम पर न होती तो वह आपको इस कन्दरा में मिलेगी, केवल गुसलख़ाने जाने के लिए प्रकट होती, वो भी तब जब घर का कोई सदस्य उसकी सास का ध्यान बँटाये रखता। [पृष्ठ 104]

जब मैं उसके घर पहुँची तो टैक्सी वाले ने कुछ बढ़ा कर रुपये माँगे। मैंने बिन ना-नुकुर किये उसे इस राह का भाड़ा दे दिया। फ़ातमा अपने बिस्तर पर लेटी थी। उसकी भावहीन आँख छत पर टिकीं थी।

तुरन्त उठकर मेरी ओर आयी। उसके चेहरे पर चिन्ता साफ़ झलक रही थी। बिना कुछ बोले उसने मुझे गले लगा लिया और मुझ जैसे भटके को कुछ समय तक यूँ ही थामे रखा।

फ़ॉरमिका की डगमगाती मेज़ के साथ रखी कुर्सी पर मैं बैठ गयी। यहीं वह अपने दिन और रात का भोजन करती और यह मेज़ लिखने के भी

काम आती। मेरे सामने बैठकर वह मेरे बोलने की प्रतीक्षा करने लगी, ठीक उसी तरह जैसे किसी दिन एक उदासीन रेस्तराँ में उसने मुझसे पहली बार बोलना शुरू किया था और हम दोनों मित्र बन गये थे। फिर, मेरी चुप्पी देख कर उसने हौले-से कहा—"जानती हो, मैंने विन्ह के लिए बहुत प्रार्थना की, इन्शा अल्लाह वह जल्दी से ठीक हो जायेगा।"

तब मुझे ज्ञात हुआ कि मैं उससे क्या कहने आयीं थी—

"हाँ, पता है मुझे कि तुमने प्रार्थना की है कि मार्लेन ने एक काली मुर्गी की बलि दी है कि देव की ताई तावीज़ लायी हैं कि देव ने मन्नत माँगी है, पर मेरा क्या, मैंने उसे जन्म दिया, मैं क्या कर सकती हूँ?"

वह मुझे आश्चर्य से देखने लगी—

"क्या एक माँ की चीत्कार से बढ़कर गहन, कठिन और भयंकर कुछ है? तुम्हारी सबसे पहले सुनी जायेगी, अंजलि, दूसरों से भी पहले तुम्हारी, अंजलि! तुम्हारे एक आँसू की पीड़ा की तुलना किसी चीज़ से नहीं हो सकती, और तुम तो उन पर बाँध बनाकर रखती हो, तब तक जब तक कि वे तुम्हें जला कर न रख दे, जब तक वे तुम्हारे शरीर के भीतर ही भीतर भारी हो कर झंझावात न कर उठे!"

"हाँ, वे मुझे जलाते हैं, मेरे लिए कोई दूसरा रास्ता भी तो नहीं।"

"हाँ, मैं चल दूँगी, मैं चलूँगी ज़रूर एक न एक दिन, जोगिया रंग धारण किये एक प्रेत की तरह, धरती-सा रक्तिम ये रंग, जो द्रौपदी के मार्ग के राहियों का सर्वस्व बन जाता है, वे इन ज्वालाओं में स्त्रीत्व के उस आँचल की एक झलक पाने को तरसते हैं, यह आँचल जो अँगारों को भी ढाँप लेता है। पर वहाँ पहुँचने पूर्व रास्ता इतना कठोर है और चढ़ाई इतनी तीख़ी... सर्वप्रथम हमारे विश्वास की चुपचाप परीक्षा ली जाती है।"

अपनी भींची हुई मुट्ठियों से मैं मेज़ पर वार कर रही थी। जी कर रहा था कि मैं स्वयं को चीरकर रख दूँ। पत्थर, पत्थर, मैं पत्थर बन जाऊँगी। "देव ने कुछ कहा क्या?" फ़ातमा ने पूछा।

"हाँ, उन्होंने मुझे राय दी है, नहीं कोई ज़बर्दस्ती थोड़े ही है? नहीं, वो ऐसा नहीं करेंगे। पर कल... कल अपनी माँ से मिलने के बाद, उसने कहा की विन्ह... यदि विन्ह... चल बसा... तो ग़लती मेरी ही है।"

"आख़िर चाहता क्या है वह तुमसे?"

"वह चाहता है कि मैं आग पर चलूँ।"

मेरे इर्द-गिर्द अँगारों का तेज़ होगा वसन्ती के समान, हमारी भाग्य रेखाएँ आख़िर मिल जायेंगी। फ़ातमा ने सिर हिला कर नकार दिया।

— इसके लिए लम्बी तैयारी करनी पड़ती है। तुमने यह कभी नहीं किया है। वे तुम्हें करने को मज़बूर नहीं कर सकते। कितना निर्मम है!

— अगर मुझे सफल होने का ज़रा भी अन्दाज़ा होता, तो मैंने ये कब का कर लिया होता, फत। कर ही लेती मैं। अरसा हो गया मुझे इन चीज़ों पर विश्वास किये। अरसा हो गया और मैं इस अविश्वास के साथ जीने का प्रयत्न कर रही हूँ।

मैं भय से काँप रही थी, पर मुझे इसे पूरी तरह सुलझाना होगा— अपने इस सच का सामना करना होगा। सोचा था कि मैं अपने बच्चे के लिए कोई भी त्याग करने को तैयार हूँ, पर... उस भभकते रास्ते पर चलना, इन अँगारों पर... मैं अपना सन्तुलन खो रही हूँ, भयभीत हूँ। इतना डर लगता है कि जी में आता है कि सब कुछ छोड़ कर भाग जाऊँ, देव भी और घर भी, बस चल दूँ।

— ऐसा क्यों?

— अगर विन्ह नहीं रहा, तो मेरा आगे रहना सम्भव नहीं। कसम देती हूँ मैं तुम्हें और कुछ महत्त्वपूर्ण नहीं। लज्जा, निर्वासन, अकेलापन अब मुझे पता है कि देव ने मुझे कभी प्यार नहीं किया।

...

उसने कभी जाना भी नहीं कि मैं कौन हूँ। साये-सी उसके साथ मैं जीती रही। मेरा कोई चेहरा तो था ही नहीं। समय आ गया है कि मैं अपना वजूद अपने हाथ में लूँ— एक पल के लिए ही सही, वक़्त की इस ज़रा-सी रहमदिली के लिए ही सही जो मुझे मिली है। तुम विन्ह को जीवन-मरण का बहाना नहीं बना सकती। अपने भीतरी हिसाब तुम्हें स्वयं सुलझाने होंगे। अनायास ही लज्जित होना बन्द भी करो। शायद तुम्हें केवल स्वयं को प्यार करना ही सीख लेना है। अविश्वास भी करती हो। जानती हो, ऐसे भी कुछ लोग होते हैं, जो अनजाने में ही इस धरती की पवित्र रीतियों को छू लेते हैं? तुम और विन्ह उसी मिट्टी के हो। तुम में कहीं एक ऐसा सत्य है जो तुम्हें परिवर्तित करता है।

मुझ में कहीं एक 'मैं' भी है, जो सच है, और शायद जीने के योग्य भी, पर मैं जानती ही नहीं कि वो है कहाँ, न कि वो क्या है, और यदि इन

झंझावातों और कठिनाइयों के बाद भी वह जीवित रह गया.... अकेले नहीं... बिना वस्तु या व्यक्ति के तो वह करेगा क्या... [पृष्ठ 105-107]

तुमसे बेहतर कौन समझ सकता है उन लोगों के अन्तर्विवाद जिनके पास शस्त्र नाम पर मात्र उनकी कायरता है, क्योंकि वही उनका अभिशाप भी है। निरन्तर हम अपने ही ख़िलाफ़ ये जंग लड़ते रहते हैं और हमारी हार लिखी होती है। जानती हो तुम, यहाँ कोई उत्तर भी नहीं है, सिवाय उन लोगों के लिए जो कभी सवाल ही न करें। पर जब तक मुझ में लेशमात्र भी शंका रहेगी, मैं मान लूँगी कि ईश्वर को पाने का सीधा रास्ता कुर्बानी और परित्याग है। सवाल मेरे पुत्र का है और इसलिए मेरी यहाँ ज़िम्मेदारी बनती है, जिसे मुझे निभाना है अन्ततः मेरे तय मानदण्डों के बावजूद मैं ख़ुद से कहती हूँ कि मुझे यह करना ही है।

उसने मेरी आँखों में देखा, इस प्रयत्न में कि उसकी अपनी शक्ति और श्रद्धा का एक अंश मुझ तक पहुँचा सके।

– तो तुम कर लो। मेरे कन्धे पर हाथ रखते हुए उसने कहा, कर लो वे जो तुम्हें कह रहे हैं।

– भले ही मैं इस पारी में हार जाऊँ?

– सभी कतराते हैं इससे, पर एक बार मन्त्रों में बँधने के बाद सब भूल जाते हैं, कुछ महसूस नहीं होता उन्हें, तू विन्ह के बारे में सोचेगी तो कर पायेगी। तू उन सभी से ज़्यादा बलशाली है। कर ले, अंजलि।

पीले अँधियारे में उसकी आँखों में एक विचित्र चमक थी। उसकी इस निगाह में देव, विन्ह, मेरा और उसका अपना अस्तित्व था, जिसमें ऐसी कम्पन थी, जैसे कोख में कोई शिशु। फिर इस निगाह में सदियों पुरानी परम्पराएँ थीं, जो वहीं से निकलकर हम पर अपना आधिपत्य जमा रहीं थी। हम उन्हें मान सकते थे या नकार सकते थे, पर उन्हें दरकिनार नहीं कर सकते थे। उसकी निगाह की गहराइयों से मुझे यह बुलावा घण्टियों की तरह सुनायी दे रहा था। (पृष्ठ 107-108)

खाना लगभग छूट चुका है। दिन भर में एक दफ़ा, रूखा-सूखा-सा कुछ, दो कौर चावल, कुछ उबाली हुई सब्ज़ियाँ, चेरी फल की चटनी। दोपहर में कुछ फल, प्याला-भर चाय पीने को मिल जाती है। देव मेरे साथ उपवास रख रहे हैं। शुरू-शुरू में वे मुझसे दाल बनाने का अनुरोध करते रहे। यहाँ तक कि

ख़ुद ही बनाने का प्रस्ताव भी रखा इस आदमी ने जो चूल्हे की शक्ल-सूरत से आज तक बेख़बर रहा था। मना कर दिया था मैंने। और फिर दिन-भर ख़ाली पेट रहने के बाद भारी-भरकम कोरमा के साथ देशी घी में भुना चबैना मेरे गले न उतरता। अपना रूखा-सूखा खाके ही पड़े रहना मुझे बेहतर लगता, देव के लिए मेरे मन में टीस-सी उठती, पर ऐसा त्याग मुझ पर थोपने के लिए वह स्वयं ही ख़ुद को दोषी ठहराता। यूँ ही एक बार फिर वह मेरे क़रीब आ गया है, पर दोनों के बीच मानो सन्धि का एक पर्दा साया-सा गिर चुका है। मुझमें अब उसकी निकटता की चाह भी नहीं रह गयी, उल्टा अब मेरी यह तन्हाई मुझे मोतियों-सी क़ीमती है। कारण, विस्तृत होती आत्मा और हल्की होती देह के साथ दबे पाँव मैं उस मनः स्थिति की ओर बढ़ती जा रही हूँ जहाँ त्याग हम निश्चित रूप से ले आता है। धीरे-धीरे स्वयं को भीतर समेट लेने की इच्छा तीव्र होती जा रही है और रातों में ख़ास तौर पर इन जगी हुई रातों में जब तन-मन में आग लगी रहती है, इस भूख को पुचकार कर फुसलाना पड़ता है, जो नन्हे दरिन्दों की तरह इस अन्तहीन कुएँ की दीवारों पर धावा बोल देती है। इन गहरी रातों में मेरा स्वत्व मुझ से छूटकर अपने अस्तित्व के छितरे हुए पर्यायों की तलाश में निकल पड़ता है, जो न किसी वस्तु, न ही किसी स्थान में बसे हैं अपितु हमारे इर्द-गिर्द बिखरे अनेक तत्वों की निरन्तर बदलती पहेलियों में छिपे रहस्य हैं। मैंने इस मानवीय पहलू को दोबारा पा लिया है, जो ठीक उसी ताल पर सूक्ष्म होता चला जा रहा है, जिस पर वह मुझे इस अपरोक्ष ब्रह्माण्ड में धकेल रहा है, जहाँ नक्षत्र चुप्पी साधे आँख मिचौली खेलते हैं। ज्ञात तो मुझे हमेशा से ही था कि ज़िन्दगी के एक छोर से दूसरे छोर तक हमारी राह तय है, पर अब ये भी जानती हूँ कि इस राह पर बने चौराहे और दोराहे स्वेच्छा तथा आत्मबल के अधीन हैं। सच है कि एक बृहत्, अचिंत्य योजना के भीतर हम मात्र गोटियाँ हैं। पर यह भी स्पष्ट है कि पग-पग पर हम अपने निर्णय और आत्मग्लानि के बोझ तले बिल्कुल अकेले, नियति की इस अनसुलझी पारी के समक्ष निःस्तब्ध खड़े हैं।

मेरे नाम का अर्थ प्रार्थना है, पर इसकी यूँ आदत-सी हो गयी थी कि मैं इसका मूल तात्पर्य भूल ही गयी थी। शायद ही कभी मैं 'अंजलि' के इतने निकट थी, जितना कि इस पल जब मैं अपने अन्तर्मन के धरातल पर होने के साथ ही, दिनचर्या के बन्दी ढर्रों से दूर, बहुत दूर हूँ।

विन्हकाल गाल में समा जाए, इस सम्भावना के लिए मैं अभी तैयार नहीं। मैं संघर्ष करना चाहती हूँ, उसके लिए लड़ना चाहती हूँ, तब तक जब तक कि मुझमें क्षमता है। दूसरी ओर, मैं यह भी समझती हूँ कि अपने स्व को एक निश्चित मोल देना ही होगा, जो इससे पृथक् हो कि फ़ातमा के समान इसी की खोज में निरन्तर जूझना और जीना होगा।

देव नहीं समझ पाता कि मुझे नींद क्यों न आती।

-भूख लगी है? वे मुझसे पूछते।

मैं न में सिर हिला देती।

– डर लगता है?

– ज़रा-सा, पर इसलिए नहीं जाग रही हूँ।

– और पास आ जाओ।

किन्तु मैं उसके पास न जाती, 'थोड़ी देर में' कहकर टाल जाती।

मेरे विचार वेग में सीता है, जिसे राम की पतिव्रता होने पर भी अग्नि कुण्ड ने परखा और स्वयं द्रौपदी, जिसका आँचल पवित्रता का एक ऐसा अंग वस्त्र है जो राहियों की रक्षा ज्वालाओं से करता है। क्या ही मोल रहेगा इन सभी व्रत-परीक्षाओं का? सचमुच, क्या पुरुष ने कभी इनकी भयंकर तपिश और शक्ति को आज तक बूझा है? वे मान कर चलते हैं कि स्त्री को पा लिया। पर आज देव, तुम ऐसा कुछ भी नहीं पा सकते जिसके तुम पात्र नहीं, और मेरा विश्वास है, कि तुम में 'हम' की पात्रता ना कभी थी, ना ही होगी। (पृष्ठ 149.150)

मुँह अँधेरे एक जन्म-जन्मान्तर से चली आ रही बेचैनी लेकर उठी। ऐसी क्या थी वो? न जाने क्या मेरे ख़याल से मैंने कल कुछ भी नहीं खाया था, पर अब मुझे कुछ ठीक याद नहीं। कल क्या दिन था? कल क्या हुआ था?

देव मुझे झकझोर रहा है–

अंजलि, उठो, मैं विनती करता हूँ तुमसे, आज ही के दिन है।

मेरे अंग-अंग में एक नीरव सुस्ती-सी भरी है, मेरी समझ में कुछ नहीं आ रहा।

– हाँ, आज ही आग पर चलना है हमें, चलो न, हम वहाँ तक जाना ही पड़ेगा।

वह उठने में मेरी मदद करता है, पर मैं पछाड़ खा के अचानक से लुढ़क जाती हूँ। आँखों के सामने अँधेरा-सा है। वह मुझे सहारा देते हुए गुसलखाने की ओर ले जाता है। मेरे रात के कपड़े उतार कर वह मुझे जलस्रोत-तले टिका देता है। मुझे पानी की बौछार की नर्म ऊष्णता का एहसास होता है, शरीर में फुरफुरी दौड़ जाती है। पूछता है—

— ठण्डा है?

मैं न में सिर हिला देती हूँ। मेरे भीगे हुए बाल तन से चिपक जाते हैं। वह साबुन की टिकिया लेकर, एक घबराये-से तेवर में मुझे रगड़-रगड़ के नहलाने लगता है। उसके हाथ मुझ पर हर जगह हैं।

— कैसी दुबरा गयी है तू री... फुसफुसाकर कहता है मुझसे।

तत्पश्चात् टूटती विडम्बनाओं की कड़वी, उदासीन नज़र मेरी आँखों में गड़ाकर पूछता है—

— आख़िर क्यों किया ये तुमने?

मैं उससे निगाह बचा लेती हूँ।

— ज़िन्दगी ने किया ये मेरे साथ?

वह मेरे बाल, मेरी देह यूँ हल्के हाथों से धोता है जैसे मैं कोई नवजात शिशु हूँ। अरसा हुआ हमें सहवास किये। उपवास के दौरान तो यह वर्जित था, पर मुझे ऐसा लगता है कि यदि ये उपवास न भी होता, तब भी हमने एक-दूसरे को छुआ न होता।

वह मुझे पोंछकर वापस कमरे में ले आता है।

— कपड़े तो पहन लोगी?

मैं केसरिया रंग की एक साड़ी लपेटने लगती हूँ, वह मुझे अनन्त लगती है। मेरे बालों से अब भी टप टप बूँदें मेरी गर्दन और कन्धों तक चू रही हैं।

— तैयार हो गयी?

— हाँ

वह हाथ पकड़कर मुझे गाड़ी तक ले आता है। मैं पुनः हम देख रही हूँ, हमारे विवाह के दिन, ऐसे ही हाथ पकड़कर हम ने फेरे लिए थे, तब मैंने श्वेत— सुनहली साड़ी पहनी थी।

क्या?

बौराया-सा एक सन्नाटा मुझे घेरता चला जा रहा है। मैं यह तो नहीं बोलना चाहती थी, लेकिन एक अनूठी अदा से यह बात सब कुछ कह गयी।

रास्ते भर हम चुप थे, अचानक यह चुप्पी टूटी।

— अंजलि, तुम्हें विश्वास है अन्त तक जाने का?

— हाँ।

— और तुम यह केवल विन्ह के लिए कर रही हो?

— पता नहीं

— जानती हो, विन्ह... शायद ठीक न हो पाये।

— जानती हूँ, कि ठीक नहीं हो पायेगा।

— हमारी एक और सन्तान भी तो हो सकती है।

मैं सोचती हूँ अपने इस उजड़े हुए शरीर के बारे में ऐनोरेक्सिआ नर्वोसा, भूख हड़ताल, यह मद्धिम आत्मघात।

नहीं, सब यहीं ख़त्म देव, कार्यक्रम समाप्त।

कुछ वक़्त बाद हम भुला देंगे सब। भुलाना ही होगा।

जानती हूँ, जानती हूँ कि उसके चेहरे पर आँसू लुढ़क रहे हैं, कि उसके भीतर के पुरुष को अब मर्द रहने की परवाह नहीं। अन्त में उसने चीज़ समझ लीं, पर अब बहुत देर हो चुकी है। यदि शुरू में ही.... मेरे लिए सब ख़त्म हो चुका है। मैं यहीं ठहरती हूँ। तुम शायद भूल पाओ, आगे बढ़ पाओ, मैं चाहूँगी कि तुम कोशिश करो। जहाँ तक मेरा सवाल है, मैं अकेले रहना चाहती हूँ, उसी पल से जब... मैं अकेले रहना चाहती हूँ। नहीं चाहती कि कोई भी मेरे साथ रहे।

— क्यों?

— क्योंकि मैं स्वयं को ऐसा ही चाहती हूँ।

— उसमें उसकी पुरानी तिलमिलाहट कुछ लौट आती है।

— थोड़ी स्वाथी नहीं हो रही तुम?

— अब तो वो भी होने के लिए ज़्यादा वक़्त नहीं।

— अंजलि...

— बस करो देव। इस समय से, मेरा मतलब है अन्त में मेरा जीवन मेरा ही रहेगा। मुझे किसी को इसका हिसाब नहीं देना।

स्वभाव से स्वावलम्बी होने के कारण उसने बात आगे नहीं बढ़ायी। आख़िरकार चुप रहा और मुझे कुछ शान्ति मिली। सभी बन्धन काटने के बाद भी एक दैहिक भय ने मुझे जकड़ रखा था।

हम मन्दिर पहुँच गये। बेतहाशा भीड़ अभी तक उमड़ी नहीं थी। यहाँ तो केवल हम हैं, इस आग के राही, अब पुरोहित पूजा शुरू कर रहे हैं, जिसके श्लोक हम दोहराने हैं।

हम सभी नदी तक उतर कर जाते हैं जहाँ शुद्धि आरम्भ होती है। कुछ जन तत्क्षण डुबकी लगा लेते हैं और सतह के नीचे कुछ पल रुकते हैं। दूसरे लोग घुटने तक पानी में खड़े हैं। पुरोहित मसक में भरे जल से उनका अभिषेक कर रहे हैं। मैं भी वहाँ जा रही हूँ। सूर्य की प्रथम किरणों में नदी की धार द्रवित-सी झिलमिला रही है। पुरोहित तथा के मन्त्रों के गुँजन में मैं डूब जाती हूँ। मेरे पैरों पर पानी ऐसा बर्फ़ीला है मानो मेरी त्वचा पर सरसराते होंठ और मेरे भाल की तपन चढ़ते हुए एक ज्योति-पुँज बन जाती है। वह मेरी साँसों को रेतती हुई मेरे चेहरे से उतरती है– न जाने मुझे शीत लग रही है या गर्मी– कैसी विचित्र अनुभूति हो रही है। बाद में जब हम यहाँ से चले जाते हैं, वह स्थान पुनः शान्त हो जाता है, जहाँ स्निग्ध हरियाली से लदे धराखंड जलस्तर पर रगते हुए चलते हैं, और हम एक अन्तिम बार, पंक्तिबद्ध, मार्ग की ओर बढ़ जाते हैं। और यह मार्ग, यह मार्ग तो अभी से धुन्ध बिखेर रहा है, अभी से तय कर रहा है हमारी राह उस आग पर, कैसे तारकोल धूप में चुनचुनाता हुआ हमारे क़दमों तले नम पड़ रहा है। कुछ समय मेरे तलवे संवेदनशील हो जाते हैं और मुझे तीख़ी चिकोटियाँ-सी काटने लगती है।

बाद, मैं अपनी चाल तेज़ कर देती हूँ, पर देव मुझे यह कह कर रोक लेता है कि 'जाप सुनो!'। मैं ढोल-मँजीरों की सुन्न कर देने वाली ध्वनि पर होता मन्त्र-जाप सुनती हूँ और तारकोल का ज्वलन्त स्पर्श भूल जाती हूँ। हमारा सफ़र लम्बा है, मार्ग में बीच-बीच में अप्रत्याशित रूप से रुकना है। मुझे ऐसा लग रहा है मानो मैं कोई लम्बी यातना हूँ, कि मुझे जीवन पर्यन्त यूँ ही चलना होगा, और इसकी तुलना में सचमुच के अँगारों पर चलना तो कुछ भी नहीं होगा।

शीघ्र ही हम उस जगह पर आ जाते हैं, जहाँ हमें आग पर चलना होगा, पोर्ट लुई की धरा से उठती और आकाश से बरसती गर्मी के बीच ऐसा लगता है कि हम पहले से ही वह आध्यात्मिक तेज़ प्राप्त हो गया हो। पुरोहित हम एक-एक कर आशीष देते हैं और हमारे माथे पर चन्दन की एक लकीर खींचते हैं, जैसे-जैसे वे अपना जाप करते हुए आगे बढ़ते जा रहे हैं, वैसे-वैसे हम सब में मानो उन्माद का एक उफान चढ़ने लगता है। मैं काँपती, थरथराती, पसीने

से तर-ब-तर भींग जाती हूँ, मेरे निकट ही एक कैंसर ग्रस्त स्त्री गिर पड़ती है, और उसकी माँ उसे सहारा देती है। एक और स्त्री अपना बच्चा गोद में लिए है, जो इस क़दर चीख़ रहा है मानो उसे दौरे पड़ने लगे हों। आदमी खड़े-खड़े नाचने लगते हैं। हौले-हौले लोगों का जमघट बढ़ता जा रहा है। ऐसा लग रहा है मानो ढोल-नगाड़ों का कम्पन स्वयं इस धरती से फूट रहा हो।

अँगारों की पट्टी पहले से ही जलाकर तैयार रखी गयी है और उसकी भभकती लाल भूख प्रचुर होती जा रही है। वह हम सीधे उन दम्भी देवताओं की ओर ले जाती है। इस आग के राहियों के घर-परिवार दोनों ओर खड़े हैं। धधकते अँगारों से उठती पारदर्शी सनसनाहट हवा को झंझोर कर रख देती है। अब तक एक अच्छा-ख़ासा जन समूह एकत्रित हो चुका है। मन्त्रोच्चारण में एक नवल ऊर्जा प्रत्यक्ष है, धूप-बाती और चन्दन की गमक भारी होती जा रही है।

अभी प्रतीक्षा करनी पड़ेगी, अभी और इन्तज़ार है कि अग्नि अपनी पराकाष्ठा पर पहुँच जाये। हमारे भीतर, हमारे बाहर तो वह पहले ही है, अपनी रंग-बिरंगी पँखुड़ियों से हम छेड़ती हुई। इस दिन तो क्या, इस जीवन के अन्त तक हम उसकी राह देखने को राज़ी हैं और आख़िरकार, प्रथम राही चल देता है, द्रुतगति से, आग पार करते हुए एक अपरिचित मुक्ति की रुँधी हुई अमानवीय चीत्कार करते हुए। मौजूद भीड़ में कँपकँपाहट की एक लहर दौड़ जाती है। गर्मी लगभग असहय है, हमारे चेहरे, हमारे सीने से आ लिपटती है। इसके पश्चात् वह स्त्री आगे बढ़ती है जिसके अंक में बच्चा था, निम्मे-निम्मे पाँव से, अन्हियारी नज़रों से चलती उसकी कान्ति रक्तिम होती चली गयी और बच्चे की कुनकुनाहट में उसकी रुदाई, उसका हृदय-बेधी स्वर घुलता चला गया।

एक असहाय प्राणी जो मात्र एक टाँग से चल सकता था, यकायक लपक कर अँगारों पर चल पड़ा।

उसकी चाल पर आहत अग्नि-कणों की चरमराहट बीच-बीच में सुनायी देती, जो उसके भार और उसकी धातु की बैसाखियों तले धँसे जा रहे थे। टखनों तक चला गया अँगारों में वो और उसकी बेसुधी की चर्म आह के साथ उसकी पुतलियाँ उलटने लगती हैं।

यूँ ही वे सब जाते हैं, बारी-बारी से, कुछ जल्दी से, कुछ धीरे-धीरे बुरी तरह आतंकित एक किशोर आगे बढ़ने से मना करते हुए धरती पर लोट जाता है। उसके कानों में अपने परिवार के उलाहने भी नहीं पड़ते, जिनके

लिए पलायन घोर अपमान की बात है। उसके गालों पर मोटे-मोटे आँसू बह रहे हैं। जब वे सभी बेहद उत्तेजित होने लगते हैं, तब पुरोहित आगे बढ़कर, इकहरे बदन का होने पर भी, दोनों हाथों से लड़के को उठा लेते हैं, जो तुरन्त शान्त हो जाता है। उसी भीतरी मुस्कान के साथ जो उन्हें पूर्णतः प्रज्ज्वलित कर देती, उसे अपनी बाँहों में सम्हालते हुए वे आग पर बढ़ गये और उसके नाम यह प्रण पूरा किया।

जल्द-ही मेरी बारी आयेगी और मैं ध्यान से जलती हुई पगडण्डी को देखती हूँ, जीवन की अन्तिम खाई में ले जाने वाला यह रास्ता, मैं उसे बेहतर अधीनस्थ कर लूँ, इसलिए मैं उसे देख रही हूँ, मैं नहीं जलूँगी, तैयार हूँ मैं।

शनैः-शनैः अँगारों की वे लहर सघन होती जा रहीं हैं। पारदर्शी न हो कर वे कुछ ठोस बन रहीं हैं, मानो आपस में पिघलकर मिश्रित हो कुछ बनाते हुए अगिया पर एकसार-सा इक आँचल।

उसी क्षण मैंने उसे देखा, उस अग्निपथ पर लहराते हुए, एक नाजुक-सी कलकल बहती सुरंग बनाते हुए, वह दैवीय वस्त्र अविवादित, अनकही श्रद्धा का, अँगारे ढाँपता वह सुकोमल आँचल जिस पर मैं अब चल पड़ूँगी, आँचल विश्वास का, पवित्रता का, स्त्रीत्व का आँचल द्रौपदी का।

सिर उठा कर मैं सीधे उसकी ओर बढ़ी। उसका स्पर्श कोमल है और वह मुझे अपने आलोकित आगोश में भर लेता है। मेरे लचीले गोल पंजे नहीं जलेंगे। हवा से हल्का, स्नेह से ढँका मस्तक लिए, मैं उस ओर चली। अब मुझे किसी भय ने नहीं धरा। शायद मैंने यह भी महसूस किया था, मेरे निकट वसन्ती की मुस्कुराहट, क्षमा-दान की मुस्कान। और संजीवा ने कहा, तेरी राह वह है जिस पर चलेंगे पवन, जल, पावक, उस पर ही चलना है तुझे। अपने ठीक सामने देखते हुए, मैं उस पर चल पड़ी।

अनुवाद : नेहा जैन

बाज़ीगर की पेटी

गायुत्रा बहादुर

"न चाहत कुदाल, न कुल्हाड़ी
काटने बदे तोहरी ये अक्षर कड़ी"

–जॉन आगॉर्ड, 'लिसेन टू मिस्टर ऑक्सफोर्ड डॉन'

दक्षिण अफ्रीका के समुद्री तल से नीचे गिलगिली मिट्टी से दबे कोने पर एक तट है, जिसे कई नहरें काटती हैं। नहरों से बँटे इन बिस्सों पर गन्ने के खेत हैं जो एक पतली-सी खाड़ी के चारों ओर बसे हैं–इसी खाड़ी के किनारे है हमारा गाँव, जिसे मेरे परिवार ने 7 नवम्बर, 1981 को छोड़ दिया। इस स्मृति को बाँधने के लिए हमने जो तस्वीर ली थी, उसमें हम उसी मकान के अहाते में खड़े हैं जिसे मेरे दादाजी ने बनाया था, जहाँ मैं बड़ी हुई, जो सभी घरों की तरह काठ के पैरों पर खड़ा है। इस तस्वीर में हम सब कुछ उखड़े-उखड़े-से लग रहे हैं। बेलबॉटम पहने मेरी माँ की गोद में मेरी छोटी बहन है। उनके कन्धों पर मेरे पिता का हाथ है– जो बेहद नाराज़ लग रहे हैं। उनकी भृकुटि चढ़ी है। मेरी भी ठीक उसी तरह चढ़ी है और मेरी सुनहरी ड्रेस की ख़ुशनुमाहट और बालों में लगे सूरजमुखी से चमकते रिबन का विरोध कर रही है। न जाने क्या गड़बड़ थी? हम सब आख़िर इतने परेशान क्यों थे? क्या हमारी आँखें धूप में चुँधिया गयीं थीं? क्या पड़ोसियों ने हमारे सामान के साथ बाँधने के लिए अमरीका में कहीं बसे उनके बेटों के लिए तोहफ़े दिये थे? कोने में खड़ी मेरी दादी माँ अभी अमरीका के लिए नहीं निकल रही, वे सन्तुष्ट लगती हैं।

शायद हम उस लम्बे सफ़र को तय करने के लिए राज़ी न थे जो हमें कान्ये क्रीक पुल के पार कार से, मोटी-ताज़ी बर्बिस नदी के पार नाव से,

और दोबारा हमारी राजधानी के गन्ने के खेतों के रेखाचित्र के बीच सीधे कान सुन्न कर देने वाली, आस्माँ चीरती हमारी प्रथम उड़ान गुयाना एयरवेज़ से, न्यूयॉर्क सिटी की ओर ले जायेगी। तस्वीर में बने इस मकान में बिजली की व्यवस्था उसी वक़्त आयी थी, पर घर के भीतर शौच और टेलीफ़ोन की सुविधा न थी। मेरी उम्र उस वक़्त सात बरस की थी– इतनी बड़ी थी कि गुयाना की यादें थीं और इतनी छोटी कि उसे छोड़कर जाने से दो टुकड़ों में टूट चुकी थीं। परदेस जाना किसी बाज़ीगर की पेटी में पाँव रखने जैसा था। दो टुकड़ों में कट जाना तो बस नज़रों का हेरफेर था। समय के साथ हाथ-पाँव एक हो जायेंगे और उन्हें सही-सलामत दर्शकों के पास भेज दिया जायेगा, पर उस कच्ची उम्र में मुझे उसका कोई गुमान न था। बस, इतना पता था कि सब कुछ मानो उधड़ रहा हो। समय दोहरा हो गया-- बँट गया अ.पू. यानी अमरीका पूर्व में और फिर वो सब जो उसके बाद आया, 7 नवम्बर, 1981 के बाद। अधर भी फट पड़ा, धीरे-धीरे चीरा लगते-लगते वह परस्पर विरोधी भागों में बँट गया– भीतर और बाहर।

गुयाना की मेरी यादें घर की दीवारों के बाहर हैं। वहाँ घर काठ पर खड़े रहते हैं– पैरों तले आने वाली बाढ़ से बचने के लिए। इससे नीचे एक जगह खुल जाती है, जिसे हम 'निचला घर' कहते हैं। वहाँ खाना पकता है, कपडे धुलकर सुखाये जाते हैं। वहाँ, गली की नज़रों के सामने ज़िन्दगी अपनी तहें खोलकर बैठ जाती है–पड़ोसियों के ताने सुनने। वहीं, लोग मिलने-जुलने आते। सुतली के तने झूले आगे-पीछे डोलते रहते और काल की अनुपस्थिति दर्ज करते, यहाँ घण्टों बीत जाते हैं ज्ञाफिंग में– जो सब कुछ और कुछ भी नहीं कहने के लिए एक वेस्ट-इंडियन शब्द है। कम्बरलैंड के मकान के बाहर के दृश्य मुझे भीतर से बेहतर याद हैं। निचला घर अहाते में खुलता था जहाँ हमने उस आख़िरी दिन वह तस्वीर ली थी। हमारी बाएँ ओर 'गिनेव' का पेड़ था– उसकी नन्ही-सो मीठी गिरी हरे-हरे छिलके से ढकी थी। दायें ओर खड़ा था हमारा कॉन्क्रीट का मन्दिर– लगभग एक औज़ार-घर जितना बड़ा। उस आख़िरी तस्वीर के दायरे से बाहर था वह, पर मुझे ताज़ा-ताज़ा-सा याद है। मन्दिर में रौशनी और हवा आने के लिए झरोखे थे और वे भीतर रखे देवताओं से नीले रंग में रँगे थे। वह हमारी दादी की बगिया के पास था जहाँ कितनी ही बार मैं और मेरी चचेरी बहन चादर की साड़ी बाँधे, बालों में जीनिया के पुष्प सजाये दूल्हा-दुल्हन का खेल खेलते थे। हमारे ब्याह का

मंच एक गोल-मटोल नीली कार के भीतर और इर्द-गिर्द था, जो गेट के भीतर खड़ी रहती थी। वह गाड़ी ब्रूडा की थी—टैक्सी चलाने वाला हमारा चचेरा भाई जिसे एक बार में दर्जन भर लोगों को ठूँसना बख़ूबी आता था। किसी कारण से इस गाड़ी ने दम तोड़ दिया था और ब्रूडा ने गिनेव के पेड़ तले इसकी समाधि बना दी थी। तीन दशक हुए, ब्रूडा अब कनाडा में है और हम अमरीका में। पर उस कार के अवशेष आज भी वहीं पड़े हैं। गुयाना की धरती के उस लावारिस बिस्से का दम घोंटती झाड़-झंखाड़ के नीचे दबा अनश्वरता का एक नीला टुकड़ा। मेरे पहले बचपन का धुँधलाया पटचित्र वह मन्दिर, वह बगिया और वह कार तैयार करते हैं मानो किसी छूटे हुए बोर्ड-गेम पर चिपके स्टिकर हों। सपाट, पर रंग-बिरंगे— वो उस सब के प्रतिनिधि हैं जो हम उस ओसारे में छोड़ आये।

जिस अमरीका में हम आये, वहाँ इस सबके लिए बहुत ठण्ड थी— हमारी चाचियों ने मुझे और मेरी बहन को एक जैसे ग्रे कोट दिये। बर्फ के पहले मौसम में हमने वही पहने। हमने बोलना सीखा और निचले घर की ध्वनियों, साथियों की किलकारियों से झँकृत क्रियोल शब्दों को भीतर समेट लिया। हमारे नये जीवन के बन्द कमरों में इनके लिए जगह नहीं थी, न्यू जर्सी में हमारे चाचा के घर की पहली मंज़िल पर। हमने तीन सँकरे कमरे किराये पर लिए और दो बिस्तर जोड़कर पाँच की पंक्ति में यूँ ही आधे दशक तक सोते रहे।

मेरी दादी, जिन्होंने पेट के बल रेंगकर सीमा पार की, वे पाँचवीं थीं। फ़ायर एस्केप से हम ट्विन टॉवर्स देख सकते थे। मैनहैट्टन के बृहत् दृश्य यहाँ से दिखते, पर हमारे अपार्टमेंट में दम घुटता था। दरवाज़ा बिना खिड़की के गुसलख़ाने में खुलता जहाँ बाथटब पर ऐड़ी टिकाये माँ झाग में डूबे कपड़ों पर धावा बोल देती, उतरन की तौर पर मिली जींस को तब तक फींचती जब तक कि वह चीख़ने न लगे और उस बदसूरत हरे कॉर्डरॉय को घिसती, जिनमें मैं उतनी ही असहज लगती जितना कि महसूस करती। एक बार तो उस सँकरे-से कमरे में एकत्रित क्लोरॉक्स के धुएँ से वह लगभग अचेत हो गयी थी।

देवता भी यूँ ही ठूँस दिये गये थे। जीनिया के फूलों से गमकते हमारे रौशन मन्दिर से लाकर उन्हें यहाँ आल्मारी में भर दिया गया था— सोने वाले कमरे की आल्मारी में। आल्मारी के निचले आले पर बार्बी गुड़ियों से भरा एक बक्सा था, जिनके सुडौल दूधिये पैरों पर हर रात चूहे कुतरते थे।

ऊपर वाले आले पर देवता फ्रेम में रखे थे— मार्ग से विघ्न दूर करने वाले गणेश, हाथ में पर्वत उठाये वानर हनुमान और विद्यादायिनी सरस्वती।

प्रत्येक रविवार को आल्मारी के श्वेत पट खुल जाते। ताँबे के थाल पर फूल सजते और अगरबत्ती जलायी जाती। मेरी माँ भजन गाती— हिन्दू प्रार्थना गीत। उसे हिन्दी बहुत कम आती थी। इस पर भी उसकी धुन में— उस सुरीली लय में उदासी ऐसे चीर जाती थी कि मुझ पर भी विश्वास का पर्दा-सा पड़ जाता। मैं मान लेती कि वह गीत के अन्तिम अनुस्वार तक में रच-बस गयी है। अमरीका में उन पहले-पहल बरसों में कुछ ऐसा था जो मेरी तरुण माँ को बार-बार देवताओं के द्वार-पट पर भेज देता। ये देवता उन गीतों को जो माँ समझती न थी, उस भारत को जो माँ ने कभी देखा भी नहीं, एक ठोस रूप देते थे। इन शब्दों को आप लगभग छू सकते थे। आपके चरणों में झुककर आशीष की गुहार लगाते। "मैं एक नन्हा-सा, छोटा-सा बच्चा हूँ।" उस जुगाड़ी हुई मज़ार के समक्ष श्वेत दुपट्टे से सर ढके, कस के आँखें मींचे वह प्रार्थना करती।

हिन्दी हमारे अपार्टमेंट में गूँजती रहती—भारत की ओर इशारा करते—हर रविवार—और केवल माँ की प्रार्थना की हल्की सरसराहट में ही नहीं। वह टेलीविजन सेट से इस ऊर्जा से दहकती कि हमारे कन्धे आप ही थिरकते— उस चैनल पर जहाँ हर सप्ताह के अन्त में बॉलीवुड ब्रॉडकास्ट होता। मुझे याद है कि एक सुबह मैं अपने पलंग के छोर पर बैठी अपने जूते के वेल्क्रो स्ट्रैप्स से खेल रही थी। हम अपने चचेरे भाई-बहनों को विदा करने जा रहे थे जो गुयाना के लिए रवाना हो रहे थे। हम सब तड़के ही उठ गये थे और मैं कुछ चिड़चिड़ी-सी थी, पर जैसे ही मैंने कुमार गौरव का चेहरा स्क्रीन पर उभरते देखा, मेरी मनःस्थिति झट बदल गयी। 'लव-स्टोरी' फ़िल्म का एक दृश्य था, जो मैंने इस से पहले गुयाना में देखी थी, हमारे गाँव के पास के सिनेमा हॉल में। हीरो— हिन्द महासागर के इस पार के लिए लपेटा हुआ रोमियो जो अपनी जूलियट के घर के ओसारे में उस दिन भटक रहा था जिस दिन उसका ब्याह किसी और के साथ था। उसका तराशा हुआ चेहरा लम्बा और दिलकश था और उसके झिलमिलाते प्रेम-गीत ने ज़ेनिथ चैनल की खरखराहट के बावजूद एक बार फिर मुझे सम्मोहित कर लिया।

ऐसा कतई नहीं था कि मैं किशोर गौरव से प्रेम करती थी (पर मेरी उम्र नौ बरस की थी और ठीक-ठीक कहा नहीं जा सकता)। मैं सपने देखती कि

मैं इन अँधेरी तीन कोठरियों के घर से बहुत दूर अपने गुयाना के निचले घर में सोकर उठती हूँ। उस वक़्त किशोर गौरव की में गुयाना की स्मृतियों का अपनापन बिजली-सा कौंध जाती, जैसे कॉड लिवर ऑयल या ब्रेड पर लगाने वाला मारमीट देखकर या राह चलते अपनी बोली क्रिओली की कोई उड़ती-सी क़तरन सुनकर। सब कुछ एक भीतरी साम्राज्य का हिस्सा था, बाहर की दुनिया से बिल्कुल कटा हुआ। बाहर, अमरीकी लोग 'प्रॉपर इंग्लिश' बोल रहे थे। भीतर, हमारे सभी रहस्य, अच्छे और बुरे–टूटी हुई अंग्रेज़ी, छिपे हुए देवता, रविवार सुबह दाल-रोटी और लता मंगेशकर के गानों के रूदाई भरे बोल, वह 'गोल्डन वॉइस ऑफ़ बॉलीवुड' हमारी कैसेट संस्कृति बेचने वाले वे वक़्ता हमें संगीतमय लहजे में आश्वासित करते।

इस भीतरी दुनिया के दृश्यों का हिस्सा थीं हिन्दी फ़िल्में, इस छनी हुई गुप्त दुनिया में बसीं जो किसी नक़्शे पर नहीं मिलेगी। बॉलीवुड का संकेत मेरे लिये भारत की ओर नहीं था। कॉलेज में आने तक यह भी नहीं जानती थी कि इसे 'बॉम्बे का हॉलीवुड' कहते हैं। यह भी नहीं कि फ़िल्मी गानों से जो शब्द मैं यूँ ही ले लेती थी, उनका अर्थ क्या था। स्क्रीन पर मैंने कितनी ही बार उन्हें गूँजते सुना था जब पीछे नाटकीय वायलिन बजते रहते, मेरी जटिल जड़ों की गड़ी हुई दुनिया का वे एक अहम हिस्सा थे– जहाँ भावार्थ के बग़ैर भी भाव स्पष्ट थे। मेरी अन्तर्दृष्टि इन्हें बिना जाने पहचानती थी– *प्यार, ज़िन्दगी, शादी, मुश्किल, अकेला*। ये शब्द उन नन्ही गुयाना की लड़कियों के खेल में सहज ढल जाते जो गन्ने के खेत के छोर पर निचले घर में भविष्य का ताना-बाना बुनतीं। स्पष्ट है कि मैनहैट्टन शहर के छोर पर इस घुटे हुए अपार्टमेंट में कल्पित भविष्य से उनका कोई सरोकार न था।

हिन्दी फ़िल्मों का भारत की सामाजिक दरारों और वास्तविकताओं से कोई वास्ता न था। आख़िर पिंकी और बंटी को सितारों ने इसलिए नहीं मिलाया था क्योंकि एक मुस्लिम था और दूसरा हिन्दू या एक ब्राह्मण था और दूसरा 'पिछड़े वर्ग' का। यदि भारत बॉलीवुड प्रदेश जैसा था तो वह एक ऐसी जगह थी जहाँ प्रेमी फुलवारियों के पार दौड़कर एक-दूसरे की बाँहों में आते और फिर गीत उमड़ने लगते– जहाँ गुण्डाराज धरती तले गुफ़ाओं में अर्धनग्न हसीनाओं के साथ रंगरलियाँ मनाता। किसी विचित्र कारण से गुण्डे हमेशा दाढ़ी और काले चश्मेवाले होते और प्रेमी गाने के बीच में ही हर दो मिनट पर कपडे बदल लेते। इस सबके बावजूद, हिन्दी फ़िल्मों ने मुझे एक अनोखी, गर्भगृह-सी

पहचान दी थी। वह मुझे बड़ी-ही सहजता से संस्कृति की उसी नाल से मिली जिसने मुझे रेखा, शशि कपूर और अमिताभ बच्चन से वैसे ही हिला-मिला दिया, जैसे आले पर चलचित्रित देवताओं से। बॉलीवुड के बड़े सितारे भी भगवान ही थे। धर्म और सिनेमा ने मिलकर मुझे विश्वास दिलाया था कि मैं हिन्दुस्तानी थी, हालाँकि मैंने कभी भारत में पैर नहीं रखा था, ना ही मेरे बाप-दादाओं ने। बॉलीवुड और भजन ने मुझे भाषा दी थी।

फ्रांज फानोन कैरेबियन द्वीपों में जन्मे एक बुद्धजीवी थे जो ऐल्जीरिया में स्वतन्त्रता सेनानी रहे। उन्होंने लिखा– ''वह मनुष्य जिसके पास भाषा है– वह उस भाषा में ही बूझे-अबूझे संसार को हासिल कर पाता है।'' विदेशी हुकूमत के ख़िलाफ़ आज़ादी के संघर्ष से लिए गया यह वक्तव्य सटीक है। छीन लो मेरी भाषा तो छीन जाती है मुझसे वे गाथाएँ जो मेरे पूर्वजों ने रचीं, उसी लय में जिनमें उन्हें रचा गया था। घर की ध्वनियों से कटी भाषा में करो मुझे शिक्षित तो निश्चित है कि मेरा 'स्व' खण्डित स्वर में बोलेगा, मानो उसकी सर्जरी कर दी गयी हो, औपचारिक जीवन के लिए उसे सुन्न कर दिया हो, निचले घर में गूँजते शब्दों से नोच लिया गया हो, *ज्ञाफिंग* से, अनबन और अपनेपन से, माँ और पिता से।

पीढ़ी दर पीढ़ी, कई भारतीय बोलियाँ गुयाना में लुप्त हो चुकी हैं। अंग्रेज़ी हुकूमत के अधीन ब्रिटिश स्कूल अंग्रेज़ी पढ़ाते थे– हिन्दी या तमिल नहीं। गन्ने के खेतों के गुरुत्वाकर्षण से खिंचे गुयानावासियों को अक्सर शिक्षा का कोई अवसर नहीं मिलता, तब भी जब बीसवीं शताब्दी पर दिन चढ़ चुका था। शिक्षित हों या न हों, उन्हें उस बहुसांस्कृतिक समाज में शामिल होना था जहाँ क्रिओली, खेत-खलिहानों की खिचड़ी अंग्रेज़ी से उभरी एक बोली मान्य थी। हमारी प्रवासी गृहस्थी में यही बोली जाती थी– काँच के रंगीन टुकड़ों की तरह इसे भी संजोया गया था, जिसमें कुछ टुकड़े भारत से भी हैं।

हमारे निचले घर के धरती तले दबे ब्रूडा की कार के उस अनश्वर नीले अवशेष की भाँति हिन्दी के ये टुकड़े आज भी हमारी बोली में हैं। परिवार, धर्म, आहार, प्रेम के शब्द जीवित रह गये और रह गया कुछ ऐसा भी, जिसे परिभाषित करना कठिन है। उपनिवेशवाद व प्रवास से हमारे पारिवारिक इतिहास में पड़ी गाँठ खोली नहीं जा सकती। उपनिवेशवाद के कारण हमारा प्रवास आरम्भ हुआ– पहले ब्रिटिश गुयाना की ओर और फिर एक स्वतन्त्र गुयाना से दूर, जो अब भी अपने गुलामी के कल से जूझ रही थी। प्रवास में

विरोध भी है– अपनी संस्कृति, स्मृति और स्वर के विलुप्त होने के विरुद्ध संघर्ष। हम में से जो ये जंग रोज़ लड़ते हैं, उन्हें ज्ञात है कि भाषा 'होना' भी कई स्तरों पर सम्भव है। वे ये भी जानते हैं कि कैसे कोई भाषा भावनाओं में गूँजती है, भले ही वह पूरी तरह खो चुकी हो। हम यह भी समझते हैं कि अपनी उस खोयी हुई भाषा के रहे सहे खाँचे के ही लड़खड़ाते उच्चारण में, उसे बिना समझे तोते की तरह दोहराने में, उसकी अभिव्यक्तियाँ और इशारों की दुनिया को पूरे हक़ से अपनी जुबाँ के पाश में बाँधना सम्भव है। मेरी माँ जो आँखें मींचे, श्वेत-पट तले छिपे अपने देवताओं की आराधना करती थी, उसे यह ज्ञात था।

यूँ आँखें मींचकर प्रार्थना करने के पीछे कई कारण थे। सन् 1987 में, उसी वर्ष जब हम उस इलाक़े में अपने ख़ुद के मकान में आये, कट्टरपन्थी वहाँ आतंक फैलाने लगे। दैनिक अख़बार उठाते वक़्त हमने उनका खुरचा हुआ ऐलान–नामा पढ़ा, जिस पर 'डॉट बस्टर्स' के दस्तख़त थे। यह घटना 'घोस्ट बस्टर्स' फ़िल्म के रिलीज़ के कुछ वर्षों बाद की है और उनके दल का यह नाम फ़िल्म के नाम की एक भयानक विकृति थी, वहीं भारत-विरोधी गाली भी थी– उन बिन्दियों पर व्यंग्य कसते हुए जो कुछ विवाहित हिन्दू स्त्रियाँ माथे पर लगाती हैं। ''हिन्दुस्तानियों को यहाँ से निकाल बाहर करने के लिए हम किसी भी हद तक जाने को तैयार हैं।'' उस ऐलान में लिखा था। ''हम फ़ोन बुक का इस्तेमाल कर 'पटेल' नाम देखते हैं। क्या आपने ग़ौर किया है कि वे कितने हैं?" इस उग्र ऐलान के चन्द रोज़ बाद तीन व्हाइट लोगों ने बेसबॉल के बल्ले से एक भारतीय डॉक्टर पर हमला कर दिया। उन पर कार्रवाई हुई, पर पीड़ित के मस्तिष्क पर इतनी बेरहमी से वार किये गये थे कि उसे हमले के दिन की स्मृतियाँ शेष न थीं– आरोपी छोड़ दिये गये। इसके कुछ दिन बाद ही, एक और हिन्दुस्तानी पास ही के शहर में, एक मील से भी कम की दूरी पर इतनी क्रूरता से पीटा गया कि वह मर गया।

दोनों ही हमले 'हाइट्स' में बसे हमारे घर से कुछ ही दूरी पर हुए थे, जो कि जर्सी सिटी में दिहाड़ी मज़दूरों का जाना-माना इलाक़ा था। ढाई लाख लोगों की आबादी वाला यह शहर लोअर मैनहैट्टन के सामने हडसन नदी के इस पार है और स्वयं को न्यूयॉर्क का छठा जिला कहता है। नाजुक पंक्तियों में बने मकान यहाँ एक-दूसरे का सहारा लिए, स्टैचू ऑफ़ लिबर्टी का पिछवाड़ा निहारते रहते हैं, लम्पट बुड्ढों के किसी गुट की तरह। इस शहर की बनावट

नाटी, झुकी-सी है मानो प्रवासियों के बोझ तले। उस वक़्त वहाँ की एक-तिहाई जनता यूनाइटेड स्टेट्स के बाहर जन्मी थी। ज़्यादातर लोग हाल ही में आये हिन्दुस्तानी थे, विशेषकर गुजरात से। उनका संगठन सबसे बड़ा और प्रत्यक्ष रूप से सबसे अलग था। बात केवल उनके त्वचा के रंग की नहीं थी जो हम से मेल खाती। बात उनकी साड़ियों की थी, उनकी बोलचाल की और माथे पर चमकती बिन्दी की। बात उनके महात्मा गाँधी पार्क की थी, जहाँ की हवा करी पत्ते की गन्ध से भारी रहती, और जहाँ के लैम्प-पोस्ट पर भारत के झंडे लहराते। इस सबसे भी बढ़कर, उनका उद्यम, उनकी महत्त्वाकांक्षा एक ऐसे शहर में, जिसने बेहतर दिन देखे थे। 'डॉट बस्टस' ने जर्सी सिटी में रहने वाले हिन्दुस्तानियों को उनकी जान ख़तरे में होने का अनुभव कराया– हमें भी, वे हिन्दुस्तानी जिन्हें भारत छोड़े एक सदी बीत गयी, उतना ही भयभीत रखा।

उस दफ़ा पतझड़ के मौसम में हमारे माँ-बाप ने हमें बाहर नहीं खेलने दिया। एक बार एक आदमी, जिसकी कार लाल बत्ती पर हमारी कार के पास रुकी, ने मेरे पिता के मुँह पर थूक दिया। एक और बार कुछ बदमाश एक टूटी बोतल लिए कई ब्लॉक्स पार उनका पीछा करते रहे। हमारे घर के बाड़े पर किसी ने काली स्याही से पोत दिया, ''हिन्दू वापस जाओ!'' और मेरी माँ पूरा दिन एल्युमीनियम के उस बाड़े पर पेंट थिनर लेकर जमी रहीं।

उन आतंकियों को शायद ये पता नहीं था कि उनका हुक़्म बजाना हमारे लिए सरल नहीं था। उन्हें कोई फ़र्क़ नहीं पड़ता था इस बात से कि घर वो नहीं था जो दिखता था, उसे परिभाषित करना भी आसान न था। उनके लिए हिन्दुस्तानी दिखने वाला हिन्दुस्तानी था। उन्हें ज़रा भी अन्दाज़ा नहीं था कि उपनिवेशवाद से कितनी दरारें पड़ी थीं। वे कल्पना भी नहीं कर सकते थे कि उनके इन हिन्दुस्तानी दिखने वाले पड़ोसियों में ऐसे अजनबी हैं जो एक-दूसरे को दूर से निहारते हैं, हैरान-परेशान की ऐसी कौन-सी चीज़ है जो उनके बीच की कड़ी है, और उसकी सीमा क्या है? हिन्दुस्तानी होना क्या है? क्या हमारा धर्म, हमारी फ़िल्में, हमारी हिन्दी के चुभते टुकड़े हमें हिन्दुस्तानी बनाते हैं या नस्लवादी गुटों के उन लोगों पर हमले जो हम जैसे ही दिखते हैं? क्या इस नफ़रत भरे जुर्म से हम हिन्दुस्तानी बन जाते हैं? इन हमलों के कारण हमारे मन में हमारे इलाक़े में रहने वाले हिन्दुस्तानियों के प्रति भाईचारे की भावना थी और स्कूल में मेरे कई साथी अमरीकी-भारतीय थे। पर भारत की मूलभूमि से आये प्रवासी जिस भावना से हम कैरेबियन भारतीयों

को गले लगाते, उसमें मानो हल्का-सा तिरस्कार था। उनके अपनेपन में भी श्रेष्ठ होने का गुमान रहता जब वे हमें बताते कि नाचते वक़्त जैसे हमारे हाथ उठते, वह ठीक उत्तर-भारतीय लोक-नृत्य जैसा है तो शायद वे हमसे जुड़ना चाहते थे, पर उन्हें तब भी हमारा नृत्य कुछ अजीब-सा लगता। हाँ, वे बेहद तत्परता से हमें हमारी अपनी कहानी बताना चाहते कि हम भारत के किस भाग से आये होंगे, हमारे पूर्वज कैसी हिन्दी बोलते होंगे और कैसे हमारे गायकों से वह बोली हमेशा गड़बड़ा जाती जब भी वे 'चटनी' का प्रदर्शन करते, वह मिली-जुली नृत्य धुन जो थी तो कैरेबियन की, पर मूलतः भारत से ली गयी थी। वे नहीं चाहते होंगे हमें ठेस पहुँचाना, किसी ध्वस्त कलाकृति, खुदाई में बरामद मिट्टी के टुकड़ों की तरह हमें रौशनी में उठा कर देखना। कई बार उनका यह गले लगना बस सिर हिलाकर संकेत देना होता, जैसे किसी दरिद्र रिश्तेदार को जहाँ रिश्ता ज़ाहिर करना आवश्यक नहीं। कई बार तो उतना भी नहीं। कई बार तो हमें किसी बाहरी औलाद-सा नकार देते—हमारे यहाँ जो बच्चे कानूनी विवाह के बाहर जन्म लेते हैं, उन्हें यही कहते हैं। कुछ लोगों के लिए हम भारत की बाहरी औलाद हैं। जहाँ सवाल वर्ग का न होता, वहाँ शुद्धता का होता— ना जाने कैसे संस्कार, किस जाति का होता।

जो बदमाश हाइट्स में हिन्दुस्तानी या हिन्दुस्तानी जैसे दिखने वालों को आतंकित कर रहे थे, उनके कारण मेरे माँ-बाप ने कोई नये दोस्त नहीं बनाये। सच तो ये है कि परिवार छोड़कर उनके शायद ही कोई मित्र रहे होंगे। वे अन्तर्मुखी होते रहे, अनेक चाचा-चाची, मामा-मामी और उनके बच्चों के परस्पर अपनेपन को किनारे रख दो तो हमारा घर एक क़िला बन गया। वास्तव में बाहर मानहानि का ख़तरा मँडरा रहा था। बाहर, नस्लवादी पेंट के कनस्तर, थूक, बेसबॉल के बल्ले और टूटी बोतलों से लैस हमारी राह देख रहे थे, पर अमरीका भी हमारी राह देख रही थी— अपनी सभी व्यवस्थाओं और वादों के साथ। बाहर 'सामान्य' की परिभाषा थी। यह तो वहाँ सभी जानते थे कि लड़कियाँ लड़कों से दोस्ती करती हैं, स्कूल डाँस (प्रॉम) में जाती हैं, बड़े होकर माँ-बाप से पृथक् अपनी अलग ज़िन्दगी जीती हैं। भीतर, मेरे प्रवासी माता-पिता ऐसा कुछ नहीं जानते थे क्योंकि एक दूर की धरती निरन्तर उन पर अपना प्रभाव क़ायम रखती। भीतर गड़ी हुई मेरी माँ अपने घर के बाहर की उस दुनिया के ख़िलाफ़ लगातार मुँडेर ऊँची करती रही।

प्रवास के बाद हम शायद ही कभी गुयाना वापस गये। मेरे माँ-बाप रोटी-कपड़ा-मकान की भाग-दौड़ में व्यस्त थे, हमारे लिए एक नया जीवन तैयार करने में व्यस्त थे। उनके पास भावुक हो कर सफ़र करने के लिए समय और साधन, दोनों नहीं थे, ख़ासकर के तब जब हमारे सभी निकट के रिश्तेदार हमारे पीछे यहाँ पहुँच गये। जो देश वे छोड़ आये, जो देश हम छोड़ आये, वह अभाव में था। एक ऐसे तानाशाह के अधीन जिसने दशकों से चुनावों में घपला किया था, एक ऐसा देश जहाँ लोकतन्त्र जायज़ नहीं था क्योंकि वहाँ विदेशी आयात को पाश्चात्य बोलकर रोक लगा दी गयी, वहाँ रोज़ की रोटी बनाने को आटा न था। नस्लवाद से खण्डित, शक्तिशाली अफ़्रीकी पार्टी के शासन में हिन्दुस्तानियों के लिए बराबरी के अवसर न थे। उन्हें शिक्षा व राज्य सेवा के क्षेत्र से बहिष्कृत कर दिया गया था और कुछ समय से शीत युद्ध में अमरीका व इंग्लैंड, दोनों की दख़लअन्दाज़ी के बाद गुयाना एक ऐसा देश था, जिसका अपनी नियति पर कोई नियन्त्रण नहीं रह गया था।

मैं इतनी छोटी थी कि मुझे राशन के लिए लगी लाइन नहीं याद है, न ही याद हैं दुकानों में ख़ाली पड़े आले या काला-बाज़ार, पर मेरे पिता को सब याद है। उन्हें पीछे की गली से बेबी-फ़ॉर्मूला ख़रीदना याद है क्योंकि 'अनफामिल' विदेशी माल था, जिसकी उन्हें मेरे लिए ज़रूरत थी, जो दो महीने पहले प्री-मच्योर, दो किलो से भी कम का वज़न लिए पैदा हो गयी थी। उन्हें यह भी याद है कि जब वे ग्यारह बरस के थे, तो हमारे गाँव में रिफ़्यूज़ी रहने आये थे। गुयाना के भीतरी अरण्यों के सीमा पर बसे नगर से उन्हें खदेड़ा जा रहा था, जहाँ सोने की खदानों में काम करने वाले एकत्रित हो रहे थे। उस नगर को बाद में 'लिंडेन' नाम दिया गया, उसी तानाशाह के नाम पर, जिसने चुनाव अपनी जेब में कर लिए थे और आटे पर बैन लगा दिया था। रिफ़्यूज़ियों की ज़ात मिटा दी गयी थी। मेरे पिता ने बताया कि हिन्दुस्तानी घर जलाकर राख कर दिये गये थे, हिन्दुस्तानी स्त्रियों का बलात्कार हुआ था, हिन्दुस्तानी लोग मौत के घाट उतार दिये गये थे। ग़ौर किया जाये कि अफ़्रीकी भी मारे गये थे। गुयाना के नस्लवादी दंगे दोनों तरफ़ आग लगा रहे थे, पर टाँग अड़ाने वाली विकसित देशों की सरकारों ने इस अफ़्रीकी संघ को विजेता घोषित कर दिया क्योंकि वह उस वक़्त इतना समाजवादी नहीं था। इस सबके बाद भी अन्याय और अभाव मेरी गुयाना की स्मृतियों पर साया-सा नहीं घिरते। मैंने कभी उसे उस दृष्टि से नहीं देखा जैसे दूसरे

उसे देखते थे—तीसरी दुनिया क़े देशों का अभिशप्त, नाकारा हिस्सा; पश्चिमी भूखण्ड के राज्यों में सबसे तबाह एक ऐसा देश, जिसने अपने अन्धकार के हृदय में जिम जोंस और उसके आत्मघाती कूल-ऐड गुट का स्वागत किया था। मेरे लिए मेरी जन्म-भूमि और प्रथम बचपन की जमीं रहस्य और तमन्नाओं से घिरी थी। एक ऐसा स्थल जहाँ मुझे कल्पित पूर्णता प्राप्त होती थी।

शायद मेरे पिता यह समझते थे जब प्रवास के सोलह बरस बाद मेरे स्नातकोत्तर होने के तोहफ़े के तौर पर वे मुझे वापस गुयाना ले गए— वयस्क के तौर पर वापस यह मेरा प्रथम सफ़र था, और हमारा दूसरा। 1997 की गर्मी थी जब हम नेवार्क हवाई अड्डे पर अपनी उड़ान की प्रतीक्षा कर रहे थे, मैंने देखा कि अन्य यात्री टेप लगे हुए भारी झोले खींचकर ला रहे थे, मैं जानती थी कि ये झोले टोमैटो सॉस में डूबी सार्डीन, बेट्टी क्रॉकर इंस्टेंट पोटैटो और कैडबरी चॉकलेट से भरे होंगे। अभाव के वक़्त इन सभी चीजों से गुयाना के लोगों के मुँह में पानी आ जाता था और जो बाहर बसे रिश्तेदार हमेशा घर वापस ढोकर लाते, जब भी वे वापस वहाँ जाते— मानो तानाशाही कभी ख़त्म हुई ही न हो, मानो अर्थव्यवस्था का उदारीकरण कभी हुआ ही न हो, मानो आयात पर लगा प्रतिबन्ध कभी उठाया ही न गया हो। ये विदेशी कम्पनियाँ और ये रसोईघर की रईसी घर-वापसी के रिवाज़ का हिस्सा बन गये थे, देने वालों के लिए भी उतना ही अहम् जितना कि लेने वाले के लिए। मैंने दूसरे यात्रियों को कहते सुना कि देश का उद्धार हो रहा था, कि अभाव पीछे छूट गया था— "गुयाना की तरक्की— जो चाहो, मिलता। सब-सब कुछ मिलता।" हमारे इर्द-गिर्द सभी ओर वो ऐसी निकट, ऐसी अपनी बोली बोल रहे थे कि जब-जब उनका मुँह खुलता, मेरे भीतर और बाहर के संसार झनझनाकर मिल जाते। उनके इस मिलन में बाहर और भीतर की बिजली-सी सनसनाहट थी। और मेरा अन्तर पिघलते लोहे-सा चिंगारियाँ बरसाते जुड़ने लगता।

घर की ओर इस सफ़र ने मुझे एक अन्य ऐतिहासिक सफ़र पर प्रश्न उठाने पर मजबूर कर दिया। वहाँ हम उड़ान के इन्तज़ार में बैठे थे जब मैंने अपने पिता से भारत में हमारे परिवार की जड़ों के बारे में पूछा। मेरे पिता—मेरे ज़िम्मेदार, फ़िक्र करने वाले मुखिया पिता, परिवार में रिकॉर्ड रखते थे। यदि इस घर में किसी के पास हमारे अतीत की ओर ले जाती क़ाग़ज़ात की कड़ी होगी, तो वह उनके पास होगी। और थी भी उन्हीं के पास। मेरे

पिता के पिता तभी चल बसे जब वे स्वयं बच्चे थे। उस बूढ़े आदमी का दम ब्रोंकाइटिस ने, गाँव में रिफ़्यूजियों के आगमन के साल-भर पहले ही तोड़ दिया था। उनकी वसीयत में उनका जन्म-स्थल व वर्ष लिखा था– 'द क्लाइड', 1903। मेरे पिता इस जानकारी के साथ बड़े हुए कि उनके पिता ने भारत से आते एक जहाज़ पर जन्म लिया था और वे जानते थे कौन-सा जहाज़, किस सन् में। वे ये भी जानते थे कि उनकी दादी, सुजरिया, उसी जहाज़ पर बँधुआ मज़दूर बनकर चढ़ी थीं।

"वे एक गर्भवती महिला थीं, जो अकेले सफ़र कर रहीं थीं।" मेरे पिता ने बड़ी-ही सहजता से मुझे बताया। इससे अधिक वे कह नहीं सकते थे। इस भीषण खुलासे पर उनके कोई विचार नहीं थे। वे बस इतना जानते थे कि भारत से यात्रा तय करते वक़्त किसी समय सुजरिया ने मेरे दादाजी को जन्म दिया था और उनका नाम रखा था 'लल्लाबहादुर?' यह नाम, जिसका संकीर्ण स्वरूप आज मैं और मेरे पिता इस दुनिया में लेकर घूमते हैं, यह उनका अपना नहीं था। उन सभी हिन्दुस्तानियों की तरह जो प्रवास कर गये, उनका कोई उपनाम न था।

लल्लाबहादुर को मैंने कभी नहीं जाना। जब वे क़रीबन पचास बरस के होंगे, तब स्टूडियो में ली गयी उनकी एक ब्लैक एंड व्हाइट तस्वीर हमारे न्यू जर्सी वाले मकान में टँगी है। फ़ोटो में वे लम्बे और सीधे खड़े हैं, उनके हाथ सावधान मुद्रा में उनके बगल में बिल्कुल तने हैं। उनकी नाक मेरे पिता जैसी है– एक समय में पतली रही होगी, पर समय के साथ सूज गयी मानो उनके चेहरे के बीच में कोई घोंघा हो। वे पेटेंट लैदर के जूते पहने हैं, लम्बी बाँहों वाली बटन डाउन शर्ट और इस्त्री की हुई इकहरी धरियों वाली पेंट। उनमें स्वाभिमान झलकता है। मेरे दादाजी किसानी करते थे– धान की खेती व गाय-मुर्ग़ियों का पालन-पोषण, जो उस वक़्त गुयाना के गाँव में अधिकतर महत्त्वाकांक्षी लोग करते थे। अपना जीवन उन्होंने गन्ने के खेतों में काम करते बिताया। वे उस हृष्ट-पुष्ट गुट का हिस्सा थे जो नहरें खनते थे, गन्ने के खेत की गणित सँभालते, अपनी कुदाल से मिट्टी पर सीधी रेखाएँ व समकोण थोपते चले जाते। उसी व्यवस्थित तरीक़े से, मेरे जन्म लेने के बहुत पहले ही उन्होंने ने मेरे प्रथम बचपन के उस पटचित्र को गढ़ दिया था। जिस मकान को सर्वप्रथम घर बोला, उसको उन्होंने बनाया और उन्होंने ही वह नन्हा-सा मन्दिर बनायाः झरोखे वाला देवघर, आगे आँगन में। लल्लाबहादुर कट्टर हिन्दू थे।

अपनी आठ सन्तानों को विरासत में उन्होंने इस ग्रीनहार्ट लकड़ी के घर के साथ रूढ़िवादी संस्कार दिये थे जो इसी लकड़ी से कठोर थे। जिससे पूछो, वो यही कहता कि उनका लोहे का हाथ था जो ज़रूरत पड़ने पर किसी पर भी पड़ जाता।

उनके जन्म की कहानी, जो शायद विवाह की संस्था से बाहर हुआ होगा, मुझे चकित कर रही थी। मुझे लगता था कि सम्बन्ध और सम्भोग को लेकर हमारे घर में जो पारम्परिक चुप्पी थी, वो हमें पीढ़ी-दर-पीढ़ी मिलता चला आ रहा है कि हमारे पूर्वज ऐसे थे और हमें भी ऐसे ही होना चाहिये। क्या मुझ जैसी प्रवासी का चहदीवारी में बन्द होकर बड़ा होना इसका बख़ूबी गवाह न था? पर नेवार्क के प्रस्थान द्वार पर मैं अपने पारिवारिक इतिहास के विषय में ऐसी चीजें जान रही थी जो मेरी पहचान को लेकर उत्तर नहीं, नये प्रश्न खड़े कर रहे थे। भले ही मुझे ज्ञात नहीं था कि मैं वास्तव में कहाँ की थी या गुयाना की कितनी थी, कितनी हो सकती थी, इतना तो मानती ही थी कि मैं गुयानावासी होने का अर्थ समझती थी। हवाई जहाज़ में घर की ओर के इस सफ़र के लिए पैर रखने से पहले ही मेरा यह विश्वास भी हिल गया था।

गुयाना में हमारा आगमन एक ऐतिहासिक घड़ी में हो रहा था, वहाँ के राष्ट्रपति चेड्डी जगन के निधन के कुछ महीनों बाद, वह स्वतन्त्रता सेनानी जो इस देश के हिन्दुस्तनियों के लिए नायक और पिता-तुल्य हस्ती रहे, वहाँ के हिन्दुस्तानियों के साथ हुए अन्याय का वह जीता-जागता प्रतीक थे। लगभग तीन दशक उन्होंने राजनैतिक वनवास में काटे थे क्योंकि सी.आई.ए. ने इस बात से अनायास कतराते हुए कि कैस्ट्रो के भूराज नैतिक पड़ोस में एक नया कैरिबियन मार्कसिस्ट न प्रकट हो जाये, उन्हें निकालकर लिंडेन फ़ोब्स बर्नहम के लिए रास्ता बनाया, वही तानाशाह जिसने आटे पर प्रतिबन्ध लगा दिया था। अपने संसार के बड़े-बुजुर्गों की बातों से मैंने अपने मन में बर्नहम की छवि भूत जैसी बना ली थी। वह प्रेत-सा लगता था, इन्सानियत से परे। जब वह मरा तो उसके पार्थिव शरीर को इत्र से सरोबार कर जामुनी काँच के कफ़न में वनस्पति वाटिका में प्रदर्शित किया गया। यह उसकी इच्छानुसार किया गया था– लेनिन की समाधि के तर्ज़ पर। अमरीका ने उसे समाजवाद का रोड़ा बनाने की जो योजना बनायी थी, उसने उस उम्मीद पर आख़िर पानी फेर दिया। बर्नहम की मृत्यु के सात वर्ष बाद जगन अन्ततः राष्ट्रपति घोषित हुआ और स्वयं अपनी मृत्यु के पश्चात् उसे लगभग एक सन्त का दर्ज़ा हासिल

हुआ। साल ख़त्म होने से पूर्व उसकी जगह लेने के लिए उसकी पत्नी, जैनेट का चुनाव किया जायेगा।

हमारी यात्रा के दौरान वहाँ की हवा में गमी पड़ी हुई थी। मैंने बच्चों की एक किताब ख़रीदी, जिसका नाम था, 'जब नाना चेड्डी छोटे थे'। और लोक गीतों का एक कैसेट जो उन्हें अमर कर देगा। सारा देश, या कहें तो आधा देश महीनों से शोक-सभा में लगा हुआ था, जिसके कारण स्वाभाविक रूप से नस्लवादी ज़ख़्म पुनः हरे हो गये थे। इन हिन्दुस्तानियों के लिए, जिन्हें हिन्दुस्तान छोड़े अरसा हो गया था, हिन्दुस्तानी होना उनकी प्रकृति का एक अनिवार्य, प्रखर हिस्सा था, जो शेष ग़ैर-हिन्दुस्तानी देश के ख़िलाफ़ डेढ़ सौ साल पुरानी प्रतिस्पर्धा से जन्मा था, पर मैं स्वयं को इस लड़ाई में नहीं पा रही थी। मैं नैतिक अधिकारों की लड़ाई लड़ चुकी अमरीका की बहु-सांस्कृतिक शिक्षा से उभरी थी। मैं अल्पसंख्यकों के नगर में अल्पसंख्यक होकर बड़ी हुई थी, एक ऐसे नस्लवाद की शिकार जो मुझे अन्य काली चमड़ी वालों से जोड़ता था, न कि उनके विरुद्ध। तब आख़िर कैसे मैं ख़ुद को मेरी जन्मभूमि के नफ़रत-भरे इतिहास में स्थापित कर पाती? अपनी पहचान से जुड़े सवालों के जवाब के लिए मुझे कहीं और देखना पड़ेगा, निजी जीवन में, न कि राजनैतिक में।

गाँव के भीतरी हिस्सों में बसे हम उस मकान में पहुँचे जहाँ हमें ठहरना था और हमारे यजमान ने मुझे और मेरे पिता को हमारा कमरा दिखाया। वहाँ एक छोटे-से पलंग पर लगे लकड़ी के फ्रेम से कसकर बाँधी मच्छरदानी लटक रही थी। दीवार से टिकाकर रखे एक आले पर एक गोल-मटोल, झुरमुट बालों वाला भारतीय आदमी भगवा, हरे कृष्ण वाला चोगा पहने, माला चढ़ी तस्वीर में बैठा था। मैंने पूछा कि वह कौन था? हमारे यजमान मुझे अविश्वास-भरी नज़रों से देखने लगे। "वह साईं बाबा हैं।" उसने बोला, "तुम साईं बाबा को नहीं जानती?" नहीं जानती थी मैं, पर उसकी निगाह से बख़ूबी परिचित थी। गुयाना में क़दम रखने के बाद एक से अधिक चेहरों पर देखा था। वह निगाह मुझे धीरे-धीरे परखती—पहले मेरी छोटी स्कर्ट, फिर मेरे लड़कों-से छोटे बाल, फिर मेरी सधी हुई अंग्रेज़ी, जो किताबों की ध्वनि एवं अन्तरालों से नाप-तोलकर साधी गयी थी य और अन्त में मेरे अनगिनत सवाल उन चीजों पर, जो मुझे मालूम होनी चाहिये थीं। यह वही निगाह थी जो आप भूले-भटके परदेसियों को देते हैं।

कविता की उम्र लगभग मेरे जितनी थी– कुछ बीस-बाइस साल की और उसका एक सुन्दर, मिलनसार चेहरा था। एक क़ायदे-से गुँथी हुई चोटी उसकी कमर छू रही थी। उसकी शादी मेरी *भउजी* के भाई से हुई थी। उनका धान मिल था और उनके निचले घर में धान से भरी बोरियों का ढेर लगा था। उसका पति कुछ समय अमरीका में रह चुका था। वहाँ फ़ैक्ट्री में हुई एक दुर्घटना के कारण उसे वापस आना पड़ा। ख़ैर, गुयाना में उसका जीवन बेहतर लग रहा था। वो स्वभाव से विनम्र और कर्मठ था और मुझे अच्छा लगा। उनकी दो बेटियाँ थीं। "आप दोनों कैसे मिले?" मैंने पूछा। कविता मुस्कराने लगी। उसकी आँखों में मेरे प्रति क्षमाभाव था, एक नर्मी-सी थी, जैसे कि उसे पता हो कि अभी उस दिन को ज़्यादा समय नहीं गुजरा था जब कम्बरलैंड के किसी निचले घर में मैं भी साड़ी बाँधकर अपनी शादी का खेल खेलती थी। कविता की शादी तय की गयी थी। मुझे इतनी समझ होनी चाहिये थी कि पूछना नहीं है। मैं अपनी हमउम्र और अपने से छोटी कई लड़कियों से मिली जिनकी गुयाना में गृहस्थी बस चुकी थी या उनके नियन्त्रण के बाहर की शक्तियों और लोगों द्वारा बसा दी गयी थी। परिस्थितियाँ सब की अलग-अलग थीं– और उसी तरह उससे जुड़ी आशा व प्रसन्नता भी अलग-अलग थीं।

मैं एक अठारह साल की लड़की से मिली, जिसकी शादी ब्रॉन्क्स में बसे एक गुयानावासी से हुई थी। वह तीस पार कर चुका था और वे शादी के पहले एक-दूसरे को नहीं जानते थे। दूल्हा हनीमून के बाद न्यूयॉर्क लौट गया और वो उसके साथ रहने के लिए अपने वीज़ा की राह देख रही थी। उसके परिवार में आर्थिक संघर्ष बहुत था, गुयाना के हिसाब से भी– और मैं सोचती कि न जाने कौन-सी ऐसी ज़रूरतें हैं, जिन्हें पूरा करने के लिए ये जोड़ी बनायी गयी। भविष्य के मन्त्र की तरह हिन्दी फ़िल्में हमें कौन-से शब्द देती थीं? प्यार, ज़िन्दगी, शादी, मुश्किल, अकेला। इन्हें किस पंक्ति में सजाकर गुयाना के गन्ने की खेती की वास्तविकता से जोड़ें? क्या प्यार पहले होता है, फिर ज़िन्दगी, फिर शादी? या प्यार शादी के बाद आता है? क्या मुश्किलें और अकेलापन भी आते हैं या मुश्किलें सारी पहले आ जाती हैं और वाक़ई, शादी की ओर धकेल देती हैं?

महाद्वीपों के आर-पार होती ये शादियाँ केवल अर्थव्यवस्था या विकसित देशों के पासपोर्ट की लालसा में नहीं होतीं। जिस सप्ताह मैं अपने बचपन के घर के पास ठहरी, मैं एक चौबीस बरस की युवती से मिली, माला, जो एक

लकड़ी के मिल के मालिक की बेटी थी। वह कान्ये क्रीक पर बसे एक गाँव में था, हमारे गाँव के बगल में। माला अपने दादा-दादी के घर में टेलीविज़न पर 'साइनफ़ील्ड' देखती। वो घर उनके मिल के पास था और उसके इर्द-गिर्द हमेशा लकड़ी के बुरादे की सीमायें होतीं। उसके दादा-दादी सर्दियों में गुयाना आ जाते और गर्मियों में टोरंटो के उपनगर में रहते। जब हम उनकी स्पीड-बोट लेकर नदी पर सैर करने गये, माला ने एक टी-शर्ट पहनी थी जिस पर 'वेटिंग फ़ॉर मिस्टर राइट' छपा था। उसने कनाडा में बसे अपने मंगेतर की मुस्कराती तस्वीर मुझे दिखायी, जिसमें वो एक चमचमाती टोयोटा एवलॉन के सामने पोज़ कर रहा था। उन्होंने एक-दूसरे को ख़त लिखे थे और फ़ोन पर बात की थी। हालाँकि देखा जाए तो वे लॉन्ग डिस्टेंस एक-दूसरे से जुड़े हुए थे, पर फिर भी यह शादी तय की गयी थी। जब अठारह की उम्र में मेरी माँ की शादी हुई तो वह 'लव मैरेज' थी अर्थात् मेरे माता-पिता एक-दूसरे को पसन्द करते थे तब से, जब उन्होंने एक-दूसरे से करॉनटाइन हाई स्कूल के गलियारों में बात की थी, जहाँ वे दोनों पढ़ाते थे। उन्होंने डेटिंग नहीं की। मेरी माँ के परिवार से बात चलायी गयी, योग्य होने न होने की पूछताछ की गयी और सबने मिलकर निर्णय लिया। यह सन् 1974 की बात है। मोर्स बीस सालों में पूरी तरह जड़ नहीं रहा था। और अब तो बर्बिस नदी के किनारे एक घर में 'साइनफील्ड' चलने से हैरान था। फिर भी, गुयाना में बसे हिन्दुस्तानियों के लिए शादी तय हो जाना मात्र एक सामाजिक तथ्य नहीं, उस यात्रा के समय एक अनकहा नियम था।

गुयाना की मेरी यह यात्रा उसी पल से जब मैंने हवाई जहाज़ से नहरों का ताना-बाना देखा, मेरे लिए बेहद विस्मित करने वाली थी। सबसे गहरा एकाकीपन इन अनकहे नियमों से होता कि स्त्रियों को क्या करना चाहिये और क्या नहीं। मैं बार-बार बेशर्मी से अनुरोध करती की मुझे भी पुरुषों के साथ बैठ कर एल्डोराडो रम का लुत्फ़ उठाते हुए राजनैतिक चर्चा का हिस्सा बनना है। मैं अपने पिता और कविता के पति के साथ जाकर धान मिल देखना चाहती थी। जब उस पर भी मनाही हो गयी, तो मैं रूठकर बैठ गयी कि मुझे जाने नहीं दिया, यह जानते हुए भी कि मेरा व्यवहार ठीक नहीं है, कि कविता एक अच्छी यजमान है और उसकी बेटी ने मुझे बुआ बना लिया है। सच है कि गुयाना की स्त्रियों के लिए जो ज़नाने थे, उनमें भी मेरा मन लगता था— उन रसोईघरों में जहाँ क़िस्से बाँटे जाते, पर मैं उस जगह भी जाना चाहती थी

जहाँ पुरुष अपना अधिकार जताते। मैं कभी भी यूँ अलग-थलग, बन्द-बन्द, बस बच्चों का लालन-पालन करती सन्तुष्ट नहीं रह पाती।

मैं जानती थी कि मेरा कविता होना सम्भव नहीं था– पर इसे मैं ठोस रूप से नहीं व्यक्त कर सकती थी– जैसे आप किसी अमरीकी नारीवादी से समझने की उम्मीद करें। उसके जीवन की व्यवस्था में एक आकर्षण था, जो मैं अपने जीवन में पाने का सोच भी नहीं सकती थी। उसे सही मायनों में अपना प्रभाव-मण्डल मालूम था। वो एक माँ और पत्नी थी। वो अपने पति के प्रेम में कभी पड़ी नहीं थी, पर इससे शायद वो प्यार-मोहब्बत के पूरे प्रपंच से बच गयी थी। यदि मैं उसे यूँ माप रही थी तो शायद उसे भी मुझे मापने का पूरा हक़ था। उसने मुझे यूँ ही कनखियों से देखा था, मैं सोचती हूँ क्या होगा यदि वो मुझे एक नज़र भरकर देख ले? क्या मैं उसके लिए परदेसी से बढ़कर कुछ हो सकती हूँ? क्या वो जान सकती है कि अपने बचपन के निचले घर तक वापस आना मेरे लिए किसी तीर्थयात्रा से काम न था, जहाँ एक दादा ने जिनको मैंने कभी जाना नहीं, ग्रीनवुड के स्तम्भ खड़े कर गये थे? क्या वो महसूस कर पायेगी मेरे भीतर खुलता प्राचीन, कच्चा, गर्भगृह? क्या वो समझेगी कि एक ऐसी जगह आना, जहाँ भीतर और बाहर क्रिओली जीवन्त थी, जहाँ हिन्दी फ़िल्मों के गाने माहौल बनाते थे और कुमार गौरव को किसी को समझाने की कोई ज़रूरत न थी मेरे लिए कितना रोमांचक था? क्या वो कभी समझ पायेगी इस एक होने के नशीले हर्ष को जहाँ पूर्ण होने की इस अवस्था के साथ ही एक उजड़ी हुई निराशा मन में घर कर जाती है? क्या वो समझ पायेगी कि इन सबका सबसे बड़ा कारण मेरा स्त्रीत्व है?

इससे मिलता-जुलता अनुभव मेरे साथ पाँच बरस बाद हुआ, जब मैं पहली बार भारत गयी। मैं वहाँ अपने पूर्वजों की खोज में नहीं गयी थी। उस वक़्त तो मैं ये भी नहीं कह पाती कि शुरुआत कहाँ से करनी है? औपचारिक रूप से मैं वहाँ एक विश्वविद्यालय के साथी से मिलने गयी थी जो बॉम्बे में रहता था—पर मैं जानती थी, और वो भी कि मेरा लक्ष्य इससे कहीं अधिक गहरा था और वह एक लोकल जानकार के साथ इस प्राचीन, जन लहर के कोलाहल से छलकते राष्ट्र में मात्र एक छुट्टी मनाने से बढ़कर कुछ था। मैं अनुभव करना चाहती थी उस संस्कृति के थपेड़ों में जीने को, जिसने इतनी दूर से अपने हिन्दू देवताओं और हिन्दी प्रेम गीतों से हमें गढ़ा है। जब मेरे विमान ने उस मिट्टी को छुआ—मैं लगभग अपनी सीट से उठते-उठते रह गयी।

इस दहलीज़ पर आकर मैं जम गयी थी, जैसे मेरी आँखों में आँसू जो आकार लेने की छोर पर आकर स्थिर हो गये थे।

आख़िर मैं नीचे उतरी और आने वाले कुछ सप्ताह बॉम्बे, गोवा और केरल के चक्कर लगाये—एक ट्रैवल एजेंट के कार्यक्रम के अनुसार। मेरा मित्र नौकरीपेशा था और मैं अक्सर अकेले रहती थी, जिससे होटल के बेल-बॉय से ले कर रेस्तराँ के वेटर और कुछ ज़्यादा ही याराना जताने वाले एक हिल-स्टेशन के गाइड को बिल्कुल ही ग़लत संकेत मिलते। मैं अकेले सफ़र कर रही थी एक ऐसे देश में, जहाँ से मेरी परदादी ने भी कभी अकेले प्रस्थान किया था और तनहा सफ़र करते हुए परिस्थितियाँ मेरे चरित्र पर उतने ही सवाल उठा रही थी जितना कभी उन पर उठे होंगे। शायद इस विचार ने मेरे नज़रिये को तय किया और मुझे जहाँ देखो, वहाँ स्त्रियों के एक पृथक् और सीमित जीवन की निशानियाँ दिखने लगीं। मैंने बॉम्बे की ट्रेन का 'लेडीज़ कम्पार्टमेंट' देखा, जिसे पुरुषों की हिंसक नज़रों से बचाने के लिए अलग रखा गया था। मैं समुद्र के रूमानी किनारे पर बनी मोटी कंक्रीट के बेंच देखकर हैरान थी—उन्हें शहर की रूढ़िवादी रूलिंग पार्टी ने लोगों की अस्मत का ख़याल करते हुए अकेले आदमी के बैठने के लिए बनाया था।

पहाड़ी के ऊपर से चारों ओर चाय के बगानों का मनोरम दृश्य दिखता, पर मेरी नज़र आप ही उस मस्जिद पर रुकती, जिसकी दहलीज़ पार करना महिलाओं के लिए गुनाह था। 1990 में आई समाज की वैचारिक क्रान्ति के वेग के बावजूद, ख़ासकर महानगरों में, मैं जानती थी कि भारत आज भी ऐसी जगह है, जहाँ औरत पर अनेक बन्दिशें हैं, पर इन बन्दिशों की बेरुख़ी का भार झेलने के लिए मैं तैयार नहीं थी जब ये मुझ पर लागू होने लगीं। मैं इस बात के लिए तैयार नहीं थी कि अकेले सफ़र करने से लोग अफ़वाहें फैलाते हैं और आप पर हावी होने लगते हैं। मैं तैयार नहीं थी ये सुनने के लिए कि अगर छेड़खानी से बचना है तो रात को अकेले सिनेमा देखने मत जाना। और मैं अपना अमरीकी मूल्य खोने को तैयार नहीं थी कि मैं जब चाहूँ, जो चाहूँ कर सकती हूँ— यदि वो वाज़िब हो और दूसरे का मान रखे। मैं तंग कपड़े या छोटी स्कर्ट पहनकर नहीं घूमती थी। मैं पारम्परिक पोशाक पहनती। कोशिश करती कि कुर्ता और ढीली जींस या सलवार-कमीज़ में पास हो जाऊँ।

शायद मेरा यों पास होना भी समस्या ही थी। चूँकि मैं हिन्दुस्तानी दिखती, तो मुझसे हिन्दुस्तानी व्यवहार की उम्मीद रखी जाती। अन्य अमरीकियों के

मापदण्डों से मुझे नहीं आँका जाता। भारत में उस प्रथम यात्रा पर मेरा अधिकांश समय केरल में बीता, जहाँ मैं एक दिन समुद्र-तट पर अकेली बैठी कुछ पढ़ रही थी और अरब महासागर में तैरती वाइकिंगनुमा किश्तियाँ देख रही थी। न जाने क्यों इससे वहाँ दर्शक इकट्ठे हो गये। पुरुषों का एक झुण्ड जो मेरे इर्द-गिर्द जमा होकर घूरने लगा। मैंने कोई स्विम-सूट नहीं पहना था। पहना था एक केसरी, कैरी वाला चूड़ीदार, घुटनों से नीचे आता ढीला कुर्ता और सिर पर दुपट्टा लिए थी। ठीक उसी समय मेरा रिक्शा-ड्राइवर, अशोक बगल से निकला और उस गुट को वहाँ से रफ़ा-दफ़ा कर दिया। वो किनारे के आस-पास ही था, जबकि मैंने उसे कह रखा था कि मुझे तीन घण्टे बाद लेने आना है। अशोक ने स्वयं को मेरा रक्षक नियुक्त कर लिया क्योंकि, ''तुम बिल्कुल केरल का लड़की लगता है''। 'बिल्कुल केरल' की लड़की, उसने कहा, बस यूँ ही सागर पर नज़रें गड़ाये, अकेले समुद्र के तीरे नहीं बैठती, जब तक कि घर में कोई बवाल न हुआ हो या वो आत्महत्या करने का न सोच रही हो।

मैं भारतीय बनना चाहती थी, एक पर्यटक की भूमिका से ऊपर उठना चाहती थी, अपने आस-पास के लोगों से वास्तव में जुड़ना चाहती थी। भारत मेरे लिए कोई उत्पाद नहीं था और मैं उसके प्रति एक अमरीकी उपभोक्ता से बढ़ कर कुछ होना चाहती थी, पर जहाँ ज़रूरत हो, वहाँ मैं यह प्रयास करती कि लोग मेरा अमरीकी अस्तित्व भी देखें– उदाहरण के लिए, तब जब ये जता देने से लोगों को मेरा व्यवहार उतना विचित्र न लगे। यह मुझे भारत में आने के एक घण्टे के भीतर ही प्रतीत हो गया, जब मेरा वीज़ा जाँचने वाले प्रवास विभाग के अफ़सर ने मुझसे पुछा कि आख़िर क्यों मैं लाइन में अपने आगे खड़े व्यक्ति से, जो न्यूयॉर्क से आया एक तबलावादक था, यूँ सरलता से बात कर रही थी? उसका यह टोकना बिल्कुल उसकी ख़ाकी वर्दी जैसा कड़क था। वह मुझे इस बात के लिए डाँट रहा था कि मैं एक अजनबी के साथ इतना खुलकर और इतनी अनौपचारिकता से क्यों बात कर रही थी। जवाब में मैंने उस अफ़सर से पलटकर ये नहीं पूछा कि उसका इससे क्या लेना-देना? न ही मैंने किसी से भी सरलता से बात करने का अपना अधिकार जताया। मैंने बस इतना ही कहा कि, ''आई एम अमैरिकन।''

हो सकता है कि मेरी वाणी में हल्का-सा रोष, हल्का-सा ग़ुरूर हो, क्योंकि उसने भी मुझसे दोषी करार देने वाले स्वर में बात की थी। चूँकि मेरे अमरीकी होने का प्रमाण-पत्र उसकी मुट्ठी में था, इसलिए शायद ये कहना आवश्यक

भी न था, पर मेरा यह उत्तर एक तरह से उसे समझाना ही था। मेरे लिये यह आवश्यक था कि मेरे त्वचा के रंग को वह उसके परिवेश में समझे। इस पूरे प्रक्रम में, मैंने शायद अपनी पहचान की इतनी सहजता और इतने आत्मविश्वास से पुष्टि की थी कि जितनी कभी स्वयं अमरीका में न की होगी– और ये मैंने ठीक उसी देश के दरवाज़े पर आकर किया, जिसने मेरे अपने ही ख़यालों में मुझे कई पीढ़ियों और कई मीलों की दूरी से गठित किया था। क्या ये सम्भव था कि बाज़ीगर के इस उत्प्रवास की पेटी ने मुझे आजाद भी किया और दो हिस्सों में काट के भी रख दिया? क्या गुयाना छोड़ना औरत होने के लिहाज़ से मेरी मुक्ति थी? क्या ये सम्भव था कि भारत छोड़ने से यही मुक्ति मेरी परदादी को एक सदी पूर्व हासिल हुई थी?

अनुवाद : नेहा जैन

पारिभाषिक शब्दावली

उत्खनन और स्मरण करना

वाल्टर बेंयामिन

Source : Walter Benjamin Ausgraben and Erinnern

जर्मन	हिन्दी	अंग्रेज़ी
Ausgraben: Die Verwendung dieses Begriffs im Zusammenhang mit dem Erinnern deutet darauf hin, dass der sich Erinnernde versucht etwas zu finden, das unter vielen anderen Dingen versteckt liegt. Um dieses Versteckte bzw. Vergrabene freizulegen, muss er durch viele andere Erinnerungsschichten wühlen, weshalb er auch viel Unerwartetes entdeckt. Ferner wird durch die Verwendung dieses Begriffs betont, dass Erinnerungen nicht bloß als Bericht über die Vergangenheit betrachtet werden dürfen, denn der Ausgangspunkt des Erinnerns liegt in der Gegenwart des sich Erinnernden.	**उत्खनन :** स्मरण करने के कार्य की तुलना उत्खनन से कर के बेंजामिन इस ओर इशारा करते हैं कि किसी भी! भूली-बिसरी दबी हुई स्मृति को खोद कर निकालने के लिए कई अन्य स्मृतियों से होकर गुज़रना पड़ता है। इस प्रक्रिया में स्मरण करने वाले को ऐसा भी बहुत कुछ मिलता है जिसकी उसने अपेक्षा नहीं की होती। इसके अलावा जैसे पुरातत्वविद के लिए वर्तमान की मिट्‌टी की परत में वे चिन्ह दिखा पाना ज़रूरी है जिनसे उसे खुदाई करने की प्रेरणा मिली, उसी पकार स्मरण करने वाले के लिए भी ज़रूरी है कि वह न सिर्फ अपनी स्मृति को अतीत के ब्यौरे के रूप में प्रस्तुत करे, बल्कि वर्तमान में पाए गए अतीत के सुराग पर भी ग़ौर करे।	excavation:By using the analogy of excavating, Benjamin draws attention to the fact that each memory unearthed entails digging through several others. For Benjamin, authentic memories are not merely an account of the past. Instead, they must be contextualised with reference to the here and now of the one who remembers.
rhapsodisch : Die Konnotation des Begriffs, 'rhapsodisch' ist in diesem Zusammenhang stark im	**भावनात्मक :** इस सन्दर्भ में 'भावनात्मक' का प्रयोग 'वर्णनात्मक' के विलोम के रूप	**rhapsodic :** The act of remembering is rhapsodic (as opposed to epic) when it is spontaneous, unplanned

Sinne einer spontanen, impulsiven und emotionalen Erinnerung geprägt. Insofern wird es hier im Gegensatz zu‚episch' verwendet.	में किया गया है। भावनात्मक स्मृति से तात्पर्य है कि स्मरण का कार्य पूर्व चिन्तन के बिना, अनायास और भावुकता से किया गया है।	and unstructured, similar to an archaeologist making a chance discovery merely by following his instincts.
Medium : Als Medium für die Erkundung des Vergangenen fördert das Gedächtnis das Verständnis des Vergangenen, ebenso wie man beispielsweise durch Worte oder Kunstwerke ein tieferes Verständnis eines Gedankens gewinnen kann. In beiden Fällen erleichtert das Medium den Prozess des Verstehens, ist aber kein unverzichtbares Instrument dafür.	**माध्यम** : स्मरण शक्ति अतीत की घटनाओं का भंडार नहीं, बल्कि अतीत को समझने का माध्यम है। यह मात्र अतीत तक पहुँचने के मार्ग को सुगम बनाती है, जैसे शब्दों या कला के माध्यम से किसी विचार की अभिव्यक्ति आसान बन जाती है।	**medium :** Memory is not a storehouse of past events. Instead it is a method or way of exploring the past. It facilitates access to the past in the same way that words or artworks facilitate the expression or communication of a thought or idea.
Instrument : Im Gegensatz zu einem Werkzeug, das benutzt werden muss, um eine bestimmte Tätigkeit auszuführen wie z.B. einem Musikinstrument oder einem medizinischen Instrument, ist das Gedächtnis kein unverzichtbares Instrument für die Erkundung des Vergangenen, sondern bloß ein Medium.	**साधन** : संगीत के लिए अत्यावश्यक वाद्य यन्त्र या शल्य चिकित्सा के लिए ज़रूरी उपकरण के विपरीत स्मरण शक्ति अतीत को समझने के लिए अपरिहार्य साधन या उपकरण नहीं, बल्कि सिर्फ़ एक माध्यम है।	**instrument :** Memory is not an indispensable instrument or a necessary tool for exploring the past, unlike a musical instrument without which no music can be performed, or a mechanical tool which is necessary to perform a particular activity.
episch : Die Konnotation des Begriffs‚ episch'ist in diesem Zusammenhang stark im Sinne einer erzählerischen, strukturierten, berichtenden und sachlichen Erinnerung geprägt. Insofern wird es hier im Gegensatz zu‚ rhapsodisch' verwendet.	**वर्णनात्मक** : इस सन्दर्भ में 'वर्णनात्मक' का प्रयोग 'भावनात्मक' के विलोम के रूप में किया गया है। वर्णनात्मक स्मृति से तात्पर्य है कि स्मरण का कार्य योजनाबद्ध तरीके से किया गया है और इसका प्रमुख उद्देश्य किसी घटना, व्यक्ति या अनुभूति आदि का तथ्यात्मक (अर्थात तटस्थ और निष्पक्ष) वर्णन करना है।	**epic :** A memory is epic (as opposed to rhapsodic) when it performs a narrative function, i.e. it aims to factually and objectively relate or document something about the past which is discovered in a consciously planned and structured process of remembering.

अनुवाद : अनु पाण्डे

सामूहिक प्रभावों की सीमा पर व्यक्तिगत स्मृति

मौरिस हालब्वॉक्स

Sources : Halbwachs Maurice, Les Cadres sociaux de la mémoire, PUF, Paris, 1925

Halbwachs Maurice, La Mémoire Collective, PUF, Paris, 1950

Halbwachs Maurice, On Collective Memory, (translated from French by Lewis A.Coser), The University of Chicago Press, 1992

फ्रेंच	हिन्दी	अंग्रेज़ी
Mémoire collective De manière générale, le terme mémoire collective, renvoie aux souvenirs partagés au sein d'une collectivité territoriale ou aux représentations psychologiques du passé d'un groupe partagées au sein de celui-ci. Maurice Halbwachs, sociologue et philosophe français, qui était une des premières personnes à étudier et théoriser la mémoire, avait lancé les travaux sur la mémoire collective. Selon Halbwachs la mémoire ne dépend guère de la dimension individuelle. Elle dépend toujours des structures sociales. Ainsi, mV~Vme la mémoire la plus personnelle fait partie de la mémoire collective, c'est un phénomène collectif. La Mémoire Collective est une sorte de mémoire qui est partagée par les membres d'un groupe social. Par le biais de la MémoireCollective, un membre de la société pourrait se souvenir d'un événement important, mV~Vme s'il n'y a pas assisté. La Mémoire Collective dit aux membres	**सामुहिक स्मृति सामुहिक स्मरण/समूह की यादें** विस्तृत तौर से बोलते हुए यह कहा जाता है कि सामूहिक स्मृति वो स्मृति होती हैं जो प्रादेशिक समाज के साथ सांझी होती हैं या किसी समूह के सदस्यों द्वारा भूतकाल की अनुभूतियों का मनोवैज्ञानिक निरूपण होती है। फ्रेंच समाजशास्त्री और दार्शनिक मौरिस हाल्ब्वाक्स वह पहले व्यक्ति थे जिन्होंने सामूहिक स्मृतियों का अध्ययन आरम्भ किया और इनके सिद्धाँतों पर कार्य किया। हाल्ब्वाक्स के अनुसार स्मृतियाँ किसी एक व्यक्ति के अनुभव पर निर्भर नहीं करती है। वह हमेशा सामाजिक संरचना पर निर्भर करती हैं। इसीलिए विशेष व्यक्तिगत स्मृतियाँ सामूहिक स्मृतियों का हिस्सा होती हैं। यह एक सामूहिक तथ्य है। सामूहिक स्मृतियाँ उस वर्ग की स्मृतियाँ हैं जो एक सामाजिक समूह के द्वारा सांझा की जाती हैं। इन सामूहिक स्मृतियों के द्वारा समाज का कोई एक सदस्य उन स्मृतियों को याद	**Collective Memory** Broadly speaking, the term Collective Memory refers to memories shared by a territorial community or to the psychological representations of the past of a group shared by its members. Studies on Collective Memory were launched by French sociologist and philosopher Maurice Halbwachs who was one of the first persons to study and theorise Memory. According to Halbwachs, Memory hardly depends on its individual dimension. It always depends on social structures. Hence, even the most personal memories are a part of Collective Memory, it's a collective phenomenon. Collective Memory is a type of memory that is shared by members of a social group. Through Collective Memory, a member of society can recall and re-experience an important event that he did not himself take part in. Collective Memory does not only tell members

de la société non seulement ce dont ils se souviennent mais aussi comment se souvenir des divers événements de l'Histoire d'un groupe social.	करता है या अनुभव करता है जिसमें उसने खुद हिस्सा नहीं लिया होता! सामूहिक स्मृतियाँ एक समूह के सदस्यों को सिर्फ़ यह ही नहीं बतातीं की उनको क्या याद है परन्तु उनको यह भी बताती हैं कि जो घटनाएँ भूतकाल में घटित हुई हैं उनका स्मरण किस प्रकार से किया जाए।	of a society what they remember but also how to remember and comprehend various events in the history of social group.
Mémoire Individuelle Selon Halbwachs, les mémoires individuelles pures n'existent pas. Chaque mémoire individuelle est un point de vue sur la Mémoire Collective. La mémoire collective n'évoque point une entité qui dépasse l'individu et le sépare de sa mémoire organique ou sa mémoire individuelle. En fait, les mémoires collective et individuelle sont interdépendantes. On peut donc dire que l'individu se souvient du passé en se plaçant dans la perspective du groupe.	**व्यक्तिगत स्मृति/स्मरण** हालब्वक्स के अनुसार, शुद्ध व्यक्तिगत स्मृतियाँ होती ही नहीं हैं। हर व्यक्तिगत स्मृति सामूहिक स्मृति को देखने का एक ढंग है। सामूहिक स्मृति कभी भी किसी ऐसी व्यक्तिगत स्मृति का अतिक्रमण नहीं करती है जो किसी भी व्यक्ति को उसकी व्यक्तिगत स्मृति से अलग कर दे। वास्तव में सामूहिक स्मृतियाँ और व्यक्तिगत स्मृतियाँ स्वतन्त्र होती हैं। इसलिए हम कह सकते हैं कि कोई व्यक्ति अपने भूतकाल की स्मृतियों को अपने समूह के सन्दर्भ में याद करता है।	**Individual Memory** According to Halbwachs, pure individual memories do not exist. Every individual memory is a view point on Collective Memory. Collective Memory does not at all evoke an entity that surpasses the individual and separate him from his organic or his individual memory. In fact, Collective and Individual Memories are interdependent. So, one can say that an individual recalls his past by placing himself in his group's perspective.
Souvenirs	**स्मृतियाँ**	**Memories/ Remembrances**
Cadres sociaux de la mémoire	**स्मृति के सामाजिक ढाँचे**	**Social frameworks of memory**
Group social	**सामाजिक समूह**	**Social group**
L'individu évoque ses souvenirs en s'aidant des cadres de la mémoire sociale. En d'autres termes les divers groupes en lesquels se	कोई भी व्यक्ति अपने भूतकाल को सामाजिक स्मृति के ढाँचे की मदद से याद करता है। या दूसरे शब्दों में, अलग-अलग	An individual recalls his past with the help of frameworks of social memory. In other words, different social groups

décompose la société sont capables à chaque instant de reconstruire leur passé. Mais, nous l'avons vu, le plus souvent, en mV~Vme temps qu'ils le reconstruisent, ils le déforment. Certes, il y a bien des faits, bien des détails de certains faits, que l'individu oublierait, si les autres n'en gardaient point le souvenir pour lui. Mais, d'autre part la société ne peut vivre que si, entre les individus et les groupes qui la composent, il existe une suffisante unité de vues. La multiplicité des groupes humains et leur diversité résultent d'un accroissement des besoins aussi bien que des facultés intellectuelles et organisatrices de la société. Elle s'accommode de ces conditions, comme elle doit s'accommoder de la durée limitée de la vie individuelle. Il n'en est pas moins vrai que la nécessité où sont les hommes de s'enfermer dans des groupes limités, famille, groupe religieux, classe sociale (pour ne parler que de ceux-ci), bien que moins inéluctable et moins fatale que la nécessité d'V~Vtre enfermé dans une durée de vie déterminée, s'oppose au besoin social d'unité, au mV~Vme titre que celle-ci au besoin social de continuité. C'est pourquoi la société tend à écarter de sa mémoire tout ce qui pourrait séparer les individus, éloigner les groupes les uns des autres, et qu'à chaque époque elle remanie ses souvenirs de manière à les mettre en accord avec les

सामाजिक समूह जो समाज की रचना करते हैं, वह किसी भी समय अपने भूतकाल को जीवित करने में समर्थ होते हैं। परन्तु हमने यह भी देखा है कि इस तरह भूतकाल का नवनिर्माण करने में विकृतियाँ भी आ सकती हैं। एक तरफ एक व्यक्ति बहुत सारी सच्चाइयाँ और उनका विवरण भूल जाता है, यदि उसको कोई याद नहीं दिलाय तो! परन्तु दूसरी तरफ समाज तभी चल सकता है जब व्यक्तियों और समूहों में, वस्तुओं को देखने के ढंग में काफी हद तक सहमति हो! समाज में मांग, बौद्धिक स्तर और संस्थाओं के विकास के बढ़ने से मानव समूहों में एकता और विविधता उत्पन्न होती है। वह उन स्थितियों के अभयस्त हो जाते हैं। जैसे वह संक्षिप्त मानव जीवन के अभ्यस्त होते हैं। जबकि मनुष्य की अपनी ज़रूरत स्वयं को सीमित समूहों जैसे कि परिवार, धार्मिक समूह, सामाजिक वर्ग इत्यादि में बाँधने की, इससे ज़्यादा आसानी से नज़रंदाज़ करी जा सकती है और इससे काम घातक होती है। परन्तु यह ज़रूरत उसकी सामान्य दृष्टिकोण या एक मत से वस्तुओं को देखने के ढंग एवं निरन्तरता जैसी सामूहिक आवश्यकताओं के विपरीत होती है। जिन कारणों से व्यक्ति, समाज और समूह एक दूसरे से अलग होते हैं, उनको

that make the society are capable of reconstructing their past at any given moment. But, we have seen very often that this reconstruction of the past by social groups also leads to its simultaneous deformation. On one hand, an individual would certainly forget many facts and their details if others don't remind him of these facts. And yet, on the other hand, a society can survive only if there is sufficient agreement in the way of looking at things, between individuals and groups that compose the society. An increase in demands as well as in intellectual and organisational faculties of the society results in multiplicity and diversity of human groups. It gets used to these conditions just as it get used to the limited span of individual human life. However, although human being's necessity to confine himself to limited groups, family, religious groups, social class (to say the least), is more avoidable and less fatal than the necessity to be confined to a determined life span, it contradicts the social need for unity of vision just like it contradicts the social need of continuity. This is why the society tends to erase from its memory all that could separate individuals, distance groups from one another, and in every epoch, rearranges its

conditions variables de son équilibre. (Halbwachs Maurice, Les Cadres sociaux de la mémoire, PUF, Paris, 1925)	समाज अपनी स्मृतियों से भुलाने का प्रयत्न करता है और हर युग में स्मृतियों का इस तरह पुनर्गठन करता है जोकि बदलती स्थितियों को संतुलित करती हैं।	memories in a way that they fall in accordance with the variable conditions of its equilibrium.

अनुवाद : पल्लवी बरारा

गाज़ा से वॉरसॉ तक : बहुदिशात्मक स्मृति का मानचित्रण

माइकल रोथबर्ग

Source : Michael Rothberg from Gaza to Warsaw. Mapping Multidirectional memory. In : Criticism : A Quaterly for Literature & Arts. Vol. 53, No. 4, 2011

अंग्रेज़ी	हिन्दी
Reifying tendencies: This refers to the tendency to reduce something abstract and immaterial to a concrete and material form in order to render a simplified representation. Rothberg uses the term to imply that the dominant political system depersonalizes and simplifies different forms of domination by fusing them into one, a fallacy mirrored by Robinson when he states that Gaza is Israel's Warsaw.	**अमूर्त को मूर्त रूप देकर सरल बनाने की प्रवृत्ति :** किसी निराकार विचार या तथ्य को ठोस, मूर्त रूप देकर उसे आसान बनाने की प्रवृत्ति रोथबर्ग के अनुसार राजनीति में अक्सर प्रभुत्व के विभिन्न प्रकारों को आसान बना कर एक ठोस रूप में प्रस्तुत किया जाता है, जिसके लिए प्रत्येक प्रकार की विशिष्ठता को नज़रअन्दाज़ किया जाता है। रॉबिन्सन भी यही ग़लती करते हैं जब वे कहते हैं कि ग़ाज़ा इज़राइल का वॉरसॉ है।
Industrialized genocide: This term refers to the genocide of European Jews in the Holocaust, when the Nazis carried out a planned, systematic, and highly organized genocide of European Jews on an industrial scale.	**औद्योगिक नरसंहार :** इसका तात्पर्य होलोकॉस्ट के दौरान नाज़ियों द्वारा औद्योगिक स्तर पर यूरोपीय यहूदियों के योजनाबद्ध, सुव्यवस्थित और कुशलता से किये गए नरसंहार से है।
Zionist legitimation: legitimation for Zionism, a Jewish nationalist movement started in the 1890s which aimed to create and support a Jewish national state in Palestine, and now supports the modern state of Israel.	**ज़ियोनवाद के औचित्य को सिद्ध करना :** 1890 के दशक में शुरू हुए यहूदी राष्ट्रवादी आन्दोलन ज़ियोनवाद को ज़रूरी और वैध बताना, जिसका लक्ष्य फिलिस्तीन में एक अलग यहूदी राष्ट्र की स्थापना था, और अब इज़राइली नीतियों का समर्थन है।

differend : French poststructuralist philosopher Jean-François Lyotard uses this concept to analyze how injustices take place in language. A differend is a dispute – a double bind - which cannot be equitably resolved because there is no rule of judgment applicable and acceptable to both parties. An example Lyotard quotes is the refusal of revisionist historians to accept as proof of the existence of gas chambers anything but testimony from eyewitnesses who were victims of the gas chambers. Their demand cannot be satisfied because no eyewitnesses survived the gas chambers. Similarly, language may lack expressions to denote certain acts of injustice, because of which such acts may not be recognized as injustices at all.	**डिफरेन्ड :** फ्रांसीसी पोस्टस्ट्रक्चरलिस्ट दार्शनिक ल्योतार इस शब्द के माध्यम से दर्शाते हैं कि भाषा में अन्याय कैसे होता है। डिफरेन्ड एक ऐसा विवाद है जिसे हल नहीं किया जा सकता क्योंकि ऐसा कोई कानून या नियम उपलब्ध नहीं जो दोनों पक्षों पर लागू किया जा सके और दोनों को स्वीकार्य हो। इसका एक उदाहरण संशोधनवादी इतिहासकारों का कथन है कि गैस चेम्बर्स के अस्तित्व के प्रमाण के रूप में सिर्फ उन प्रत्यक्षदर्शियों की गवाही स्वीकृत होगी जो स्वयं गैस चैंबर के शिकार थे। उनकी मांग को पूरा नहीं किया जा सकता क्योंकि कोई भी प्रत्यक्षदर्शी गैस चेम्बर से जीवित बाहर नहीं आ पाया था। इसी तरह भाषा में अन्याय के कुछ कृत्यों को दर्शाने के लिए शब्द उपलब्ध नहीं होते जिसकी वजह से ऐसे कृत्यों को अन्याय के रूप में स्वीकारा नहीं जाता।
Distribution of the sensible : a concept proposed by the French philosopher Jacques Rancière to denote a system that determines the way in which something in common lends itself to participation and in what way various individuals can have a share in what is common to the community based, firstly, on what they do and, secondly, on the time and space in which this activity is performed. In addition, it defines what is visible or not in a common space.	**डिस्ट्रीब्यूशन ऑफ़ द सेंसिबल :** फ्रांसीसी दार्शनिक जैक रौन्सियर द्वारा प्रस्तावित संकल्पना जो उस प्रणाली को दर्शाती है जिसके द्वारा निर्धारित किया जाता है कि कैसे कोई साझा चीज़ भागीदारी के लिए उपलब्ध बनायी जाती है और उसमें किसका कितना हिस्सा होना चाहिए। इसका फ़ैसला करने के लिए देखा जाता है कि कौन क्या, कब और कहाँ करता है। इसके अलावा यह प्रणाली यह भी तय करती है कि किसी साझा स्थान में क्या दिखायी देता है और क्या अदृश्य रह जाता है।
Transcultural negotiations : here, a discussion about Holocaust memory which involves, encompasses or extends across two or more cultures.	**परासांस्कृतिक विवेचन :** यहूदी नरसंहार की स्मृति पर ऐसी चर्चा जो सांस्कृतिक सीमाओं तक सीमित न हो, अर्थात् जिसमें दो या उससे ज़्यादा संस्कृतियों के दृष्टिकोण शामिल हों।
Identity politics : The term denotes a political approach in which people who share a particular identity (racial, ethnic, religious, sexual, social, cultural or other) form exclusive political alliances, prioritizing the concerns most relevant to their particular shared identity.	**पहचान पर आधारित राजनीति :** एक राजनैतिक दृष्टिकोण, जिसमें एक विशेष पहचान (जातीय, धार्मिक, लैंगिक, सामाजिक, सांस्कृतिक या अन्य) रखने वाले लोग साथ मिलकर ऐसा विशिष्ट राजनैतिक गठबन्धन बनाते हैं, जिसके माध्यम से उनकी साझा पहचान से जुड़े ख़ास मामलों को प्राथमिकता दी जा सके।

Affective transfer : The underlying affective experience of feeling, emotion or mood is transferred when a new event matches an existing schema.	**भावात्मक स्थानान्तरण :** जब कोई नयी घटना किसी पहले से मौजूद घटना से मेल खाती है तो पहली घटना से जुड़े या उसके फलस्वरूप उस घटना को देखने वालों में उत्पन्न होने वाले भावों और अनुभूतियों का स्थानान्तरण स्वतः दूसरी घटना में हो जाता है।
Zero-sum game : In game theory and economic theory, this term denotes a situation in which one person or group's gain is only rendered possible by another person or group sustaining equivalent losses. Rothberg uses this term to denote the logic of competitive memory: emphasis on one trauma is commonly understood as reducing the importance of other traumas.	**शून्य-राशि का तर्क :** रोथबर्ग के अनुसार सार्व. जनिक स्मरण के क्षेत्र में साधारणतः यह तर्क दिखता है इसके अनुसार किसी एक त्रासदी को अधिक महत्त्व देने का अर्थ अन्य त्रासदियों को कम महत्त्वपूर्ण मानना होता है।
depropriative, transformative work of memory : a work of memory which does not use analogy to appropriate a past suffering and transfer it onto one set of current victims, such as when Robinson states that Gaza is Israel's Warsaw. In contrast, Schechner shows how analogy can also lead to a transformation in our understanding of both histories, and enable us to appreciate the suffering of both sets of victims.	**स्मृति का ऐसा परिवर्तनकारी कार्य जो हड़पने की रणनीति पर न आधारित हो :** जब सादृश्य का उपयोग किसी पुरानी त्रासदी की पीड़ा को हड़पने और इसे वर्तमान के किन्हीं अन्य पीड़ितों पर हस्तान्तरित करने के लिए नहीं किया जाता, जैसे कि तब रॉबिन्सन कहते हैं कि गाज़ा इज़राइल का वॉरसॉ है। इसके विपरीत, शेषनर दिखाते हैं कि कैसे सादृश्य दोनों इतिहासों की हमारी समझ में परिवर्तन ला सकता है, और हमें पीड़ितों के दोनों गुटों की पीड़ा को देखने में सक्षम बनाता है।
Discursive sacralization of the Holocaust : Discourses of the Holocaust often imbue it with a sacred, dogmatic character, presenting its uniqueness as inviolable, an established fact which is beyond all question.	**होलोकॉस्ट को किसी पवित्र, अनुल्लंघनीय धार्मिक सिद्धान्त के रूप में देखना :** होलोकॉस्ट से जुड़े संवादों में अक्सर होलोकॉस्ट को ग़ैर-मामूली और निर्विवाद त्रासदी के रूप में ऐसी कट्टरता से प्रस्तुत किया जाता है कि उसकी विशिष्टता के बारे में कोई भी प्रश्न उठाने की संभावना नहीं रहती।

अनुवाद : अनु पाण्डे

स्मृति और राजनीतिक संक्रमण का दौर (भूमिका)

अलाइडा आसमान तथा लिंडा शोर्ट

(A)

Source : Aleida Assmann & Linda Shortt, Memory & Political change : Introduction In : Memory and Political Change. Edited by Aleida Assmann & Linda Shortt, 2012, Palgrave Macmillan.

अंग्रेज़ी	हिन्दी	पारिभाषिक शब्द का मूल भाषा स्रोत एवं टिप्पणी
Life-world : means "all the immediate experiences, activities, and contacts that make up the world of an individual or corporate life."[1]	**जीवन-संसार :** इस शब्द का तात्पर्य उन सभी प्रत्यक्ष अनुभवों, क्रियाकलापों और सम्बन्धों से है जो व्यक्ति के संसार का गठन करते हैं।	**Lebenswelt :** हिन्दी भाषा में इस जर्मन शब्द के शाब्दिक अनुवाद को जैसे कि अंग्रेज़ी भाषा ने अपनाया है। प्रयुक्त किया जा सकता है जो हिन्दी में इसकी परिभाषा को और अधिक वृहत रूप प्रदान करेगा। सर्वप्रथम एडमुंड हुसेर्ल ने घटना क्रिया शास्त्र या प्रतिभा संवाद के सन्दर्भ में जीवन संसार का प्रयोग किया है। इस पारिभाषिक शब्द पर अन्य जर्मन विद्वानों जैसे मार्टिन हैडेगर, युरगेन हाबरमास ने भी प्रकाश डाला है।
'Five Germanies'	**'पाँच जर्मनी'**	**Fünf Deutschland :** यह पारिभाषिक शब्द इतिहासकार फ्रिट्ज स्टेर्न की पुस्तक *Fünf Deutschland und ein Leben : Erinnerungen* से लिया गया है जिसमें वे पाँच प्रकार की जर्मनी (वाईमर गणराज्य जर्मनी, नाज़ी जर्मनी, विभाजित पूर्वी और पश्चिमी जर्मनी तथा एकीकृत जर्मनी) के अपने अनुभवों को रेखांकित करते हैं।
Period of latency : The events of violent past in a society can be addressed	**प्रसुप्ति काल :** प्रसुप्ति काल का तात्पर्य उस समय से है जिसे एक समाज अपने अतीत की	

only after a certain period of time has passed. During this period memories can be reconstructed, consolidated and evolved.	हिंसक घटनाओं पर चर्चा करने से पहले गुज़ारना पड़ता है। इस समयावधि में स्मृति पुनर्निर्मित, संघटित और विकसित हो सकती है।	
Apartheid : According to Oxford dictionary Apart-heid was (in South Africa) a policy or system of seg-regation or discrimination on grounds of race.	**रंग भेद नीति :** दक्षिण अफ्रीका में नस्ल के आधार पर भेद. भाव और अलगाव करने की व्यवस्था या नीति।	
Belatedness : In psychoanalysis the concept of belatedness was originally introduced by Sigmund Freud.[2] The concept used in this text describes that when a person recalls something from her/his own past, then s/he, while remembering, has already gone through an act of interpretation, therefore this recalling is actually reinterpretation of the past.	**विलम्बितता :** मनोविश्लेषण के सिद्धान्त में 'विलम्बितता' की अवधारणा सिग्मुंड फ्रायड ने प्रस्तुत की थी। स्मृति के सम्बन्ध में इस शब्द का तात्पर्य है कि जब व्यक्ति अपने अतीत को याद करता है तब वह अतीत की घटनाओं की पुनर्व्याख्या की प्रक्रिया से गुज. रता है अर्थात् यह स्मृति वास्तव में अतीत की पुनर्व्याख्या है।	**Nachträglichkeit :** यह शब्द जर्मन भाषा के 'Nachträglichkeit' से लिया गया है जिसका अंग्रेज़ी भाषा में भिन्न-भिन्न तरीके से ('belatedness' and 'afterwardness', deferred action, retroaction) अनुवाद किया गया है। फ्रायड ने यह शब्द अभिघातज अनुभवों के सन्दर्भ में भी प्रयुक्त किया है। जिनके अनुसार बाल्यकाल का कोई कठोर अनुभव एक निश्चित आयु के बाद पुनः स्मृति में आता है। यह अनुभव किसी समरूप घटना की वजह से सक्रिय हो सकता है और व्यक्ति पर उसका असर वास्तविक अनुभव से अधिक तीव्र होता है क्योंकि उम्र के बढ़ने के साथ-साथ अनुभव करने की क्षमता भी विकसित होती है। जो उस घटना के वर्तमान अनुभव पर प्रभाव डालती है। फ्रायड ने इस शब्द का प्रयोग अपने विभिन्न लेखों में किया है।

Plasticity of memory : According to Neuroplasticity research the human brain has the capacity to change and grow throughout a lifetime and our experiences can cause change in the structure of our brain. Because of this plasticity, as mentioned in the present text, memory also keeps changing with our experiences all the time. Therefore the reliability of memory is questioned.	**स्मृति का लचीलापन :** न्यूरोप्लास्टिसिटी के अनुसार हमारा मस्तिष्क जीवनभर बदलता और विकसित होता रहता है और हमारे अनुभव इसकी संरचना में परिवर्तन ला सकते हैं। इस कारण स्मृति भी हर पल हमारे अनुभवों के साथ साथ बदलती रहती है। स्मृति का यही लचीलापन उसकी विश्वसनीयता पर सवालिया निशान खड़ा करता है।	
Transition : Apart from the literal meaning 'the process or a period of changing from one state or condition to another' the term 'Transition' is used in the text in its broader sense, as the modernised and globalized world is undergoing many changes and it includes not only the negative change e.g. any crisis, but also notifies the positive transformations which includes reconciliation with the past and hope for better tomorrow.	**संक्रमण का दौर :** से तात्पर्य यहाँ इसके शाब्दिक अर्थ 'एक अवस्था या स्थिति से दूसरी में बदलने की एक अवधि या प्रक्रिया' के अतिरिक्त उन बदलावों से है जिनके माध्यम से इस वैश्वीकरण एवं आधुनिकीकरण के दौर में सम्पूर्ण विश्व गुज़र रहा है। इसमें न केवल नकारात्मक बदलाव जैसे किसी प्रकार का संकटकाल शामिल है बल्कि सकारात्मक परिवर्तन भी सम्मिलित हैं जैसे अपने अतीत से सामंजस्य स्थापित करना और एक बेहतर कल की उम्मीद करना।	
Transitional justice : "Transitional justice describes a field of international law which is concerned with the question how to confront a situation of past large-scale human rights violations and humanitarian abuses in a period of transition to peace and democracy."[3]	**संक्रमणकालीन न्याय :** संक्रमणकालीन न्याय अन्तर्राष्ट्रीय कानून के अधिकार क्षेत्र में आता है जिसका मकसद इस सवाल का हल खोजना है कि कैसे शान्ति और लोकतन्त्र में तबदीली की प्रक्रिया में अतीत में बड़े पैमाने पर हुए मानवाधिकारों के उल्लंघन और मानवीय अत्याचारों से सामना किया जाये।	

Truth Commission or Truth and Reconciliation Commission : was first established by the South African government in 1995. According to Freeman4 "An ad hoc, autonomous, and victim-centred commission of inquiry set up in and authorized by a state for the primary purposes of (1) investigating and reporting on the principal causes and consequences of broad and relatively recent patterns of severe violence or repression that occurred in the state during determinate periods of abusive rule or conflict, and (2) making recommendations for their redress and future prevention."[4] In present time truth commissions are set up by different countries with different names like Lessons Learnt and Reconciliation Commission in Sri Lanka, War Crimes Fact Finding Committee in Bangladesh etc.	**सत्य एवं सुलह आयोग :** की स्थापना सर्वप्रथम दक्षिण अफ्रीका में हुए अत्याचारों की छानबीन करने के लिए 1995 में की गई। फ्रीमैन के अनुसार "सत्य एवं सुलह आयोग एक अस्थायी, स्वायत्त और पीड़ित केन्द्रित राज्य द्वारा अधिकृत आयोग है जिसका मुख्य उद्देश्य (1) किसी निर्धारित समय में अत्याचारी शासन या संघर्ष के दौरान हुई हिंसा और दमन के मुख्य कारणों और परिणामों की जाँच पड़ताल करना और उन पर रिपोर्ट तैयार करना है तथा (2) इनके प्रतिकार और भावी रोकथाम के लिए सिफारिशें देना है।"	

(B)

स्मृति के प्रकार	**Types of memory**
अनौपचारिक स्मृति	**Unofficial memory**
अल्प-कालिक स्मृति : सूचनाओं को अल्प समय के लिए ही रख पाती है।	**Short term memory :** Temporary memory store that holds limited amount of information for a short period of time
एम्बोडीड स्मृति : जब याद करने की प्रक्रिया में शारीरिक प्रतिक्रियाएँ, जैसे हसना, दिल की धड़कन का बढ़ना आदि शामिल हो।	**Embodied memory :** are the memories which include somatic markers, increased heartbeat, smile etc., in the process of recalling something.

औपचारिक स्मृति	Official memory
काउंटर मैमरी : जेम्स इ. यंग अपने लेख में काउंटर मैमरी को "काउंटर मोनुमेंटस" के उदाहरण के ज़रिये समझाते हैं और कहते हैं कि ऐतिहासिक स्मारकों की मरम्मत कर उन्हें वापस पहले जैसा बना देना उस स्मारक से जुड़े इतिहास को विस्मरण की तरफ ले जाना होगा अर्थात् हमें उन्हें स्मृति में बनाये रखने कुछ रचनात्मक ढंग से उनके शिल्प की रचना करनी होगी।	**Counter-Memory :** James E. Young has explained the concept of Counter-Memory through the example of "counter-monuments." He is arguing that instead of reducing a memorial just a piece of exhibition just to console the viewer, one has to design them in such a way, not conforming the conventional methods, that people can remember them in their real sense.
कोल्ड मैमरी : इतिहास के कुछ पहलुओं को निरन्तर सवाल न किये जाने पर वे चिन्तन की मुख्य धारा से अलग हो जाते हैं।	**Cold memory :** when some incidents of the past are not constantly questioned, then they turn towards cold form of memory, e.g. the atrocities done by communist regimes of the world.[6]
दीर्घ-कालिक स्मृति : अनेकों सूचनाओं को लम्बे समय तक संगृहीत करके रखती है।	**Long term memory :** Permanent store holding unlimited amounts of information for long periods
निजी स्मृति	**Private memory**
प्रोस्थेटिक स्मृति : स्मृतियाँ जो अनुभवों से संचित होने के बजाय किसी सांस्कृतिक कृति जैसे फिल्म द्वारा निर्मित होती है।	Prosthetic memory : Memories which come to existence through cultural works, especially films. They are not experienced or organic.
वैश्विक स्मृति	**Global memory**
स्थानीय स्मृति	**Local memory**
सामूहिक स्मृति : इस स्मृति का निर्माण उन परम्पराओं, रीतियों, संकेतों आदि पर आधारित है जो एक समूह के सदस्यों को आपस में जोड़कर रखते हैं।	**Collective memory :** A social group constructs its identity based on narratives, traditions, symbols, and images etc. that bind the members of the group together.
सार्वजनिक स्मृति	**Public memory**
हॉट मैमरी : अतीत को निरन्तर सवाल करते हुए हमें व्यस्त रखती है।	**Hot memory :** is memory which keeps us engaged all the time by constantly questioning the past.[7]
क्षणिक स्मृति	Ephemeral or transient memory

सन्दर्भ-सूची

1. https://en.oxforddictionaries.com/definition/lifeworld

2. Freud, S. (1895d): Studien über Hysterie. In: GW I, 75 – 312.; Freud, S. (1905d): Drei Abhandlungen zur Sexualtheorie. In: GW V, 33 – 145. ; Freud, S. (1909b): Analyse der Phobie eines fünfjährigen Knaben. In: GW VII, 241 – 377. ; Freud, S. (1914b): Der Moses des Michelangelo. In: GW X, 172 – 201.

3. Seibert-Fohr, Anja: Transitional Justice in Post-Conflict Situations. In: Wolfrum, Rüdiger (Ed.): Max Planck Encyclopedia of Public International Law. Oxford 2012, at para 1

4. Freeman, M. (2006). Truth Commissions and Procedural Fairness (1st ed.). New York: Cambridge University Press

5. http://partizaning.org/wp-content/uploads/2014/01/Memory-and-Counter-Memory.pdf

6./7. http://www.iwm.at/transit/transit-online/hot-memory-cold-memory-on-the-political-half-life-of-fascist-and-communist-memory/

अनुवाद : कर्मवीर

लेखिकाओं और लेखकों के बारे में

वॉल्टर बेंयामिन (1892-1940)

वॉल्टर बेंयामिन एक जर्मन-यहूदी दार्शनिक, साहित्यिक एवं सांस्कृतिक आलोचक और निबन्धकार थे। वे फ़्रैंकफ़र्ट स्कूल से जुड़े थे। थेओडोर अडोर्नो, मैक्स होर्कहाइमर और हंगरी के मार्क्सवादी दार्शनिक गेऑर्ग लुकाच से परिचय के अलावा जर्मन नाटककार बर्टोल्ट ब्रेख्ट के साथ उनकी घनिष्ठ मित्रता थी। बेंयामिन की सबसे प्रसिद्ध कृतियों में उनके निबन्ध 'द टास्क ऑफ़ द ट्रांसलेटर' (1923), 'द वर्क ऑफ़ आर्ट इन द एज ऑफ़ मैकेनिकल रिप्रोडक्शन' (1936) और 'थीसीस ऑन द फ़िलॉसफ़ी ऑफ़ हिस्ट्री' (1940) सम्मिलित हैं। साहित्यिक आलोचक के रूप में उन्होंने चार्ल्स बौदलेर, गोएथे, फ़्रांस काफ़्का, मार्सेल प्रूस्त, रॉबर्ट वाल्ज़र और कार्ल क्राउस पर निबन्ध लिखे। इसके अतिरिक्त वे अनुवाद के क्षेत्र में अपने योगदान के लिए भी जाने जाते हैं। उन्होंने बौदलेर के काव्य-ग्रन्थ 'द फ़्लावर्स ऑफ़ ईविल' और प्रूस्त के उपन्यास 'इन सर्च ऑफ़ लॉस्ट टाइम' के कुछ हिस्से का फ्रांसीसी से जर्मन में अनुवाद किया। 1940 में 48 वर्ष की आयु में उन्होंने नाज़ी आक्रमणकारी सेना से बचने के लिए फ्रेंच-स्पेनिश सीमा पर स्थित पोर्टबू नामक शहर में आत्महत्या कर ली।

मौरिस हालब्वॉक्स (1877-1945)

फ़्रांसीसी दार्शनिक एवं समाजशास्त्री का जन्म फ्रांस के शहर रेंस में हुआ था। उन्होंने पेरिस के एकोल नोरमाल सुपेरीयर एवं जर्मनी की यूनिवर्सिटी ऑफ़ गोटिंगन में दर्शनशास्त्र, अर्थशास्त्र एवं मार्क्सिस्म की शिक्षा प्राप्त की। 1905 में विश्व प्रसिद्ध समाजशास्त्री एमिल दुर्खाइम से मुलाकात के पश्चात समाजशास्त्र

में उनकी दिलचस्पी बहुत अधिक बढ़ती दिखी। प्रथम विश्वयुद्ध के दौरान युद्ध मंत्रालय में नौकरी के पश्चात उन्होंने लगभग एक दशक तक यूनिवर्सिटी ऑफ स्ट्रासबुर्ग में समाजशास्त्र एवं शिक्षणशास्त्र के अध्यापक का पद संभाला। 1935 में वे सोरबोन यूनिवर्सिटी में समाजशास्त्र के प्रोफेसर बने जहाँ उन्होंने मार्सेल माउस के साथ मिलकर एन्नाल द सोशियोलॉजी का सम्पादन किया। 1944 में हालब्वॉक्स को फ्रांस के सर्वश्रेष्ठ पुरस्कार, कॉलेज द फ्रांस के पद से सम्मानित किया गया। सोशल मेमरी के क्षेत्र में हालब्वॉक्स का योगदान अतुलनीय है। सामाजिक स्मृतियों पर उनके लेख एवं पुस्तकें विशेष रूप से *ला मेमॉर कलेक्टिव* एवं *ले काद्र द ला मेमॉर सोसिअल मेमरी* पर होने वाले किसी भी अध्ययन के लिए अनिवार्य माने जाते हैं।

माइकल रोथबर्ग

माइकल रोथबर्ग, कैलिफोर्निया विश्वविद्यालय, लॉस एंजिल्स में होलोकॉस्ट स्टडीज़ सोसायटी में सेमुअल गोएट्ज चेयर के तुलनात्मक साहित्य में अंग्रेज़ी के प्रोफ़ेसर हैं।

2001-2016 तक उन्होंने इलिनोइस विश्वविद्यालय में अर्बाना-शैंपेन (Urbana-Champaign) में पढ़ाया। 2003-2009 तक वह 'इलिनोइस यूनिट फ़ॉर क्रिटिसिज्म एंड इंटरप्रेटिव थ्योरी' के निदेशक थे। 2009-2016 तक वह 'इनिशिएटिव इन होलोकॉस्ट, जेनोसाइड एंड मेमरी स्टडीज़' के संस्थापक निदेशक थे; और 2013-2016 तक वह अंग्रेज़ी विभाग के प्रमुख थे।

वह होलोकॉस्ट अध्ययन, आघात और स्मृति अध्ययन, महत्त्वपूर्ण सिद्धान्त और सांस्कृतिक अध्ययन, उत्तर-औपनिवेशिक अध्ययन और समकालीन हस्ताक्षर के क्षेत्र में काम करते हैं। उनकी कुछ जानी-मानी किताबें हैं– *'मल्टीडायरेक्शनल मेमरी : रिमेंबरिंग द होलोकॉस्ट इन द एज ऑफ़ डीकोलोनाइजेशन'* (2009) और *'द इम्प्लिकेटेड सब्जेक्ट : बियॉन्ड विक्टिम्स एंड पेरपेट्रेटर्स'* (2019) जिन्हें स्टैनफोर्ड यूनिवर्सिटी प्रेस द्वारा प्रकाशित किया गया है।

अलाइडा आसमान (1947)

अलाइडा आसमान का जन्म 22 मार्च 1947 जर्मनी के बील्फेल्ड शहर के एक हिस्से 'बेथल' में हुआ। 1966 से 1972 तक उन्होंने अंग्रेज़ी भाषा और साहित्य

तथा प्राचीन मिस्र की भाषा और संस्कृति का अध्ययन किया और स्नातकोत्तर की डिग्री प्राप्त की। सन् 1977 में अलाइडा आसमान ने इन दोनों विषयों पर डॉक्टरेट की उपाधि भी हासिल की। सन् 1992 में उन्होंने हाइडलबर्ग विश्वविद्यालय के नव भाषाशास्त्र विभाग में 'स्मरण की संस्कृति' (Erinnerungskultur) विषय पर पोस्ट डॉक्टरल उपाधि प्राप्त की।

अपने अकादमिक जीवन की शुरुआत उन्होंने हाइडलबर्ग विश्वविद्यालय में अंग्रेज़ी भाषा और साहित्य के अध्यापन (1973-1976) से की। 1978-1981 तक उन्होंने मानहाईम विश्वविद्यालय में अंग्रेज़ी भाषा का अध्यापन असिस्टेंट के पद पर कार्यरत रहते हुए किया। पोस्ट डॉक्टरल रिसर्च के बाद 1993 में अलाइडा आसमान ने कॉन्स्टेंस विश्वविद्यालय के अंग्रेज़ी भाषा और साहित्य तथा सामान्य साहित्य अध्ययन विभाग में प्रोफेसर पद का कार्यभार संभाला। इसके अतिरिक्त वे कई अंतर्राष्ट्रीय विश्वविद्यालयों जैसे प्रिन्सटन विश्वविद्यालय, न्यू जर्सी (2001), राइस विश्वविद्यालय, ह्युस्टन (2000), येल विश्वविद्यालय, न्यू हेवन (2002, 2003, 2005), शिकागो विश्वविद्यालय (2007) में अतिथि प्रोफेसर भी रहीं।

शोध कार्य में उनकी रुचि स्मरण की संस्कृति, स्मरण के इतिहास और अतीत के पुनर्मूल्यांकन में है। हाल ही में उन्हें जर्मन बुक ट्रेड का शान्ति पुरस्कार भी प्रदान किया गया।

लिंडा शोर्ट

डॉ. लिंडा शोर्ट का जन्म आयरलैंड के डबलिन शहर हुआ। उन्होंने जर्मन भाषा और इतिहास में अपनी स्नातक 2001 और जर्मन सांस्कृतिक एवं भाषा अध्ययन में स्नातकोत्तर 2003 में यूनिवर्सिटी कॉलेज डबलिन, आयरलैंड से पूर्ण की। लिंडा शोर्ट ने अपनी डॉक्टरेट की उपाधि *Pathologies of Belonging? Generation, Place and Rebellion in Post-Unification German Literature* विषय पर 2009 में *UCD* मानविकी संस्थान, आयरलैंड के अंतःविषय अनुसंधान कार्यक्रम "Memory Identity and Meaning" के तहत प्राप्त की।

डॉक्टरेट करने के पश्चात् वे प्रोफेसर अलाइडा आसमान के साथ बतौर अनुसन्धान सहायक जर्मनी के कॉन्स्टेंस विश्वविद्यालय में कार्यरत रहीं। इंग्लैंड के वॉरिक विश्वविद्यालय आने से पहले उन्होंने जर्मन के व्याख्याता के रूप में

वेल्स के बैंगोर विश्वविद्यालय के आधुनिक भाषा व संस्कृति अध्ययन संस्थान में अध्यापन कार्य किया। सन् 2002 से वे विभिन्न स्नातक व स्नातकोत्तर पाठ्यक्रमों के अध्यापन से जुड़ी रही हैं।

जिसेला कानेपा (1964)

लातिनी अमेरिकी देश पेरू के पोंतिफिसिया कातोलिका विश्वविद्यालय से मानव शास्त्र में एम.ए. (स्नातकोत्तर) की पढ़ाई कर चुकी कानेपा ने इलिनोइस स्थित शिकागो विश्वविद्यालय से इसी विषय में डॉक्टरेट की उपाधि हासिल की है। वे पोंतिफिसिया विश्वविद्यालय में ही सामाजिक विज्ञान विभाग में प्रोफ़ेसर हैं। उनकी लिखी किताबें हैं : 'एडिस सेज में मुखौटे की कला तथा उससे जुड़ी पहचान' (1998), 'दर्ज की गयी पहचान : प्रदर्शन, अनुभव तथा स्मृति' (2001)। कानेपा ने 2007 में आयी किताब संस्कृति के आईने से 'पेरू का सार्वजनिक जीवन' नामक किताब का सह-सम्पादन भी किया है। उन्होंने पोंतिफिसिया विश्वविद्यालय के जनजातीय संगीत अध्ययन संस्थान की बनायी गयी वीडियो सीरीज के लिए चार डाक्यूमेंट्री फ़िल्मों (वृत्तचित्रों) का निर्देशन भी किया है।

संस्कृति, सार्वजनिक स्थान, स्मृति, पहचान एवं राष्ट्र पर कानेपा का कार्य सीधे तौर पर द्वितीय यूपीई परियोजना से जुड़ा हुआ है। इस कारण उनके महत्त्वपूर्ण आलेखों में से 'पहचान और स्मृति' को इस पुस्तक में हिन्दी अनुवाद के लिए चुना गया है। इस गद्य में वह पेरू में मनाये जाने वाले विभिन्न प्रकार के त्योहारों तथा क्वेशुआ एवं आयमारा भाषायी समुदायों द्वारा आयोजित किये जाने वाले नृत्यों के महत्त्व के साथ-ही-साथ अफ़्रीका से लाये गये दासों के वंशजों और पेरू की संस्कृति में उनके योगदान की विवेचना करती हैं। इस तरह से उनका अध्ययन संस्कृति और स्मृति के आईने से देशज एवं अफ़्रीकी-पेरुवियाई समुदायों की अस्मिता और नागरिकता के निर्मिति के तरीकों को प्रकट करता है। इस लेख को वर्ष 2008 में रॉल रॉमेरो द्वारा सम्पादित एवं जनजातीय संगीत अध्ययन संस्थान (मूल स्पेनी में आईडीसी), पोंटिफिसिया कातोलिका विश्वविद्यालय, पेरू द्वारा प्रकाशित पुस्तक 'फिएस्ता एन लॉस आंदिस : रीतोस, मुसिका ई डानसास देल पेरू' में प्रस्तुत किया गया था।

लॉट्टे मारगॉट

इस कहानी की लेखिका कौन है, यह निश्चित रूप से बताना कठिन है। लेकिन इस कहानी पर "सुसमन" नाम के हस्ताक्षर पाए जाते हैं। ऐसा मानना है कि उस वक़्त की लेखिका "लॉट्टे मारगॉट" का ही उपनाम "सुसमन" था, जो कि एक टाइपिस्ट थी और "अख्ट-उअर आबेंड-ब्लाट" (8-Uhr Abendblatt) नाम के अख़बार में लिखा करती थी।

याकोब फिशमन (1891-1965)

याकोब फिशमन का जन्म पोलैंड के शैडेल्स शहर में हुआ, जहाँ इन्हें यहूदी मज़हबी-तालीम भी मिली। इनकी पहली कहानी 1910 में प्रकाशित हुई। इसके पश्चात् यह कुछ समय वारसों में हिब्रू के अध्यापक भी रहे। दूसरे विश्वयुद्ध के शुरू होते ही यह पोलैंड छोड़कर लिथुआनीआ चले गए और वहाँ से पोलिश-यहूदी लेखकों के एक समूह के साथ शंघाई पहुँचे। 1950 में यह न्यूयॉर्क में जा बसे।

सिम्खा एल्बर्ग (1915-1995)

तीन देशों ने मुझे बाहर थूक दिया।

रब्बी सिम्खा एल्बर्ग यहूदी धर्म-सिद्धान्त के एक सुप्रतिष्ठित विद्वान् थे। इन्होंने यहूदी नियम और अन्य ताल्मूदिक विषयों पर अनेकों लेख प्रकाशित किये। इन्होंने "उन्ज़र लेबन" (Unser Leben-हमारी ज़िन्दगी) और "दास वॉर्ट" (Dos Vort-शब्द) नामक पत्रिका में कई कविताएँ और लेख प्रकाशित किए। इनकी शादी शंघाई में ही लिथुआनिआ के एक जाने-माने रब्बी की बेटी "मिरियम स्लुट्ज़कर" से हुई। 1947 में यह अपनी पत्नी के साथ न्यूयॉर्क गये, जहाँ इन्होंने एक रब्बी और लेखक के रूप में सफल जीवन बिताया।

भूमिका : Irene Eber : "Voices from Shanghai : Jewish Exiles in Wartime China"

1933 में जर्मनी में नाज़ी-पार्टी के सत्ता में आते ही यहूदियों को गैरों की तरह (दूसरे दर्जे के नागरिक के रूप में) देखा जाने लगा और उन्हें जर्मनी से बाहर

निकलने की तैयारी की जाने लगी। 1938 में “क्रिस्टल-नाख्ट” (Kristallnacht) की घटना, जो कि इसी योजना का हिस्सा थी, में कई यहूदियों और उनके परिवारों पर हमला किया गया। 1938-39 के दौरान क़रीब 20,000 यहूदी रेफ्यूजी जर्मन, इतालवी, फ्रांसीसी और जापानी जहाज़ों से शंघाई पहुँचे, जहाँ उस समय जापानियों का कब्ज़ा था। एक बात जो इन सभी लेखों में मुख्य तौर पर उभर कर आती है, वह है एक रेफ्यूजी होते हुए एक अनजाने दूर-दराज़ के विदेशी शहर में, विदेशी भाषा और संस्कृति के बीच, हर प्रकार की कठिनाई से जूझते हुए एक नया जीवन शुरू करने की कोशिश और अपनी पुरानी ज़िन्दगी और तहज़ीब को बचाए रखने की जद्दोजहद। बाहर से आये हुए एक यहूदी के लिए शंघाई में सबसे बड़ी चुनौती-रोज़गार ढूँढ़ना और रहने की जगह तलाशना, उस पर कठोर मौसम और आस-पास गन्दगी और बीमारियों भरा माहौल। साथ ही अमीरी और गरीबी को बढ़ते हुए फासले और ग़ुरबत भरी मजबूर ज़िन्दगी की झलकियाँ भी कुछ कहानियों में मिलती है। इन सब के बीच भी अपनी पहचान को बरकरार रखने के लिए यहूदी रेफ्यूजियों ने जर्मन और यहूदी भाषाओं में पत्रिकाएँ निकाली और नाटक भी खेले। पर शंघाई कुछ समय के लिए ही इन रिफ्यूजियों का आश्रय-स्थान रहा। युद्ध और होलोकॉस्ट के बाद कई यहूदी अपने खोये हुए परिवारजनों को ढूँढ़ने और कुछ बेहतर रोज़गार की तलाश में इज़राइल, अमरीका, कनाडा और ऑस्ट्रेलिया चले गये।

इरेना एबर द्वारा प्रकाशित पुस्तक "Voices from Shanghai : Jewish Exiles in Wartime China" (2008) दूसरे विश्वयुद्ध से पहले, उसके दौरान और उसके बाद के जर्मन, पोलिश और यहूदी लेखकों के प्रकाशित व अप्रकाशित कविताओं, पत्रों, आत्मकथाओं के कुछ अंशों और कहानियों का एक संकलन है, जो कि उस समय शंघाई में आए यहूदी रेफ्यूजियों की हालत को बख़ूबी बयान करती है। इस संकलन में उन भुलाये जा चुके रेफ्यूजियों की दिल छू लेने वाली आवाज़ सुनायी देती है जो पाठकों को उस समय के मुश्किल हालातों से रूबरू कराती है। इस पुस्तक में ऐसे कुछ पच्चीस लेख हैं जिनमें से यहाँ चार का हिन्दी-अनुवाद किया गया है।

इल्ज़े आइशिंगर (1921-2016)

इनका जन्म सन 1921 में विएना में हुआ। द्वितीय विश्वयुद्ध की समाप्ति के कुछ समय बाद इनका पहला और एकमात्र उपन्यास 'और बड़ी उम्मीद' प्रकाशित हुआ और चूंकि इनकी माँ यहूदी थीं, इन्हें भी अपने उपन्यास की मुख्य पात्र एलेन की तरह ऑस्ट्रिया के नाज़ी कब्ज़े के बाद तरह-तरह की मुश्किलों का सामना करना पड़ा। इन्हें अपनी पढ़ाई बीच में छोड़नी पड़ी और इनके परिवार के कुछ सदस्यों ने यातना शिविरों में अपनी जान गँवाई। अपनी विभिन्न साहित्यिक कृतियों में इन्होंने इतिहास की उस भयानक काल कोठरी की विस्मृति के खिलाफ लड़ाई जारी रखी। सन 2016 में इनका निधन हो गया।

1938 में ऑस्ट्रिया के नाज़ी क़ब्ज़े की पृष्ठभूमि में लिखित उपन्यास 'और बड़ी उम्मीद' की मुख्य पात्र एलेन है। पहले अध्याय में वह अभी स्कूली छात्रा है और इस कोशिश में है कि वह भी अपनी माँ के साथ अमेरिका चली जाए। आगे के अध्यायों में भी उसे कई तरह की असफलताओं से सामना करना और अपने करीबी लोगों से बिछुड़ना पड़ता है मगर उपन्यास के अंत तक, जहाँ वह लगभग वयस्क हो चुकी है। एलेन उम्मीद नहीं छोड़ती है। अंत में वह भी ग्रेनेड के फटने से मर जाती है। यह उपन्यास किसी बच्चे के दृष्टिकोण से जंग की विपदा का बेहतरीन साक्ष्य है।

अनीस किदवई (1906-1982)

उत्तर प्रदेश से एक लेखिका, कार्यकर्ता और राजनेता थीं। इनका जन्म अवध के बाराबंकी में, एक थोड़े गरीब लेकिन फिर भी शिक्षित और सुसंस्कृत जमींदारी परिवार में हुआ। अपने पिताजी की मृत्यु तक, जब वह ग्यारह साल के उम्र की थी, अनीस की खुशनसीबी रही कि उन्हें बढ़िया शिक्षा मिली। इसके बाद, अनीस परदे के पीछे ही रही, 1930 दशक के अंतिम कुछ सालों तक, जब हिन्दुस्तान की ज़ंग-ए-आजादी के आखिरी दस सालों में उन्हें बाहरी दुनिया की घटनाओं में अधिक हिस्सेदारी निभाने का मौका मिला। उनके शौहर शफ़ी की हत्या मसूरी में अक्टूबर 1947 में हो गई। इस हादसे ने उन्हें कार्यकर्ता के उस रोल कि ओर धकेला जिसका वह हमेशा ख्वाब सँजोती आई थी। अक्टूबर 1947 में अनीस

अपनी ज़िन्दगी गांधी को समर्पित करने दिल्ली आयी; वह अपनी बाकी उम्र मुल्क की खिदमत में लगा देना चाहती थी। कुछ ही महीनों में, सुभद्रा जोशी, सुशीला नायर और मृदुला साराभाई के कन्धे से कन्धा मिलाकर काम करते हुए अनीस शिद्दत से शहरी इलाकों में और सूबे के ग्रामीण इलाकों में अमन कायम करने के प्रयासों में जुट गयीं; और मृदुला साराभाई के साथ मिलकर इन्होंने इस दौरान अगवा की गयी महिलाओं को बरामद करने में मदद की।

अनीस किदवई ने हिन्दुस्तान के खूनी विभाजन के शिकार लोगों के पुनर्वास के लिए काम किया और अपनी ज़िन्दगी का अधिकतर हिस्सा नए आजाद हिन्दुस्तान की ख़िदमत में गुजार दिया। इन्होंने राज्य सभा में बतौर सांसद इंडियन नैशनल काँग्रेस का हिस्सा रहते हुए 1956-68 के दरम्यान कामकाज किया।

तीन किताबों और साहित्यिक आलोचना के कई लेखों का सृजन करने वाली अनीस किदवई आजाद हिन्दुस्तान के पहले दो उथल-पुथल वाले सालों पर आधारित उर्दू संस्मरण **आजादी की छाँव में** के लिए खासतौर से जानी जाती हैं। 1949 में लिखी यह किताब 1974 में ही जाकर छपी जब इनकी पुरानी दोस्त सुभद्रा जोशी ने पहली बार इसे छपवाया और इसे बहुत साहित्यिक सफलता मिली। निम्न उद्धरण में विभाजन से प्रभावित लोगों में से सबसे कम चर्चित तबके-अनाथ और परित्यक्त बच्चों-का विवरण प्रस्तुत है।

मुरीद बरघूती (1944-2021)

फिलस्तीनी कवि, रामअल्लाह के करीब पहाड़ी गाँव दीर घसानेह में 1944 में पैदा हुए और फिर बाद में काहिरा के विश्वविद्यालय में अंग्रेज़ी साहित्य की पढ़ाई की। इन्होंने 196 में स्नातक की पढ़ाई पूरी की, लेकिन इस्राइल के साथ जंग के नतीजतन रेफ्यूजी बनकर रह गए। इन्होंने अपना अधिकतर जीवन निर्वासन में ही बिताया। अपनी लेखनी के अलावे, इन्होंने एक शिक्षक के रूप में कुवैत और मिस्र में काम किया, बुडापेस्ट में बहैसियत पी.एल.ओ. के रीप्रेज़ेनटेटीव कार्यरत रहे और काहिरा में पैलेस्टीन रेडियो के लिए काम किया। सन् 1996 में उन्हें फिलिस्तीन वापस लौटने विडंबनाओं के बारे में एक आत्मकथात्मक संस्मरण है; इसे अदब के नगूईब महफूज मेडल से नवाजा गया। सन् 2000 में इन्हें पैलेस्टीन अवॉर्ड फॉर पोइट्री से नवाजा गया।

मारियस आरी लब्लाँ (1877-1953 और 1880-1958)

मारियस आरी लब्लाँ-रीयूनियन द्वीपों से उभरे दो चचेरे भाइयों का उपनाम हैं, जिन्होंने मिलकर अनेक साहित्यिक कृतियों की रचना की है। मारियस लब्लाँ का वास्तविक नाम जॉर्ज एथेना था और इनका जन्म 26 फरवरी, 1880 में रीयूनियन द्वीपों में सैन देनी नामक स्थान पर हुआ था। आरी लब्लाँ का वास्तविक नाम अलेक्सांडर मर्लो था, इन्हें सभी ऐमे मर्लो के नाम से भी जानते थे। अपने जीवन काल में दोनों ही भाइयों ने सरकारी नौकरी की। जॉर्ज ने 1914 से 1916 (प्रथम विश्व युद्ध) के दौरान मार्शल गैलीनी के सेक्रेटरी का ज़िम्मा सँभाला, वहीं आरी ने पेरिस में फ्रांसीसी शासन काल के राष्ट्रों से लाये गये। धरोहर के संग्रहालय में कंज़रवेटर के तौर पर काम किया। उनकी रचनाएँ अनेक पुरस्कारों से सम्मानित की गयीं, जिनमें से फ्रांसीसी साहित्य का सर्वोच्च सम्मान गोंकूर पुरस्कार प्रमुख है। 1909 में प्रकाशित उनका उपन्यास 'फ्रांस में' जिसे इस पुरस्कार से सँवारा गया, दो क्रियोल युवकों की कहानी है, जो फ्रांस के सबसे प्राचीन विश्वविद्यालय सौरबॉन में अध्ययन करने आते हैं। वह समय ही ऐसा था, जब यूरोप के प्रमुख देश दुनिया फ़तह करने की चाहत रखते थे और स्वयं को सभी से श्रेष्ठ मानते थे—अन्ततः यह भावना दोनों ही भाइयों की कृतियों में झलकती है।

आक्सेल गोवें (1944)

आक्सेल गोवें का जन्म 1944 में रेयूनियो द्वीप के मुख़यालय सैन देनी शहर में एक अध्यापिता माँ और एक कृषक पिता के परिवार में हुआ, अधिकतर द्वीपवासियों की तरह इस परिवार के पूर्वज भी कई संस्कृतियों के वारिस थे, भाषाई और सांस्कृतिक विविधता एक तरह से इनके खून में है। एक साधारण मध्यम वर्गीय परिवार, गोवें ने यहीं एक गरीब बच्चों के स्कूल में पढ़ाई की, फिर फ्रांस में विश्वविद्यालय स्तर का अध्ययन पूरा किया। रेयुनिओं वापस आकर विज्ञान के स्कूली शिक्षक के रूप में काम करने वाले गोवें ने शुरुआत में कम्युनिस्ट पार्टी के साथ बतौर राजनीतिक कार्यकर्ता भी काम किया। पर आगे चलकर, वृहद वामपंथी धारा के हिस्सा रहते हुए भी आपने सांस्कृतिक एक्टिविज्म का रास्ता अख्तियार किया। कई वर्षों तक ये क्रियोल भाषा और साहित्य (मूलतः

मौखिक, अलिखित साहित्य) के प्रचार-प्रसार में जुटे रहे। फ्रेंच की तुलना में इस भाषा-संस्कृति को यहाँ दोयम दर्जे का समझा जाता रहा है।

कवि, नाटककार और उपन्यासकार गोवें ने अपने साहित्यिक सृजन में क्रियोल के आत्मसम्मान की इस मुहीम को केंद्र में रखा, आपके उपन्यासों में सार्वभौमिक (यूनिवर्सल) और स्थानीय (क्रियोल) दोनों ही पहलुओं की उपस्थिति है। इनका पहला उपन्यास कार्तिए त्र्वा लेत्र (शीर्षक का अनुवाद : तीन अक्षरों वाला इलाका) 1979-80 में छपा, सन 2000 तक आप कुल छः उपन्यास लिख चुके हैं। हिन्दी साहित्य के चश्मे से अगर आपकी रचनाओं को देखने का प्रयास करें तो हमारा ध्यान आंचलिक उपन्यासों के कालजयी रचेता रेणु की तरफ जाता है : इसकी चर्चा, संक्षिप्त में, हमने अनुवाद के परिचय में की है। आक्सेल गोवें : क्रियोल की आंचलिकता, फ्रेंच की सार्वभौमिकता।

दक्षिण-पश्चिमी हिन्द महासागर में स्थित रेयुनियों द्वीप (फ्रेंच गणराज्य के अधीन) में 1970-80 के दौरान उपन्यास की विधा एक नया करवट ले रही थी। युवा उपन्यासकार नये विषयों, नये नज़रियों और एक नयी किस्म की भाषा के साथ साहित्य सृजन कर रहे थे। उनका अपना द्वीप और उसकी क्रियोल भाषा-संस्कृति, जो अश्वेत अफ़्रीकी गुलामों और एशियाई गिरमिटिया मज़दूरों के साथ आयी भाषा-संस्कृतियों के फ्रेंच भाषा-संस्कृति के साथ मेल की उपज रही है, इनकी रचनाओं के केंद्र में थे : पुराने श्वेत फ्रेंच लेखकों के औपनिवेशिक और नस्लभेदी दृष्टिकोण वाले साहित्य से सजग विरोध में, इसी दौर के उपज कवि, नाटककार और उपन्यासकार आक्सेल गोवें ने अपने साहित्यिक सृजन में क्रियोल के आत्मसम्मान की मुहीम को केंद्र में रखा, सन 2000 तक कुल छः उपन्यास लिख चुके गोवें की क़लम से दूसरा उपन्यास सन 1987 में फै दौन्फोंस (बचपन की भूख) के नाम से छपा, प्रस्तुत अनुवाद इसी उपन्यास के कुछ अंशों से सम्बद्ध है।

गोवें के उपन्यासों में सार्वभौमिक (यूनिवर्सल) और स्थानीय (क्रियोल) दोनों ही पहलुओं की उपस्थिति है। इन उपन्यासों में, खासतौर से प्रस्तुत उपन्यास में, फणीश्वर नाथ रेणु के मैला आँचल सरीखी आंचलिकता दिखती है। रेणु बिहार के कोसी क्षेत्र की बोली की अनुगूंज वाली हिन्दी में लिखते हैं; तो गोवें रेयुन्यो-क्रियोल के स्पष्ट आहट वाली फ्रांसीसी में, लेकिन आंचलिकता सिर्फ भाषाई एक्ज़ोटिज़्म

से नहीं बल्कि एक अंचल के पात्र बन जाने से परिलक्षित होती है। कोई भी एक पात्र उपन्यास पर हावी नहीं होता; सभी किरदार कमोबेश उपन्यास की मंच-सज्जा करने की भूमिका निभाते हैं। फै दौन्फोंस में अगर कोई केन्द्रीय पात्र है तो वह बेशक रेयूनियों का पहाड़ी ग्रामीण इलाका ही है।

अनुवाद के प्रस्तुत अंश के उपन्यास में सुबाया नाम का मालबार (तमिल गिरमिटिया मजदूरों के वंशजों को इस द्वीप पर आमतौर यह नाम दिया जाता है) लड़का गरीब श्वेत बच्चों के एक खस्ताहाल स्कूल में खुद को पाता है। रेयूनियों के पहाड़ी इलाके में स्थित इस स्कूल के अनुभवों को दर्ज़ करने वाले सुबाया के डायरी नोट्स के रूप में यह उपन्यास लिखा गया है। स्कूल में बच्चों को दिया जाने वाला भोजन बहुसंख्यक श्वेत बच्चों के लिए तो स्वीकार्य है लेकिन तमिल सुवाया के लिए यह खाना, विशेषकर बीफ़ सख़्त वर्जित है। बाकी बच्चे उसका खाना हड़पने की फिराक में एक दूसरे से झगड़ते हैं। इस तरह दो संस्कृतियों और खानपान के दो तरीकों में द्वन्द्व दिखाया गया है। साथ ही, सुबाया की अन्य श्वेत बच्चों से मित्रता प्रगाढ़ होती चली जाती है, ठीक वैसे ही सहपाठी श्वेत लड़की लीना के लिए भी उसका प्यार बढ़ता जाता है। यहाँ रेयूनियों समाज की भिन्न-भिन्न संस्कृतियों-समुदायों के बीच का रिश्ता बखूबी नज़र आता है : इन समुदायों में भिन्नताएँ और विविधताएँ होने पर भी जुड़ाव की भावना उपस्थित है। दूसरी तरफ स्कूल प्रशासन इन बच्चों पर फ्रेंच भाषा और सभ्यता लादने को तत्पर नज़र आते हैं। बच्चों को बताया जाता है कि उनकी भाषा, उनकी संस्कृति, उनका खानपान और यहाँ तक कि उनका खाने का तरीका भी, आदिम (प्रिमिटिव) है; अतः उन्हें फ्रेंच भोजन, भाषा और संस्कृति अपनानी होगी। लेकिन न तो यह "बेस्वाद" फ्रेंच भोजन उनके गले से उतरता है, न ही यह "विदेशी" फ्रेंच भाषा उनके गले से निकलती है। गरीब श्वेत बच्चे और अश्वेत तमिल सुबाया दोनों ही इस भोजन-भाषा द्वय को सख्त नापसन्द करते हैंः फ्रांस से पढ़-सीखकर लौटी प्रधानाध्यापिका की लाख कोशिशों, धमकियों के बावजूद। इन्हीं सब अनुभवों से यह उपन्यास अपना कथानक बुनता है।

आनन्दा देवी (1957)

आनन्दा देवी का जन्म 1947 में मॉरीशस में हुआ था। अपनी माँ से उन्हें आन्ध्र प्रदेश की संस्कृति और पिता से क्रिओली धरोहर में प्राप्त हुई। अंग्रेज़ी, हिन्दी,

तेलुगू, क्रिओली, भोजपुरी और फ्रांसीसी की ज्ञाता यह लेखिका मॉरीशस की मिली-जुली सभ्यता से जन्मी विलक्षण प्रतिभा का जीवन्त उदाहरण हैं। उनके लेखन के मूल्य को साहित्य जगत ने 15 वर्ष की नाजुक उम्र में ही पहचान लिया था। जब उनकी लघुकथा के लिए उन्हें रेडियो फ्रांस इंटरनेशनल ने उन्हें पुरस्कृत किया गया।

1993 में प्रकाशित उनका उपन्यास 'द्रौपदी का आँचल' मॉरीशस की सामाजिक व्यवस्था और रीति-रिवाज़ों में उलझी स्त्री का अद्‌भुत अध्ययन है। हमारा अनुवाद इस उपन्यास के कुछ अंश को प्रस्तुत करता है, जहाँ आनन्दा देवी की नायिका अंजली, जो एक शिक्षित परिवार की वधू है, अंगारों पर चलने के लिए बाध्य कर दी जाती है। उस परिवेश के रूढ़िवादी, विचारों के अनुसार यदि आप इस रिवाज़ के तहत कोई मन्नत माँगते हैं, तो वह पूरी हो जाती है। ग़ौरतलब है कि इस दूभर परीक्षा को आज भी दुनिया में कई जगह मानते हैं। अंजली का इकलौता पुत्र विन्ह कर्क रोग से जूझ रहा है। इस अंश में लेखिका अंजली की जद्दोज़हद दर्शाती है—जहाँ अपनी सखी फ़ातमा से संवाद कर वह अपना निर्णय लेती है, एक ऐसे समाज में जहाँ संवाद की कोई गुंजाइश ही नहीं रही।

गायुत्रा बहादुर

गायुत्रा बहादुर का जन्म 1975 में गुयाना में हुआ था। पारिवारिक इतिहास इन्हें बिहार से आये बन्धुआ मज़दूर गिरमिटिया से जोड़ता है, जो अंग्रेज़ी शासन काल में गुयाना के गन्ने के खेतों में ग़ुलाम थे। बचपन में लेखिका के परिवार ने अमेरिका में प्रवास किया। 32 वर्ष की उम्र में इन्होंने हॉर्वर्ड यूनिवर्सिटी से नियमन छात्रवृत्ति प्राप्त की और एक सफल लेखक व पत्रकार के रूप में चर्चा में आयीं। 2013 में प्रकाशित उनका उपन्यास 'कूली वोमन' आत्मकथा शैली में उनके परिवार की पीढ़ियों की दास्ताँ का वर्णन करता है। स्मृतियों का यह मानचित्र खींचकर लेखिका हमें अपनी परदादी सुजरिया से परिचित कराती हैं, जो 1903 में बिहार से गिरमिटया के तौर पर जहाज़ में चढ़ी थीं।

अनुवाद के प्रस्तुत अंश में लेखिका दो भूखण्डों के बीच बँटे प्रवासी जीवन को स्मृतियों के पर्दे के आरपार बाँचती है। उनकी क़लम से न केवल अमेरिका व गुयाना के जीवन का बारीक़ी से विश्लेषण किया गया है, वरन् परिवार के इस

ताने-बाने से गिरमिटिया लोगों के उस इतिहास को आवाज़ दी है, जिसे कभी इतिहास के पन्नों में दर्ज नहीं किया गया। अपने व्यक्तिगत जीवन के भौगोलिक भूल-भुलैया को सुलझाते हुए लेखिका त्रिनिदाद, स्कॉटलैंड, इंग्लैंड और भारत का सफ़र करती हैं। पाँच वर्षों के अथक प्रयास और मन्थन के अन्त में लेखिका समय की चुप्पी तोड़कर हमें एक परिवार, एक प्रवासी जीवन की अनगिनत तहों से परिचित कराती हैं।

Translation Copyrights Permissions

1. Maurice Halbwachs : *La Mémoire Collective*, pp. 21-24, PUF/ Humenis, 1950.
2. Michael Rothberg : "From Gaza to Warsaw : Mapping Multidirectional Memory". In : *Criticism : A Quarterly for the Literature and the Arts*, Vol. 53, No. 4, pp. 523-548, Wayne State University Press, 2011, with the permission of Wayne State University Press.
3. Lotte Margot, "The Chinese Woman Dances" (1940), pp. 56-57; E. Simkhoni, "Three Countries Spat Me Out" (1941), pp. 59-60; Jacob H. Fishman, "Miniatures" (1942), pp. 87-88; Jacob H. Fishman, "A Wedding" (1947), pp. 121-129, in *Voices from Shanghai: Jewish Exiles in Wartime China*, Edited, Translated, & with an Introduction by Irene Eber, The University of Chicago 2008, with the permission of The University of Chicago Press. The University of Chicago Press, Chicago 60637, The University of Chicago Press, Ltd., London ©2008 by The University of Chicago. All rights reserved. Published 2008.
4. Aleida Assmann and Linda Shortt (editors) : *Memory and Political Change*, pp. 1-14, Palgrave Macmillan, 2012. Reproduced with permission of SNCSC.
5. Ilse Aichinger : '*Die größere Hoffnung*', pp. 5-26, S. Fischer Verlag GmBH, 1948.
6. Axel Gauvin : *Faims d'enfance*, pp. 11-15, 18-20, 48, 70-75, 91-92, 94-95, Editions du Seuil, 1987.

7. **Ananda Devi : *Le Voile de Draupadi*, pp. 99-100, 105-108, 149-150, 164-168, L' Harmatlan, Edition Diffusion, 1993.**
8. **Maurice Ary Leblond : *La Marche dans le feu*, 1937, Translated with permission from Francois-Louis Athénas.**
9. **Walter Benjamin : *Ausgraben und Erinnern*, 1931/33. Text is over seventy years old.**

We thank the following for kindly granting us translation permissions.

10. **Anis Kidwai : *Azadi ki Chhaon Mein*, 1949/74. Copyright with Ayesha Kidwai.**
11. **Mourid Barghouti : *A night like no other*, 2009. Translation permission granted to Ayesha Kidwai.**
12. **Gisela Canepa : *Identidad y memoria*, 2008. Translation permission granted to Lipi Biswas Sen.**
13. **Gaiutra Bahadur : *Coolie Woman*, 2013. Translation permission granted to Madhu Sahni.**

❑❑❑